Das Buch

Berlin, 1989. Fränge ist Anfang 20 und genießt das Leben in vollen Zügen. Freundinnen hat er gleich zwei: Marta im Westen und Rosa im Osten – die natürlich nichts voneinander wissen. Als Förster und Brocki aus Bochum zu Besuch kommen, macht das die Sache nicht einfacher, denn Rosa bringt auch bei Förster so einiges in Unordnung. Die drei Freunde aus dem Ruhrgebiet erleben zwei Biotope in ihren letzten Monaten: die Subkultur Westberlins und die Dissidentenszene im Osten – junge Leuten wie sie, die gerade ihren ganz eigenen Aufbruch organisieren. Aber auch zu Hause im Ruhrgebiet ist nichts mehr wie es mal war. Film, Musik, Klubs und Kneipen – alles jung und in Bewegung. Frank Goosens Roman ist eine wunderbare Komödie über eine Zeit gelungen, in der es mehr Deutschland gab, als man brauchte. Und über einen selbst ernannten »Weltenwanderer der Liebe« im geteilten Berlin – der aus guten Gründen nicht gerade scharf ist auf eine Veränderung der politischen Verhältnisse.

Der Autor

Frank Goosen hat neben seinen erfolgreichen Büchern, darunter »Raketenmänner«, »Sommerfest« und »Liegen lernen«, zahlreiche Kurzgeschichten und Kolumnen in überregionalen Publikationen und diversen Anthologien veröffentlicht. Darüber hinaus verarbeitet er seine Texte teilweise zu Soloprogrammen, mit denen er deutschlandweit unterwegs ist. Einige seiner Bücher wurden dramatisiert oder verfilmt. Frank Goosen lebt mit seiner Frau und seinen beiden Söhnen in Bochum.

Zuletzt erschien sein Band über »The Beatles« in der KiWi-Musikbibliothek (2020). Das Hörbuch ist bei tacheles!/Roof Music erschienen.

FRANK
GOOSEN

KEIN
WUNDER

ROMAN

Kiepenheuer
& Witsch

Aus Verantwortung für die Umwelt hat sich der
Verlag Kiepenheuer & Witsch zu einer nachhaltigen Buchproduktion
verpflichtet. Der bewusste Umgang mit unseren Ressourcen,
der Schutz unseres Klimas und der Natur gehören
zu unseren obersten Unternehmenszielen.
Gemeinsam mit unseren Partnern und Lieferanten setzen wir uns
für eine klimaneutrale Buchproduktion ein, die den Erwerb von
Klimazertifikaten zur Kompensation des CO_2-Ausstoßes einschließt.

Weitere Informationen finden Sie unter: *www.klimaneutralerverlag.de*

MIX
Papier aus verantwor-
tungsvollen Quellen
FSC® C083411

Verlag Kiepenheuer & Witsch, FSC® N001512

1. Auflage 2020

© 2019, 2020, Verlag Kiepenheuer & Witsch, Köln
Umschlaggestaltung und -motiv: © Rudolf Linn, Köln
Gesetzt aus der Scala
Satz: Buch-Werkstatt GmbH, Bad Aibling
Druck und Bindung: CPI books GmbH, Leck
ISBN 978-3-462-00036-8

ERSTER TEIL
Ich kann meilenweit sehen

1 *Zeche*

Eigentlich hatte Förster an jenem Maiabend Ende der Achtzigerjahre schon zu Hause gedacht, dass es Blödsinn sei, noch rauszugehen, aber dann war er wegen der bevorstehenden Reise nervös geworden, hatte sich geradezu fiebrig gefühlt und sich auf den Weg in die *Zeche* gemacht. Er hatte keine Ahnung, was da an diesem Abend los war, aber das war ihm auch egal, es ging ja vor allem darum, dieses Reisefieber durch ein Beruhigungsbier in den Griff zu bekommen. Allein losziehen war natürlich tendenziell deprimierend, aber in der *Zeche* traf man eigentlich immer irgendwen, den man kannte.

Förster verließ das Haus und wandte sich nach rechts, Richtung Schauspielhaus, zur Bushaltestelle. Die Straße musste unbedingt mal gemacht werden, da regten sich die Anwohner schon lange drüber auf. In der Mitte verliefen noch die alten Straßenbahnschienen, die aber nicht mehr genutzt wurden, weil es jetzt eine U-Bahn gab. Schlaglöcher waren seit Jahren nur notdürftig geflickt worden, und so wirkten auch die Häuser mit ihren grau-braunen Fassaden.

Er überquerte den Platz vor dem hell erleuchteten Schauspielhaus. So hässlich, wie die Straße war, in der er wohnte, so schön fand er dieses Theater. Die Backsteinoptik, die schmalen, hohen Säulen, die das Vordach abstützten, das

Messing an den Glastüren, die Schaukästen mit den Fotos der laufenden Inszenierungen rechts und links der Eingänge. Über den Eingängen hingen große, quadratische Transparente mit den Titeln der Stücke, die gerade gespielt wurden. Im Großen Haus lief Pirandellos *Die Riesen vom Berge* und in den Kammerspielen ein Tanztheaterstück von Reinhild Hoffmann. Unter den Titeln das aktuelle Logo des Schauspielhauses, ein durchgestrichenes Atomkraftwerk.

Der Bus hielt vor der Sparkasse. Sieben Haltestellen waren es bis zur *Zeche*. Sieben Haltestellen, an denen man ablesen konnte, dass man von einem Teil der Stadt in einen völlig anderen wechselte. Die ersten hießen ganz idyllisch Christstraße, Farnstraße, Rechener Park, aber dann folgten Werk Eickhoff, Knappschaft und schließlich Knappenstraße, direkt an der *Zeche*. Eine vorher noch die Berneckerstraße, aber Förster wusste nicht, nach wem die benannt war. Der größte Teil der Fahrt fand unter Bäumen statt, denn die Königsallee hatte ihren Namen nicht von ungefähr.

Vor der *Zeche* (ebenfalls Backstein, flach, Lüftungsrohr außen dran und auf dem Dach der gelbe Schriftzug, dessen Buchstaben rot eingefasst waren, das Ganze auf schwarzem Untergrund) standen Leute und rauchten und tranken Bier.

In der Halle war ein Konzert, irgendeine lokale Band, von der Förster noch nie gehört hatte, also ging er in die Kneipe, die zu dem Komplex gehörte. Die Raumaufteilung hier drin hatte ihm schon immer gefallen. Rechts ging es zwei Stufen zu einem Podest hoch, auf dem Tische und Stühle standen, geradeaus führte eine Treppe nach oben auf eine zweite, offene Ebene, auf der das Restaurant war. Links vom Eingang, unter der offenen Restaurantebene war der Tresen, fünfeckig, darüber eine umlaufende, nur halb durchsichtige

Konstruktion aus geriffeltem Glas. Dahinter standen Gläser auf einem Brett. Der Tresen war mit einem gezackten Motiv verziert, das wahlweise an Berggipfel erinnerte oder an gar nichts. Förster bevorzugte die zweite Variante.

Viele der Leute hier kannte er vom Sehen, aber niemanden so gut, dass er ihn oder sie hätte ansprechen können. Da war die Blonde mit den strubbeligen Haaren und den schönen blauen Augen. Neben ihr, aber von ihr komplett ignoriert, der Typ mit den schulterlangen, immer verschwitzten Haaren und dem Schnauzbart, dem weißen Hemd mit dem viel zu großen Kragen und der braunen Lederjacke. Oder die mit den Anne-Clark-Haaren und den großen Ohrringen. Oder die mit dem strengen Blick, der Fransenjacke und dem Humphrey-Bogart-Hut. Förster fragte sich, ob die ihn auch vom Sehen kannten, ob er vielleicht der mit dem Sakko war oder der mit dem schwarzen T-Shirt, aber solche Gedanken führten ja zu nichts, wenn man nicht den Mut hatte, die Leute, also die Frauen, hier anzusprechen, also nahm er die Treppe nach oben, wo einige Leute vor Pizzas und gefüllten Fladenbroten saßen. Besonders begehrt waren die Plätze direkt am Geländer, weil man von dort auf die Leute auf der Kneipenebene runtergucken konnte, und so was mögen die Menschen ja, dachte Förster jetzt, von oben runtergucken, nur wieso, da hatte er keinen Schimmer. An langen Kabeln hingen schlichte Lampen über den Tischen da unten.

Hier oben gab es noch einen weiteren Raum, über dem mit einem blauen geschwungenen Neon-Schriftzug *Café* zu lesen war. An der Stirnseite ein kleiner, blau gestrichener Tresen, auch die Stühle waren blau. An einem der Tische saß Beate, die mal mit Fränge zusammen gewesen war, mit der Förster aber nie so richtig klargekommen war, obwohl er nicht sagen konnte, woran das gelegen hatte. Im laufenden

Semester war sie in der *Praktischen Stilübung Kurzprosa* aufgetaucht, diesem Schreibseminar, das der Schriftsteller und
Puppenspieler Gerhard Mensching bei den Germanisten an-
bot. Einen Leistungsschein konnte man da nicht machen,
nur einen Teilnahme- oder Sitzschein, aber die meisten, die
da hinkamen, wollten sowieso eher schreiben, den anderen vorlesen und dann darüber reden beziehungsweise dafür gelobt werden, was aber durchaus nicht immer passierte.
Beate hatte nichts geschrieben, nichts vorgelesen, und Förster hatte sich mehrfach gefragt, wieso sie da immer wieder
hinkam.

Er wollte schon wieder gehen, da bemerkte sie ihn und
winkte ihn zu sich. Sie saß mit ein paar Leuten zusammen,
die er nicht kannte. Alle tranken Wein, bis auf Beate, die
hatte ein Bier vor sich stehen, und das nahm Förster dann
doch für sie ein, denn die *Zeche* war für ihn kein Ort, an dem
man Wein trank, das war ganz klar ein Bier-Ort, Rockmu-
sik und Disco, das waren für Förster Bier-Themen, und die
Frage war, ob man Leuten, die hier Wein tranken, überhaupt
trauen konnte.

»Hallo, Förster! So allein hier?«

Beate hatte die Haare noch kürzer und stacheliger als früher ohnehin schon. Sie trug einen roten Overall mit einem
weißen lackledernen Gürtel, darüber eine olivfarbene Ar-
meejacke, die Ärmel hochgeschoben.

»Wieso nicht«, antwortete Förster, »ist doch die *Zeche*, da
trifft man immer jemanden.«

»Hat funktioniert«, bestätigte Beate und stellte ihn der
Runde vor: »Das ist Förster, ein Freund von Fränge.«

Die anderen sahen ihn völlig teilnahmslos an, und Förster fragte sich, ob das mit der Nennung von Fränges Namen
zusammenhing, oder ob die ganz allgemein so drauf waren, teilnahmslos und leer, Medizinstudenten vielleicht oder

Wiwis oder Juristen, manche Klischees stimmen einfach, dachte Förster, aber dann dachte er, dass Beate meistens mit Künstlern, Schriftstellern und Schauspielern zusammen war, sie hatte schon am Schauspielhaus Regiehospitanz gemacht, sollte demnächst, wenn er sich richtig erinnerte, zur Assistentin aufsteigen, wollte aber eigentlich Filme machen. Das hatte sie schon damals, als sie noch mit Fränge zusammen gewesen war, immer wieder betont, Film, das sei ihr Ding, da könne sie keiner von abhalten. Fränge und sie waren ein gutes Paar gewesen, beide auf eine kernige, kantige Art gut aussehend, beide ein bisschen durchgeknallt, trink- und feierfreudig, aber dann war Fränge nach Berlin gegangen, und die beiden hatten sich getrennt. Dass Fränge ständig was mit anderen Frauen gehabt hatte, war auch nicht unwichtig gewesen.

»Fränge?«, sagte einer mit langen Haaren und einer hellbraunen Wildlederjacke, die er entweder von seinem Großvater oder aus dem Secondhandshop an der Brückstraße hatte. »War das nicht dieser Typ, der dich ständig betrogen hat? So ein ganz mieser Macho und Chauvi?«

»Ja«, sagte Beate, »aber er hatte auch schlechte Eigenschaften.«

»Auf jeden Fall hat er einen besseren Klamottengeschmack als du«, sagte Förster, der sich eigentlich nicht gerne stritt, jetzt aber bereit war, für diese Witzfigur eine Ausnahme zu machen.

Bevor die Witzfigur etwas auf Försters Bemerkung erwidern konnte, wies ihn eine Frau mit einer blonden Kurzhaarfrisur zurecht: »Komm mal runter, Stevie! Wenn ein Typ einen anderen als Chauvi und Macho bezeichnet, ist das doch nur Anschleimerei.«

Stevie, dachte Förster, wahrscheinlich heißt der Stefan.

»Wie geht es Fränge?«, fragte Beate, und das fand Förster

irgendwie gut, denn sie hätte ja auch das Thema wechseln können oder diesem Stevie recht geben, aber sie schien sich wirklich dafür zu interessieren, was Fränge derzeit trieb.

»Ist noch in Berlin«, sagte Förster. »Ich fahre morgen für ein paar Tage hin.«

»Grüß ihn von mir.«

»An wen will ich mich denn anschleimen?«, wollte Stevie jetzt wissen, und Förster fragte sich, wieso die beiden anderen nichts sagten, also der Dicke in der Motorradlederjacke und die Lange mit dem Seitenscheitel, obwohl das Ganze ziemlich unübersichtlich geworden wäre, wenn die auch noch ihren Senf dazugegeben hätten.

»Du schleimst dich an uns Frauen ran«, sagte die mit der Kurzhaarfrisur, was, wie Förster fand, keiner Erklärung bedurft hätte, denn das war offensichtlich gewesen, und weil Stevie darauf nichts erwidern konnte, holte er eine Packung Tabak aus seiner Lederjacke und fing an, sich eine Zigarette zu drehen, die Packung mit dem Unterarm an den Körper geklemmt und so ostentativ in den Drehprozess versunken, wie es Förster bei Selbstdrehern schon immer auf die Nerven gegangen war. Das hatte, fand er, oft etwas Selbstgerechtes, das nur noch vom Habitus von Pfeifenrauchern überboten wurde. Der Vater von Vera, mit der er bis letzten Sommer zusammen gewesen war, hatte Pfeife geraucht und Förster beim Rauchen immer so angeguckt, als würde er sehr angestrengt über ihn nachdenken. Mehr noch, es war, als wüsste er alles über Förster, selbst das, was Förster selbst noch nicht über sich wusste.

»Was macht Fränge in Berlin?«, hakte Beate noch nach.

»Alles und nichts«, sagte Förster. »In Kneipen am Tresen stehen, davor und dahinter.«

Fränge gab vor, sich in Berlin vor der Bundeswehr zu verstecken, tatsächlich aber war er untauglich (irgendwas mit seinen Füßen), was er jedoch nicht zugeben wollte, weil ihm als überzeugtem Pazifisten seine Verweigerungshaltung gegen die imperialistisch-revanchistischen Kräfte der sogenannten Bundesrepublik Deutschland, wie Fränge das zu formulieren pflegte, sehr wichtig war, doch davon wollte Förster jetzt nicht anfangen, zumal Beate wahrscheinlich sowieso darüber Bescheid wusste.

»Hat er eine Freundin?«

Förster überlegte kurz, was sie mit dieser Frage bezweckte, ob sie Fränge vielleicht nachtrauerte, aber dafür war sie nicht der Typ, dafür war sie zu klug.

»Du kennst doch Fränge«, sagte er. »Der hat immer was am Laufen.« Angeblich war Fränge derzeit sogar in etwas sehr Interessantes verwickelt, mit einem Mädchen in Ostberlin, aber das musste man Beate nicht unbedingt auf die Nase binden, dachte Förster, vor allem nicht im Beisein von Stevie, dem Selbstdreher, der ganz bestimmt spätestens mit dreißig zum Pfeiferauchen übergehen würde.

»Fränge und die Frauen«, sagte Beate. »Damals hätte ich ihn manchmal am liebsten vor den nächsten Bus gestoßen. Aber man hat auch immer eine Menge zu lachen mit ihm. Humor ist ein sehr wirksames Aphrodisiakum.«

Sollte ich auch mal versuchen, dachte Förster.

»Mal was ganz anderes«, sagte Beate dann, »kommst du nächste Woche zu Mensching?«

»Denke schon.«

»Ich würde gerne etwas mit dir bereden, aber in Ruhe, ist was Berufliches.«

Was Berufliches?, dachte Förster, was könnte ich Berufliches mit Beate zu besprechen haben, aber bevor er da weiter drüber nachdenken oder etwas dazu sagen konnte, schwoll unten in der Kneipe der Lärm an, das Konzert in der Halle war offenbar zu Ende.

»Jetzt kommen die Prolls«, sagte Stevie und stieß Rauch aus.

»Wieso Prolls?«, fragte Förster. »Was für Prolls?«

»Die scheiß Heavy-Metal-Typen, diese Jeansjacken-Affen mit den Schnauzbärten.«

Förster war alles andere als ein Heavy-Metal-Fan und lehnte auch Schnauzbärte entschieden ab, noch mehr aber lehnte er Typen wie Stevie ab, die sich nur aufgrund von Äußerlichkeiten über andere meinten erheben zu dürfen. Aber was bringt es, dachte er, da jetzt rhetorisch noch mal aus dem Sulky zu gehen, es war ohnehin eine blöde Idee gewesen hierherzukommen, nicht einmal ein Beruhigungsbier hatte er getrunken, weil er nur dämlich neben dem Tisch gestanden hatte und so von der zwischen den Tischen herumwuselnden Kellnerin offenbar nicht als bestellwilliger Gast wahrgenommen worden war. Andererseits war es nicht uninteressant gewesen, Beate zu treffen. Wer weiß, dachte er, was das noch nach sich zieht. Vielleicht war das mit dem Beruflichen ja nur ein Vorwand, eine Tarnung, weil sie vor diesem Stevie die Karten nicht auf den Tisch legen wollte.

Er verabschiedete sich, indem er mit den Fingerknöcheln auf den Tisch klopfte, eine Geste, die er eigentlich immer komplett albern gefunden hatte, weil es eine Geste für Leute war, die ab elf Uhr vormittags alle mit »Mahlzeit!« grüßten, aber jetzt ging ihm auf, dass dieses Tischklopfen einen davon enthob, einem Stevie die Hand zu geben, und dass es kein Beruhigungsbier gegeben hatte, war auch ganz gut, denn die nächsten Tage, dachte er, während er die Treppe hinunterging und sich seinen Weg durch die Jeansjacken tragenden Schnauzbärte bahnte, werden in dieser Hinsicht nichts zu wünschen übrig lassen. Morgen früh würde Brocki auf der Matte stehen, und dann ging es über die A2 Richtung Osten, das war ja immer ein Abenteuer, die Grenze und der Osten und das alles, aber Förster fühlte sich gut gerüstet, denn mit diesem Stevie war er ja auch fertiggeworden. Außerdem, dachte er, während er auf den Bus zurück in die Stadt wartete, hat es sich mal wieder bestätigt, dass man in der *Zeche* immer jemanden trifft, den man kennt.

2 Gestiefelt und gespornt

Förster war früh auf gewesen, stand jetzt am Küchenfenster und wartete darauf, Brockis Jetta die Straße entlangkommen zu sehen. Er war ein bisschen stolz darauf, dass er mit allem fertig war, »gestiefelt und gespornt«, wie Brocki es gestern Nachmittag am Telefon verlangt hatte: »Ich bin um neun Uhr bei dir und erwarte dich dann gestiefelt und gespornt, damit wir sofort loskönnen.« Brocki redete manchmal schon wie ein Lehrer, obwohl er noch mitten im Studium war.

Försters Blick fiel auf eine Stelle am Boden, wo der schachbrettartig gemusterte PVC-Belag sich gelöst hatte und nach oben bog. Das müsste man mal wieder befestigen, dachte er. Vielleicht reichte es aber auch, da irgendwas draufzustellen, eine Vase vielleicht, nur ohne Blumen, denn man musste es mit der Gemütlichkeit auch nicht übertreiben.

Förster konnte nicht sagen, dass ihn diese etwas heruntergekommene Zweizimmerwohnung begeisterte, aber sie kostete nicht viel und war günstig gelegen, keine fünf Minuten Fußweg bis zur Straßenbahnhaltestelle Richtung Uni, und zu den Kneipen in der Innenstadt lief man auch nicht länger. Gleich nebenan war eine Selterbude, direkt gegenüber ein Supermarkt, kurze Wege, wer brauchte da einen tollen Ausblick. Den gab es hier nämlich genauso wenig wie eine halbwegs moderne Heizung. Nach vorne blickte er auf die sanierungsbedürftige Oskar-Hoffmann-Straße, hinten raus in einen kleinen Garten, den nur der Vermieter benutzen durfte. In dessen Wohnung gab es auch eine ordentliche Heizung, hier in Försters Küche lehnte eine nur etwa zwanzig Zentimeter hohe, dafür etwa zwei Meter lange sogenannte »Fußleistenheizung« an der Wand unterm Fenster, während im hinteren Zimmer, wo Förster arbeitete, schlief, fernsah und las und was man sonst noch so unter dem Begriff »Wohnen« zusammenfasste, eine Gasheizung mit Piezzozünder stand, von deren Ausdünstungen er im Winter immer Kopfschmerzen bekam. Fragte man ihn, wieso er überhaupt in dieser Bude lebte, sagte er nur: »Zweihundertzwanzig Mark im Monat. Warm.« Wobei warm eben relativ war.

Als das Telefon klingelte und er gleichzeitig den grünen Jetta näher kommen sah, war ihm eigentlich klar, dass es besser wäre, jetzt nicht ranzugehen, den Apparat einfach klingeln zu lassen. Andererseits dachte er, vielleicht ist es wichtig, man konnte ja nie wissen, also ging er rüber in sein Wohn-, Arbeits- und Schlafzimmer, nahm den Hörer von dem weinroten Tastentelefon und erfuhr von seiner Mutter am anderen Ende der Leitung, dass sein Vater sich mal wieder im Arbeitszimmer eingeschlossen hatte und sich seit Stunden weigerte rauszukommen. Während sie das erklärte, klingelte Brocki.

»Hör mal, Mama«, sagte Förster, »ich kann jetzt nicht kommen, ich bin praktisch schon auf dem Weg nach Berlin. Der Brocki steht vor der Tür und wartet.«

Darauf sagte seine Mutter nichts, was Förster gleich ein schlechtes Gewissen machte.

»Bleibst du bitte einen Moment dran, Mama?«

Er rannte die Treppe hinunter und rechnete damit, vor der Tür einen deutlich seiner Verärgerung Luft machenden Brocki zu treffen, aber der saß einfach nur am Steuer und starrte geradeaus. Förster öffnete die Beifahrertür und sagte: »Na, alles klar?«

Brocki zuckte nur mit den Schultern.

Mit dem ist irgendwas, dachte Förster, aber darum kann ich mich jetzt nicht kümmern.

»Es ist so«, begann Förster, »ich habe gerade meine Mutter am Telefon, und mein Vater, der hat gerade wieder seine berühmten fünf Minuten, wenn du verstehst, was ich meine.«

Augenblicklich veränderte sich Brockis Haltung. Er wandte sich Förster zu und sagte: »Verstehe. Da musst du dich drum kümmern. Kein Problem, wenn wir ein bisschen später loskommen. Wir sind ja nicht auf der Flucht.«

Förster dachte: Das ist der Vorteil, wenn man sich so lange und so gut kennt, echte Freunde wissen um die Leichen im Keller des anderen, und man muss nicht ständig irgendwas erklären.

»Ich versuche, das am Telefon zu klären, paar Minuten«, sagte er.

»Lass dir Zeit«, sagte Brocki.

Förster hetzte zurück, die Haustür war nicht ins Schloss gefallen, das brachte ihm ein paar Sekunden. Er war fest entschlossen, die Angelegenheit so schnell wie möglich zu regeln, doch als er oben ankam, musste er feststellen, dass seine Wohnungstür zugefallen war und der Schlüssel innen mit dem Ring an der Klinke hing, eine Aufbewahrungsart, die er sich hatte einfallen lassen, weil dies nicht das erste Mal war, dass er sich ausgesperrt hatte. Wenn der Schlüssel von innen steckte, dann war der Ersatzschlüssel, der bei seinen Eltern am Schlüsselbrett auf der Diele hing, nutzlos.

Ohne Tasche und ohne Jacke konnte er nicht nach Berlin fahren, also würde er Brocki bitten müssen, ihn zu seinen Eltern in die Hustadt zu fahren, also nach Süden, obwohl sie eigentlich nach Norden Richtung A2 fahren mussten.

Andererseits, dachte Förster beim Hinuntergehen, das jetzt mehr ein von Müdigkeit und Resignation gekennzeichnetes Trotten war, hätte das Haus seiner Eltern auf dem direkten Weg Richtung Berlin gelegen, wäre das vielleicht noch ärgerlicher gewesen, eine ganz blöde Hin- und Herfahrerei.

»Es gibt ein Problem«, sagte er unten zu Brocki und erklärte, was passiert war.

»Mach dir keine Gedanken«, sagte Brocki. »Ist auch besser, wenn du das mit deinem Vater persönlich klärst. So etwas macht man nicht am Telefon.«

Mit dem ist irgendwas, dachte Förster, der verhält sich anders als üblich. Nicht, dass Brocki sonst weniger Verständnis für die Kapriolen von Försters Vater gehabt hätte, aber ein kleines bisschen ungehalten wäre er normalerweise schon gewesen, denn Brocki war jemand, für den es wichtig war, Dinge gut vorzubereiten und zu planen. Abweichungen vom Plan erzürnten ihn, heute aber war er das freundschaftliche Verständnis in Person. Warum das so war, das würde sich wahrscheinlich auf der bevorstehenden, bestimmt sechsstündigen Fahrt nach Berlin noch herausstellen, jetzt aber hatte Förster erst mal andere Sachen im Kopf. Er stieg ein, Brocki wartete eine Lücke im Verkehr ab und wendete.

»Die müssen die Straßenbahnschienen hier mal wegmachen«, sagte er. »Das ist doch kein Zustand!«

Okay, dachte Förster, das klang schon eher nach Brocki, aber nach dieser Klage über den Zustand der Straße verstummte er wieder.

»Ich war eigentlich fertig«, sagte Förster. »Gestiefelt und gespornt, wie befohlen.«

Brocki zuckte nur mit den Schultern.

3 Street Fighting Man

Sie sprachen kein Wort mehr, bis sie zu Försters Elternhaus kamen, diesem alten Bungalow aus den Sechzigern, gebaut zusammen mit der Uni, an der sein Vater als Privatdozent darunter litt, dass er keine C4-Professur bekam und auch keinen Ruf an eine andere angesehene Hochschule, sodass er hier versauerte, wie er sagte, was dazu führte, dass er sich manchmal irgendwo einschloss und alle glauben ließ, er würde sich jeden Moment etwas antun. Förster wusste, dass das Quatsch war, sein Vater pflegte das Bild des exzentrischen Intellektuellen, der seine Vorlesungen in ausgebeulten Jeans hielt und zu Hause bei offenen Fenstern so laut die Rolling Stones hörte, dass der Heidegger-Forscher nebenan, der es nicht unter Zwölftonmusik machte, immer wieder drohte, die Staatsmacht einzuschalten. Försters Vater brüllte dann noch mal extra laut: *Cos in sleepy London Town there's just no place for a street fighting man!*

»Ich warte im Wagen«, sagte Brocki.

Auf dem Weg zur Haustür fragte sich Förster, was seine Mutter wohl gerade dachte, da ihr Mann sich in seinem Zimmer eingeschlossen und der Sohn sie am Telefon gebeten hatte dranzubleiben, dann aber nicht zurückgekommen war.

Als seine Mutter öffnete, rauchte sie, was sie nur tat, wenn sie mit irgendetwas nicht zurechtkam, denn eigentlich hatte sie das Rauchen aufgegeben, als sie mit Förster schwanger war, weshalb er auch auf angenehme einsdreiundachtzig Körpergröße kam und nicht bei einssiebzig oder so abgeschnitten war, wie das angeblich vielen ging, deren Mütter auch mit Kind im Bauch vom Nikotin nicht hatten lassen können.

Förster erklärte die Sache mit dem Telefon, und seine Mutter nickte. Er fragte, ob alles in Ordnung sei, worauf sie nur gequält lächelte. Natürlich war nichts in Ordnung. Diese selbstmitleidigen Eskapaden mussten einem ja mit der Zeit unglaublich auf die Nerven gehen, dachte Förster, aber er wusste auch nicht, was er stattdessen hätte sagen sollen, denn seine Mutter gehörte nicht zu den Frauen, die in Krisenzeiten gern in den Arm genommen und getröstet wurden, das war ihr zu einfach und zu billig. Zärtlichkeiten solle man sich für die guten Zeiten aufheben, so wie man auch beten solle, wenn es einem gut ging und nicht erst, wenn einem das Wasser bis zum Hals stand, hatte sie mehr als einmal gesagt.

Seine Mutter nahm den Ersatzschlüssel vom Brett neben der Tür, und Förster steckte ihn gleich in die Hosentasche, damit in der Hinsicht nichts mehr schiefgehen konnte. Dann ging er den Flur hinunter zum Arbeitszimmer seines Vaters, vorbei an den Drucken von Warhol, Lichtenstein und Rauschenberg sowie den Fotografien von Annie Leibovitz und Robert Lebeck.

Sein Vater reagierte nicht auf das Klopfen. Förster betrachtete die gerahmten Kunstwerke in der Diele und das Konzertplakat der Rolling Stones auf der Tür.

Er klopfte noch mal und rief: »Hallo!« Und: »Ich bin's!«

Nach einer Weile wurde der Schlüssel im Schloss gedreht, die Tür blieb aber zu. Förster wartete noch ein paar Sekunden.

Als er die Tür öffnete, hatte sein Vater sich so platziert, dass man ihn gut hätte fotografieren können. Er trug eine Levi's 501 und ein dazu passendes Jeans-Hemd, saß auf dem Boden, den Rücken gegen seinen mit Papieren und Büchern überladenen Schreibtisch gelehnt, war natürlich barfuß, hatte ein Bein angewinkelt und einen Arm darauf abgelegt, den Blick nach rechts in den Garten gerichtet. Förster musste sich korrigieren: Den Mann musste man nicht fotografieren, sondern malen.

Er setzte sich seinem Vater gegenüber auf das Fußteil des Charles Eames Lounge Chair, stützte die Ellenbogen auf die Oberschenkel und sah seinen Vater an, der aber weiter vorgab, in eine innere Ferne zu starren, denn im Garten war nichts zu sehen, da war auch gar nicht viel Platz, nach ein paar Metern kam da schon die Buchsbaumhecke, welche die Grenze zum Garten des Professors für Sozial- und Wirtschaftsgeschichte bildete, mit dem Försters Vater seit Jahren wegen irgendeiner fakultätsinternen Meinungsverschiedenheit über Kreuz lag. Dass der Garten so klein war, hatte schon früher immer wieder Probleme gemacht, weil man da nicht vernünftig Fußball spielen konnte und der Ball ständig zu dem Historiker hinüberflog, der damals schon dort gewohnt hatte. Die sind ja hier schon seit Ewigkeiten aneinandergekettet in diesem Akademikergetto, dachte Förster, und tagsüber laufen sie sich dann auch noch im Institut übern Weg, es wäre besser, wenigstens neben einem Biologen oder so zu wohnen, aber als sie hier eingezogen waren, Ende der Sechziger, Anfang der Siebziger, da hatten sie das wahrscheinlich für eine gute Idee gehalten. Das hatte damals wahrscheinlich so was von einer Wissenschaftskommune gehabt, aber mittlerweile ging man sich nur noch auf die Nerven.

Sein Vater reagierte nicht, und Förster wusste, dass er

diese Haltung ziemlich lange durchhalten konnte, hatte aber keine Lust, Brocki noch sehr viel länger warten zu lassen, also beschloss er, die ganze Sache abzukürzen und sagte: »Hallo, Klaus!«

Sein Vater hasste es, von seinem Sohn beim Vornamen genannt zu werden, so modern war er dann doch nicht, das vertraute *Papa* war ihm sehr wichtig. Förster sah sich um, ließ seinen Blick über die prall gefüllten Regale schweifen, in denen die Bücher nicht nur dicht gepresst nebeneinanderstanden, sondern auch obenauf lagen. Einige stapelten sich auf dem Boden und auf den beiden Sesseln, die vor dem Fenster standen. Die Terrassentür war geschlossen, der Waschbeton draußen war an einigen Stellen mit Moos überzogen, die orange-braune Markise ausgefahren, sodass es hier im Zimmer dunkler war als nötig.

Diesmal aber reagierte sein Vater nicht gleich, also legte Förster nach: »Du, Klaus, ich wollte nur kurz Auf Wiedersehen sagen, weil: Ich fahre für ein paar Tage nach Berlin, zum Fränge, weißt du.«

Dieser Satz enthielt gleich vier Dinge, von denen Förster wusste, dass sein Vater damit nicht klarkam: Erstens begann der Satz mit einem Du. Das konnte der Vater nicht ertragen, weil es ihn an die Schwätzer an der Uni erinnerte, die auch gerne Floskeln wie »ein Stück weit« in ihre Sätze einflochten, zweitens kam da wieder der Vorname aus dem Mund des Sohnes, drittens hatte Förster auf das Bindewort »weil« einen Hauptsatz folgen lassen und viertens das Ganze auch noch mit einem »weißt du« abgerundet.

Nach ein paar Sekunden kam Bewegung in seinen Vater. Zuerst senkten sich zum Zeichen des Missfallens kurz seine Lider, dann schüttelte er langsam den Kopf und sah schließlich seinen Sohn an.

Förster schlug sich mit beiden Händen auf die Oberschenkel und sagte: »Okay, ich muss dann mal los, der Brocki wartet draußen.«

Noch bevor sein Vater etwas entgegnen konnte, drehte Förster sich um und ging.

Im Flur traf Förster auf seine Mutter, die ihn fragte: »Was macht er?«

»Sitzt da, als wäre es eine Filmszene.«

»Für ihn ist es das ja auch.«

Sie umarmte ihn und steckte ihm fünfzig Mark zu.

»Du musst mich nicht bezahlen, Mama.«

»Du fährst doch nach Berlin, da kannst du das Geld bestimmt brauchen.«

»Geld kann man immer brauchen, Mama, also danke.«

»Erst sagst du Nein, dann nimmst du es doch!«

»Ist höflicher, sich ein bisschen zu zieren.«

Förster stieg in den Jetta, wo Brocki vor sich hin gedöst hatte, und als dieser den Motor anließ, stand Försters Vater in der offenen Haustür neben seiner Frau und brüllte etwas, was Förster erst in der Wiederholung verstand, nachdem er das Fenster heruntergelassen hatte.

»Ob du genug Geld dabeihast!«

»Ja, ja.«

»Und benehmt euch an der Grenze, sonst filzen die euch wie blöd.«

»Machen die sowieso, Papa.«

Und da grinste er, der alte Straßenkämpfer, denn jetzt war er nicht mehr Klaus, sondern wieder Papa, und Förster dachte: Wie soll das erst werden, wenn die alt sind?

4 *Bei aller Liebe*

»Ist irgendwas?«, fragte Förster, als sie auf der A43 schon am Kreuz Herne vorbei waren.

»Bin müde«, sagte Brocki nur.

Förster war nach der Sache mit seinem Vater auch erst mal nicht nach Reden zumute, aber als Brocki auf der A2 zwischen Beckum und Rheda-Wiedenbrück hinter den Fahrersitz griff, aus einer Kühltasche eine Dose Hansa Pils fingerte, sie zwischen seinen Beinen festklemmte und einhändig aufriss, da wusste Förster, dass es ernst war.

»Brocki, was ist los mit dir?«, fragte er.

»Was soll mit mir los sein, Förster? Ich genehmige mir ein Fahrbier, ist das neuerdings verboten?«

»Es ist noch nicht mal Mittag. Das sieht dir gar nicht ähnlich.«

»Nicht? Was sieht mir denn ähnlich, Förster? Ein Glas Milch und ein wenig Gebäck? Was weißt du schon von mir?«

»Komm, Brocki, wir wissen eine ganze Menge voneinander, das haben wir doch vorhin erst wieder gesehen.«

Brocki seufzte. »Ich meine nur, wenn der Dahlbusch so etwas macht wie Bier trinken am Mittag, da sagst du doch auch nichts.«

»Bei dem bin ich einiges gewohnt.«

»Und bei mir nicht, oder was?«

»Nicht, dass du besoffen Auto fährst.«

27

»Von einem Bier werde ich nicht besoffen, Förster.«

»Aber ungewöhnlich ist es schon, das musst du zugeben.«

»Ich gebe gar nichts zu! Was soll das hier werden, ein Verhör oder so? Ist das schon die Volkspolizei? Die Stasi? Ich dachte, das kommt alles erst hinter Helmstedt!«

Mit dem Bier zwischen den Oberschenkeln beugte Brocki sich vor und kramte dann im Handschuhfach vor Försters Knien herum.

»Brocki, ich fände es besser, wenn du nach vorne gucken würdest.«

»Ja, ja, stell dich nicht so an. Du klingst ja heute wie ein Mädchen.«

»Das ist sexistisch, Brocki. Es insinuiert, dass Frauen ängstlich und hysterisch seien und sich aufregen, obwohl es keinen Grund dafür gibt.«

Brocki seufzte erneut. »Die Uni hat dich anstrengend gemacht«, sagte er und schob eine Kassette in das Abspielgerät im Armaturenbrett. Kurz darauf kam *Heat of the Moment* von Asia. Förster wusste, das würde mit so einem Kram wie Toto und Christopher Cross und Ähnlichem weitergehen und dass er irgendwann würde gegensteuern müssen.

Nachdem Brocki das Bier ausgetrunken hatte, verstaute er die leere Dose umständlich hinterm Fahrersitz.

Das konnte Förster nicht unkommentiert lassen: »Wenn du schon einen auf harten Kerl machst, dann schmeiß die Dose gefälligst über die Schulter nach hinten!«

Brocki holte die Dose wieder hervor und gehorchte. Anschließend nahm er sich ein weiteres Bier.

»Wenn du willst, kannst du ja gleich übernehmen«, sagte Brocki, als er Försters kritischen Seitenblick bemerkte. »Ich muss sowieso aufs Klo.«

Kurz vor Hannover kamen sie dann in einen Stau, den Brocki dazu nutzte, sich noch eine weitere Dose einzuverleiben, sodass Förster froh war, als sie tatsächlich an der Raststätte Garbsen Nord rausfuhren. Brocki ging zur Toilette, und Förster besorgte sich einen Kaffee. Wobei er fand, dass man für dieses Raststättengebräu, das neben Fritteuse und Schnitzeln unter Rotlicht stundenlang auf einer angelaufenen Warmhalteplatte vor sich hin gegammelt hatte, ein neues Wort erfinden sollte.

Es dauerte ziemlich lange, bis Brocki zurückkam. Immerhin ging er kerzengerade, aber nach drei Dosen Bier musste man auch noch nicht zwingend torkeln, dachte Förster und war froh, dass ihm Brocki in einer Geste des Übermuts aus bestimmt zehn Metern Entfernung in hohem Bogen den Wagenschlüssel zuwarf, den Förster in einer, wie er selbst fand, überaus eleganten Bewegung einhändig fing.

»Mann, ich dachte, ich platze«, sagte Brocki und fuhr fort: »Kaffee, Förster? An der Raststätte? Hast du für deinen Magen keine Verwendung mehr?«

»Willst du auch einen?«

»Keinesfalls. Ich hab ein bisschen was Gesundes besorgt.«

Förster warf einen Blick auf die sechs von Plastikringen zusammengehaltenen Bierdosen, die Brocki in der Hand hatte.

»Wir haben auch noch ein paar im Wagen.«

»Dann sollte das ja reichen.«

»Ich wiederhole meine Frage von vorhin: Was ist los mit dir, Brocki?«

»Und ich wiederhole meine Antwort: Was soll los sein? Ich trinke ein paar Bier. Ist doch hier wie auf Klassenfahrt. Da habt ihr euch doch alle immer die Kante gegeben.«

»Ja, aber du eben nicht.«

»Und deshalb darf ich jetzt nicht, oder was?«

»Ist nur ungewohnt.«

»Wieso? Weil ich sonst so ein langweiliger Spießer bin?«

»Sage ich doch gar nicht.«

»Ja, du nicht.«

»Und der Fränge meint es nicht so.«

»Ach, um Fränge geht es doch gar nicht.«

»Um wen dann?«

Da schwieg Brocki erst mal. Er blickte auf die Autos, die an der Raststätte vorbeirauschten.

Dann sagte er: »Na ja, ich habe gestern mit Silke gesprochen.«

»Aha«, machte Förster.

»Nix aha, Förster. Die hat gesagt, sie ist in einer Phase, wo sie ein bisschen Aufregung im Leben braucht, deshalb kann sie sich mit mir nicht abgeben.«

»Das hat sie gesagt?«

»Nicht mit diesen Worten.«

»Ich kenne die nicht so gut, aber die ist doch nicht fies, die Silke.«

»Nee, die ist nur in so einer Phase, wo sie etwas mehr Aufregung braucht. Ich glaube, da läuft was mit diesem Uwe.«

»Mit welchem Uwe?«

»Krause oder so. Der ist doch Sänger in dieser Band.«

»Ja, ja, irgendwas mit Hell, ich erinnere mich. Aber die sind doch scheiße, Brocki. Schlimmster Hair-Metal.«

»Sieht die Silke aber anders.«

»Weißt du das so genau?«

»Ich kann zwischen den Zeilen lesen. Man muss wissen, wann man verloren hat. Rocksänger gegen Deutsch und Englisch auf Lehramt. Keine Chance.«

»Bei aller Liebe, Brocki, aber ich glaube, du steigerst dich da in was rein.«

Ein dunkelblauer Mercedes rollte langsam und fast lautlos an ihnen vorbei. Hinten saß ein vielleicht fünfjähriges Mädchen, das ihnen die Zunge herausstreckte. Brocki machte das Gleiche, und das Mädchen erschrak erst und lachte dann.

»Du warst nicht dabei, also erzähl mir nicht, was ich gehört habe. Und vor allem sag mir nicht, was ich tun, und was ich lassen soll!«

»Immerhin hat sie sich doch mit dir getroffen.«

Brocki antwortete nicht gleich. »Also genau genommen war das Zufall. Bei REWE.«

»Und da hast du mit ihr vor dem Kaffeeregal gestanden? Wie lange, zwei Minuten?«

»Nee, nee, das waren bestimmt fünf!«

»Und in diesen fünf Minuten hast du zwischen den Zeilen herausgelesen, dass sie zur Zeit in ihrem Leben etwas mehr Aufregung braucht und sich deshalb mit dir nicht abgeben kann?«

»Du warst nicht dabei, Förster!«

Brocki hatte Mühe, eine der Dosen aus ihrem Plastikring zu reißen, öffnete sie dann aber demonstrativ vor Försters Augen und stieg auf der Beifahrerseite ein.

Das kann ja noch heiter werden, dachte Förster. Und das wurde es dann auch.

5 Barfuß tanzen

Irgendwann schob Förster die Patti-Smith-Kassette, die er vorsichtshalber eingepackt hatte, in das Abspielgerät, denn er fand, er hatte Brockis Spezialmischung aus Asia, Toto, Supertramp und One-Hit-Wonders wie Men without Hats mit ihrem *Safety Dance,* der gleich zweimal hintereinander auf dem Tape war, lange genug ausgehalten. Wobei man, dachte Förster, das ja einfach nur so sagte, dieses: Ich halte das nicht mehr aus, man zog ja keine Konsequenzen und warf das Band bei hundert Sachen aus dem Fenster. Manchmal wünschte sich Förster, er hätte diese Radikalität, wusste aber, das würde nie sein Ding sein. Wenn man mit zweiundzwanzig noch nicht radikal war, dann kam das auch nicht mehr.

Brocki konnte natürlich mit Patti Smith nichts anfangen. Und da er mit dem Biertrinken seit Garbsen Nord auch nicht aufgehört hatte, war er jetzt ziemlich hinüber, was die Situation nicht angenehmer machte.

»Barfuß tanzen?«, sagte Brocki, als gerade *Dancing barefoot* lief. »Das ist doch wieder so ein Hippiezeug, oder, Förster?«

»Patti Smith ist eigentlich Punk.«

»Punks tanzen barfuß? Also ich finde, das tun nur Hippies. Und Bhagwan-Jünger oder Krishnas oder so. Ist die Krishna, die Patti Smith?«

»Keine Ahnung«, brummte Förster. Alter Freund mit

Liebeskummer hin oder her, dachte er, langsam geht er mir ziemlich auf die Nerven.

»Oder ist die Bhagwan? Tanzt die barfuß ganz in Orange?«

»Halt jetzt bitte mal den Ball flach«, sagte Förster, als die Grenzanlagen vor ihnen auftauchten. »Muss ja nicht sein, dass die uns den Wagen auseinandernehmen.«

Brocki lachte etwas übertrieben, weil promillebefeuert. »Aber wieso denn, Förster? Ich dachte, das sind alles deine Freunde. Du hast dem Fränge doch immer zugestimmt, wenn er von der Systemalternative gepredigt hat. Die kennen euch hier doch bestimmt, du Fünfte Kolonne, du!«

»Im Ernst, Tilman«, mahnte Förster, »die sollten wir jetzt nicht provozieren.«

Brocki kicherte besoffen. »Ich habe gerade so eine verdammte Lust, im Todesstreifen zu tanzen. Und zwar barfuß.«

Förster stöhnte genervt. »Wir wissen, dass du ein Kommunistenfresser bist, aber reiß dich jetzt bitte mal ein paar Minuten zusammen.«

»Ein Revanchist bin ich, sagt der Fränge. Der meint, nur weil ich diesen real existierenden Schmonzes da drüben blöd finde, will ich gleich Deutschland in den Grenzen von 1937 wiederhaben. Der hat doch keine Ahnung, der Dahlbusch, ehrlich! Wir haben Verwandte da drüben, die können euch einen erzählen, da wird dir schlecht, das kann ich dir flüstern!«

Förster fuhr herum: »Ich schwör dir: Wenn du jetzt nicht das Maul hältst, sorge ich dafür, dass du erst in Berlin wieder wach wirst!«

»Oha!«, entfuhr es Brocki, der aber trotz allem einigermaßen beeindruckt wirkte, »und ich dachte, du bist Pazifist.«

Förster konzentrierte sich darauf, die vorgeschriebene Höchstgeschwindigkeit schon hier in den ausgedehnten Grenzanlagen auf keinen Fall zu überschreiten. Nach allem, was die Leute, die öfter rüberfuhren, so erzählten, wurde man spätestens auf der Transitstrecke praktisch gleich erschossen, wenn man nur ein bis zwei Stundenkilometer zu schnell unterwegs war, was wohl dazu führte, dass man von winkenden DDR-Bürgern, die das Letzte aus ihren bläulich abgasenden Zweitaktern herauskitzelten, ständig überholt wurde. Also hatte man hier nur die Wahl, entweder abgeknallt oder verarscht zu werden.

Der Jetta plockte über die Nahtstellen zwischen den Betonplatten, die schon hier an alte Reichsautobahnen erinnerten. Davon abgesehen sah es jetzt ein bisschen aus wie an einem Fähranleger irgendwo an der Nordsee, wo man sich auch für die richtige Fahrspur entscheiden musste. Über der Straße waren blaue Hinweisschilder mit weißer Schrift und Autosymbolen angebracht. Lastkraftwagen hatten sich rechts zu halten, die zuständigen Schilder hießen »Transit Westberlin« und »Einreise DDR, Transit VR Polen, ČSSR«. Der restliche Bereich war noch einmmal in drei Spuren unterteilt, eine für Reisebusse, eine für PKW mit einem Schild »Transit Westberlin«, flankiert von zwei weißen, sehr streng wirkenden Pfeilen. Auf der dritten Spur ging es Richtung »DDR, ČSSR, Polen«. Förster fragte sich, wieso bei der PKW-Spur der Zusatz »VR« vor Polen fehlte, und ob es vielleicht zwei Polens gab – eine Volksrepublik, die nur mit Lastwagen zu erreichen war, und ein »normales« Polen für PKWs –, und was der Unterschied zwischen diesen Ländern sein mochte, die Größe der Parkplätze vielleicht? Dann aber riss er sich zusammen und konzentrierte sich auf den anstehenden, politisch so heiklen Vorgang der Einreise in den Arbeiter- und Bauernstaat, damit man nicht schon am Grenzübergang erschossen wurde, das konnte man bekanntlich auch weiter im Landesinneren erledigen lassen, da hielt man den Verkehr nicht so sehr auf.

Brocki bemerkte offenbar Försters Unsicherheit und lallte: »Was ist los, mein kleiner Rotgardist? Feigheit vor dem Freund?«

Förster beschloss, diese Bemerkung nicht durch eine Antwort aufzuwerten, und reihte sich in die Schlange für PKW ein. Im Stop-and-Go ging es weiter.

Brocki musste immer wieder kichern. »Guck dir die doch mal an! Die Koteletten! So was gibt es doch heute gar nicht mehr!«

»Ist jetzt egal«, sagte Förster gedämpft.

»Wovor haben die denn so eine Angst, deine Genossen?«

»Das sind nicht meine Genossen!«

»Ich weiß noch, was du neulich im Oblomow gesagt hast, nämlich dass die DDR ganz anders sein könnte, wenn wir Imperialisten nicht versuchen würden, ein moralisch überlegenes, sozial gerechteres Gemeinwesen auszuhungern.«

»Das war nicht ich, das war dieser Typ von der MLPD.«

»Aber du hast dem zugestimmt.«

»Habe ich nicht. Ich habe nicht widersprochen, weil bei dem sowieso alles zu spät ist.«

»Das mit dem Aushungern kriegen die schon selber hin«, machte Brocki weiter. »Und moralisch überlegen? Die knallen Leute ab, nur weil sie an der falschen Stelle von A nach B wollen!«

Dann stand einer der grün gewandeten Grenzer neben ihrem Wagen, kurz die Hand an den Schirm seiner Dienstmütze und fragte nach den Pässen, die Förster schon griffbereit liegen hatte.

»Wie viele Personen befinden sich in dem Fahrzeug?«

»Wir sind zu zweit«, sagte Förster.

Und wieder musste Brocki kichern. »Wie der spricht! Der sächselt ja wirklich! Wir kriegen das volle Programm.«

Förster zischte, Brocki solle jetzt bitte die Schnauze halten.

Der Grenzer schob ihre Pässe in eine Kunstledermappe, legte die auf ein Transportband und fragte: »Was ist der Grund für Ihre Einreise in die selbständige politische Einheit Westberlin?«

Brocki schaffte es kaum noch, an sich zu halten. »Wie der redet, ich lach mich kaputt! Und unsere Pässe dürfen auf dem Fließband fahren! Und das ist auch noch überdacht!«

»Führen Sie Waffen bei sich? Munition? Funkgeräte?«

Brocki lachte jetzt laut heraus. Speichel flog an die Windschutzscheibe. Förster wünschte sich weit weg.

»Was ist denn da so lustig?«, fragte der Grenzer im Ton eines Lateinlehrers. Eines überaus verstimmten Lateinlehrers, fand Förster. Eines überaus verstimmten Leipziger Lateinlehrers.

Dass Brocki daraufhin noch mehr lachen musste, machte die Sache nicht besser. Der Grenzer steckte den Kopf ins Auto, und Förster musste zugeben, dass dieser von seiner Position aus körperlos wirkende Kotelettenkopf schon ziemlich komisch aussah. Gegen seinen Willen musste er grinsen, was der Grenzer aber nicht mitbekam, denn der widmete sich jetzt voll und ganz Brocki, dem die Lachtränen mittlerweile die Wangen hinunterliefen. Der Grenzer wiederholte, ziemlich einfallslos, wie Förster fand, die Frage, was so lustig sei. Ein paar Sekunden schien es, als wolle Brocki sich zusammenreißen, aber dann sagte er: »Ich hätte da mal eine Frage: Möchten Sie auch manchmal barfuß im Todesstreifen tanzen, Herr Oberförster?«

Da war Förster klar, dass sie so schnell nicht nach Berlin kommen würden.

6 Grace Jones

Fränge war begeistert. »Du subversives kleines Schweinchen! Da sage ich: Hut ab, Herr Brock! Den Grenzer zum Oberförster befördern, das hat was. So füllt man dieses ewige Lieber-tot-als-rot-Gerede mit Leben!«

Damit spielte Fränge auf den Aufkleber an, der jahrelang Brockis Schultasche geziert hatte, was Fränge als Mitglied der Schwerter-zu-Pflugscharen-Fraktion immer gegen den Strich gegangen war, aber die beiden brauchten halt irgendwas, womit sie den jeweils anderen ärgern konnten, auch wenn sich Brocki jetzt gar nicht so richtig ärgerte, sondern im Gegenteil fast ein bisschen stolz aus der Wäsche guckte, obwohl er vor ein paar Minuten noch gesagt hatte, er schäme sich für sein Verhalten in Marienborn. Vor Ort hatte Förster Brocki die Pest an den Hals gewünscht, aber jetzt musste er zugeben, dass das natürlich eine Riesengeschichte war, über die sie sich noch in dreißig Jahren würden amüsieren können.

Erst um vier Uhr morgens hatten sie bei Fränge vor der Tür gestanden und mehrfach klingeln müssen, bis endlich jemand aufmachte, allerdings nicht Fränge, sondern sein Mitbewohner, von dem Förster schon wusste, dass er Rainer hieß. Sichtlich sauer, in seiner Nachtruhe gestört worden zu sein, hatte Rainer an eine Tür gehämmert und Fränges Namen gebrüllt, bis dieser, nur mit einer blauen Unterhose bekleidet, endlich herausgekommen war, worauf sich folgender Dialog entwickelt hatte:

»Kundschaft, Fränge! Außerdem war die Haustür wieder nicht abgeschlossen!«

»Ja, ja, und der Flur ist auch nicht geputzt.«

»Ich will nur nicht, dass die Skins hier wieder auftauchen und uns die Bude auseinandernehmen.«

»Die nehmen hier gar nix auseinander, außerdem sind das Redskins, die gehören zu den Guten, also leg dich wieder hin, Rainer. Hallo, Jungs, ihr könnt bei Martina im Zimmer pennen, ist da vorne, Bett habe ich gemacht, alles Weitere gegen Mittag.«

Fränge war wieder in seinem Zimmer verschwunden, und Förster und Brocki hatten es sich in dem ihnen zugewiesenen Zimmer gemütlich gemacht, auf einer etwa einsvierzig breiten Matratze, und während Brocki praktisch sofort eingeschlafen war, hatte Förster noch wach gelegen, bis es hinter dem weißen Laken, das vor dem Fenster hing, langsam hell wurde. Einen Kleiderständer auf Rollen hatte er im Halbdunkel ausmachen können, auf dem ein paar Jeans hingen und ein paar Jacken und zwei, drei Kleider mit Blümchenmuster, neben dem Kleiderständer hatte Förster ein paar Springerstiefel gesehen, an der Wand ein Ikea-Regal, vollgestopft mit Büchern. Außerdem waren da ein paar Kisten, wahrscheinlich mit Wäsche, und am liebsten hätte Förster sich etwas genauer umgesehen, in den Kisten herumgekramt und so, aber das ging natürlich nicht, diese Martina, die vertraute darauf, dass Fränge keine Perverslinge in ihrem Zimmer übernachten ließ. Er hatte noch gedacht, dass er kaum Frauen kannte, die Kleider trugen, und sich außerdem gefragt, ob sie wohl hübsch war, diese Martina, jedenfalls schien sie gut zu riechen, denn auch wenn Fränge neue Bettwäsche aufgezogen hatte, war hier noch ein Duft unterwegs, irgendwie frisch, wie er fand, und über dieser Art von Gedanken war er dann doch noch eingeschlafen.

Jetzt saßen sie in der Küche der WG, dem mit Abstand größten Raum in der Wohnung, an einem großen Holztisch, auf dem die Kaffeetassen und Weingläser der letzten Tage standen. Auf dem Boden in einer Ecke lungerten Bier- und Weinflaschen herum, gleich neben einem großen dunkelroten Sofa, das es Förster besonders angetan hatte, denn ein Sofa in der Küche, das war für ihn Luxus pur. Er war ein Küchenmensch, weil die Küche nicht Wohnen und nicht Schlafen und nicht Arbeiten war, sondern irgendwas dazwischen, und von einer Position irgendwo dazwischen konnte man am besten beobachten, das stand für ihn fest. Am liebsten würde er nur in Küchen leben, nicht umsonst sammelten sich auf Partys die Leute immer genau dort. Der Eindruck des Luxuriösen wurde allerdings durch den nicht wegzulüftenden Nikotingeruch – für den vor allem Rainer verantwortlich war, da Fränge, abgesehen vom gelegentlichen Kiffen, nicht rauchte – sowie eine sich prominent neben der aus Altgeräten zusammengewürfelten Küchenzeile erhebende Duschkabine geschmälert. »Dit is Berlin«, hatte Fränge vorhin stolz getönt, als wäre eine Duschkabine in der Küche der Gipfel des Einfallsreichtums moderner Großstadt-Innenarchitektur. Förster ging eine ganz andere Frage durch den Kopf, nämlich, ob diese Martina, in deren Zimmer Brocki und er übernachtet hatten, auch hier, mitten in der Küche, duschte und ob Rainer und Fränge an sich halten konnten.

Es war jetzt so ein ganz heimeliges Beisammensein, nachdem sie sich monatelang nicht gesehen hatten, Brocki in seinem karierten Hemd, Fränge in seinem Grace-Jones-T-Shirt, das wohl ironisch sein sollte, und Förster in einem schwarzen Shirt ohne Muster oder Aufdruck. Genau das fiel ihm in diesen Minuten auf, nämlich dass sie alle Sachen trugen, die auf den Punkt brachten, wie sie drauf waren, hier und jetzt, nachdem gut ein Fünftel ihres dritten Lebensjahrzehnts um war, eine Zeit, auf die sie wahrscheinlich später mal als die beste ihres Lebens zurückblicken würden, bereit, es mit allem und jedem aufzunehmen, selbst mit bewaffneten Oberförstern.

»Mir ist das so peinlich«, sagte Brocki, nachdem Fränge ihn noch einmal gelobt hatte. »Außerdem habe ich tierische Kopfschmerzen. Und Hunger habe ich auch. Obwohl ich nicht glaube, dass ich was essen kann, mir ist nämlich auch schlecht.«

»Willkommen im Leben«, sagte Fränge. »Ich könnte dir ja eine Aspirin geben, aber das bringt nichts, die geht auf den Magen, die kotzt du sofort wieder aus. Ich würde sagen, wir ziehen gleich los, Essen fassen. Geht auf mich, klare Sache. Wenn mein alter Kumpel Tilman Brock unter die Anarchos geht, muss das belohnt werden.«

Brocki wimmerte nur und hielt sich den Kopf, und dann stand Rainer in der Küche, mittlerweile in ganz anderer Stimmung als in der Nacht, geradezu aufgekratzt und fröhlich, was ihn aber auch nicht sympathischer machte, fand Förster. Rainer trug eine knallenge, schwarz-rot gestreifte Hose und ein weit ausgeschnittenes schwarzes Tanktop. Außerdem roch er ziemlich streng. Er suchte sich aus dem Geschirrberg eine Tasse, spülte sie ab und goss sich dann den Rest Kaffee ein, der noch auf der Warmhalteplatte seinem Wechsel von flüssig zu fest entgegendämmerte. Förster dachte über die Gemeinsamkeiten von WG- und Raststättenkaffee nach. Wohngemeinschaften und Raststätten waren beides Durchgangsstationen, vielleicht durfte da der Kaffee nicht so gut sein, damit man es sich nicht zu gemütlich machte.

»Alles fit, Genossen? Was liegt an bei euch? Bisschen Osten gucken?«

»Osten ist morgen«, sagte Fränge. »Heute erst mal ankommen, locker werden. Bisschen Schubi, bisschen du.«

Förster fragte sich, wieso Fränge in seinem Grace-Jones-
Shirt einen auf Udo Lindenberg machte, aber dann begriff er,
dass es darum ging, sich über Rainer lustig zu machen, der
auch gleich »Ich mach bubu, was machst du?« antwortete,
was allerdings nicht Lindenberg war, sondern Trio.

»Okay, also morgen Ostdröhnung, heute Westbindung«,
machte Rainer weiter. »Meint: Döner ziehen und dann in der
Bergmann versacken oder was?«

»Keine Ahnung, Rainer. Wir gucken mal.«

»So was muss man planen, Fränge. Jedenfalls wenn man
Leute von außerhalb da hat, die wissen doch gar nicht, was
sie hier erwartet, die muss man an das Thema heranfüh-
ren, die kann man nicht einfach da irgendwo reinstoßen,
das überfordert die doch! Und dann kommt ihr auch noch
alle aus dem Ruhrgebiet, ihr kennt so was doch gar nicht,
diese ganzen schrägen Typen hier und die Punks und so.
Da müsst ihr aufpassen, vor allem, was die Skins angeht,
die haben uns hier neulich fast die Hütte abgerissen, das ist
Frontstadt hier, nicht so ein gemütliches Glück-auf-der-Stei-
ger-kommt, hier geht es zur Sache, Genossen.«

»Sieg Heil«, sagte Brocki, und Rainer schwappte etwas
Kaffee aus der Tasse.

»Was bist du denn für einer? Schleppst du hier Faschos
an, Fränge?«

»Komm mal runter, Rainer.«

»Ach, ihr habt doch keine Ahnung, was hier abgeht. Und,
Fränge? Grace Jones, ernsthaft?«

»Ich bin ein Sklave des Rhythmus, Rainer.«

»Ja, ja. Und beim Nightclubbing pullst du bis zum Bumper, du Kunst-Groupie!«

»Ich verstehe kein Wort«, warf Brocki ein.

»Sind alles Songtitel«, erklärte Förster. »*Slave to the Rhythm, Nightclubbing, Pull up to the bumper, Art Groupie.*«

»Ach so«, machte Brocki.

»Okay, kein Fascho«, sagte Rainer, »aber offenbar völlig ahnungslos.«

»Kann nicht jeder so ein Experte sein wie du«, sagte Fränge, der, wie Förster fand, erstaunlich viel Geduld mit diesem Schwätzer hatte.

»Bringst du mir wieder ein paar *Juwel* mit von drüben?«, fragte Rainer. »Ihr seid drei Mann, das sind fünfundsiebzig Mark, da könnt ihr drei *Juwel* mitbringen und habt noch genug für Bücher und zum Versaufen.«

»Wir gucken mal, Rainer.«

»Nächste Woche ist wieder Flohmarkt, das würde gut passen.«

»Wie gesagt, Rainer, wir ...«

»Ja, ja, ihr guckt mal, ist schon gut. Ich versuche auch nur zu überleben. Apropos überleben, ich geh jetzt erst mal fickificki mit der Nicki.« Stellte die Tasse ab, verschwand aus Küche und Wohnung und hinterließ angenehme Stille.

Fränge sagte: »War mir nicht klar, wie der drauf ist, als ich hier einzog. Aber das Zimmer ist sehr günstig.«

»Ja, ja«, sagte Brocki, »für genau so was sind wir doch hergekommen. Ist wie Zoobesuch früher. Finde ich toll, dass du uns da ordentlich was bietest, Fränge.«

»So ist das nun mal hier, Leute. In Berlin sammelt sich alles. Die Genies genauso wie die Idioten. Und so übel ist der Rainer gar nicht, wenn man ihn erst näher kennt.«

»Ich bin nicht scharf drauf, den näher kennenzulernen«, sagte Brocki.

»Hast du dazu keine Meinung, Förster?«

»Mich würde interessieren, was mit der Frau ist, in deren Bett wir genächtigt haben.«

Fränge grinste. »Die Martina. Förster, ich glaube, die wäre was für dich.«

»Ach ja, und wieso?«

»Die ist klug, die Martina. Und geheimnisvoll. Nicht leicht zu haben.«

»Also nichts für dich«, stänkerte Brocki.

»Ich stehe auf starke Frauen«, sagte Fränge. »Das werdet ihr morgen sehen, wenn ihr Rosa kennenlernt.«

»Rosa? So heißt dein Mädchen aus Ostberlin?«, fragte Brocki.

»IN, Brocki. Mädchen IN Ostberlin. Mädchen AUS Ostberlin geht ja nicht. Jedenfalls im Westen.«

»Es sei denn, sie ist getürmt. Will sie türmen, deine Rosa?«

»Es ist nur ein Zeichen für deinen beschränkten Horizont, wenn du davon ausgehst, dass alle da drüben nur so schnell wie möglich wegwollen.«

»Einige riskieren dafür immerhin ihr Leben. Und verlieren es auch.«

»Ja, das ist blöd, das muss ich zugeben.«

»Wie gnädig, Fränge!«, höhnte Brocki. »Das ist Staatsterror, das ist Mord! Aber wenigstens findest du das blöd, ich bin beruhigt.«

»Klug, geheimnisvoll, nicht leicht zu haben – und deshalb was für mich?«, fragte Förster, obwohl er das ziemlich nett fand, was Fränge damit über ihn sagte.

»Schade, dass ihr euch nicht kennenlernen werdet«, sagte Fränge, offenbar froh, dass Förster für ihn das Thema gewechselt hatte, »die Martina ist in Köln zu einem Vorsprechen. Von da fährt sie nach München und dann, glaube ich, nach Zürich oder so.«

»Wie, Vorsprechen?«, fragte Brocki.

»Die ist Schauspielerin, die Martina«, sagte Fränge. »Ich

habe sie mal auf der Bühne gesehen, in so einem kleinen Off-Theater in der Wrangelstraße.«

»Wen interessiert das, in welcher Straße das war?«, fragte Brocki. »Das ist doch wieder so ein Berliner Unsinn, dass man den Straßennamen dazusagt, als müsste dann allen gleich ein Licht aufgehen! Ah, die Wrangelstraße, na klar! Das ist doch uninteressant, außer man ist Taxifahrer. In Bochum würdest du doch auch nicht den Straßennamen dazusagen.«

»Na klar würde ich das«, verteidigte sich Fränge, »und zwar, damit ihr gleich wisst, wo das ist. In Bochum hätte ich gesagt: Die habe ich mal in einem kleinen Hinterhoftheater an der Hiltroper Straße gesehen.«

»Wieso hättest du in Bochum Hinterhoftheater gesagt, aber in Berlin sagst du Off-Theater? Damit willst du dich doch nur wieder wichtigmachen. Und so tun, als wäre das hier die große weite Welt und zu Hause praktisch Kenia.«

»Boah, Brocki«, stöhnte Fränge, »das ist auf so vielen Ebenen scheiße, was du da sagst, dass ich gar nicht weiß, wo ich anfangen soll!«

»Versuch's doch einfach mal!«

»Zunächst mal ist das Theater in der Wrangelstraße einfach nicht in einem Hinterhof, sondern in einem alten Ladenlokal, vorne an der Straße, in einer alten Druckerei. Und dann ist das ja wohl voll rassistisch, wenn du Kenia als Synonym für was Abgefucktes, Heruntergekommenes nimmst.«

»Bei uns zu Hause ist es abgefuckt?«

»Hast *du* gesagt beziehungsweise gemeint, nicht ich! Außerdem spricht aus dir doch schon wieder dieser scheiß Minderwertigkeitskomplex der Provinz gegenüber der Metropole. Selbst wenn ich versuchen würde, mich wichtigzumachen, solltest du da drüberstehen und nicht so kleingeistig rumjammern.«

»Jetzt tu mal nicht so, Fränge«, griff Förster ins Gespräch ein, »du hast oft genug gesagt, dass du das zu Hause so pie-fig findest und dass hier die ganze Action abgeht, und natür-lich war das mit dem Straßennamen so gemeint, wie Brocki es verstanden hat. Du wolltest damit ausdrücken, dass du dich auskennst, und wir Landpomeranzen noch nicht mitre-den können. Damit sich das ändert, gehen wir jetzt raus, was essen, Döner meinetwegen, egal.«

»Nee, nee«, sagte Brocki und hielt sich den Kopf, »erst mal frühstücken.«

»Ja, ja«, sagte Fränge, »hatte ich eh vor.«

»Und eine Frage hat dieser Rainer völlig zu Recht ge-stellt«, sagte Förster. »Grace Jones, Fränge?«

»Wie gesagt, ich bin ein Sklave des Rhythmus.«

»Der Rhythmus, bei dem jeder mitmuss?«

»Der Rhythmus der Sinfonie der Großstadt.«

»Zwei Genitive hintereinander, das ist nicht elegant.«

»Was will der Dichter uns damit sagen?«

»Dichter sagen nichts, die fragen nur.«

»Schluss jetzt«, bestimmte Brocki, »wir gehen spachteln.«

Im Rausgehen überprüfte Förster die Küchentür. Die konnte man abschließen, der Schlüssel steckte von innen, diese Martina konnte also ganz unbeobachtet duschen, was Förster irgendwie beruhigte.

7 Frühstücke

Sie saßen dann tatsächlich in einem Café in der Bergmannstraße, die offensichtlich etwas Besonderes war, von Fränge
dadurch betont, dass er, als sie dort eingebogen waren, gesagt hatte: »Dit is die Bergmann!«, was Brocki trotz Kater
wieder auf die Palme gebracht hatte, zum einen wegen des
nachgeäfften Berliner Dialektes, zum anderen weil Fränge
diesmal den Zusatz -straße einfach weggelassen und damit,
nach Brockis Meinung, noch viel mehr einen auf große Welt
versus Provinzspastis gemacht hatte.

Das Café gefiel Förster sehr gut. In die Tische waren Glas-
platten eingelassen, und unter denen lagen Kaffeebohnen.
Es roch auch nach Kaffee, obwohl es schon Mittag war und
eigentlich nach Mittagessen hätte riechen müssen, aber hier
wurde noch gefrühstückt. Förster bestellte sich ein ganz normales Frühstück mit Brötchen, Wurst, Marmelade und einem gekochten Ei, während Fränge und Brocki jeweils das
»Große Englische« orderten.

Außerdem hatten sie jeder einen großen schwarzen Kaf-
fee bestellt, und nachdem Förster den ersten Schluck da-
von getrunken und wieder festgestellt hatte, dass der erste
Schluck Kaffee des Tages, die vom Atem der Nacht trockene
Kehle hinunter, hinein in den leeren, nach Input lechzenden
Magen, der beste überhaupt war, fragte er Fränge, was es mit
Rainer und diesem *Juwel* auf sich hatte.

»Na ja«, sagte Fränge, »ich bin ja schon ziemlich oft drüben jetzt, wo die Sache mit der Rosa läuft, und das geht ziemlich ins Geld. Jedes Mal fünfundzwanzig Mark, das ist ja der Wahnsinn! Also nicht, dass mir die Sache mit der Rosa nicht so viel wert wäre, aber ich muss das ja auch erst mal erwirtschaften. Ich habe also nach Wegen gesucht, diese fünfundzwanzig Mark zu refinanzieren, und festgestellt, dass es durchaus Ostwaren gibt, für die hier im Westen ein Bedarf besteht. Dazu gehört der Campingkocher *Juwel*. Der läuft mit Benzin und kocht wie der Teufel, sagen alle. Die kosten da drüben zwanzig Mark Ost, und Rainer vertickt die Dinger auf dem Flohmarkt für fünfzig West, und wir teilen uns den Gewinn. Das geht auch mit Fachbüchern oder Klassikplatten, die sind da drüben viel billiger, also so Sachen, die ideologisch unbedenklich sind, Bücher für Ingenieure zum Beispiel oder Mathebücher.«

»Ein Verbrechen ist das, dieser Zwangsumtausch«, sagte Brocki.

»Ja, finde ich auch nicht so pralle, aber ich kriege das Geld wieder rein, ich mache sogar Gewinn dabei, jedenfalls bei diesen *Juwel*-Dingern, denn wenn man irgendwelchen Studis Bücher mitbringt, kann man damit ja kein Geld machen, die gebe ich natürlich zum Kurs von eins zu eins weiter, alles andere wäre ja eine Sauerei.«

»Okay, das finde ich jetzt mal gut«, sagte Brocki.

»Campingkocher sind was anderes, und mit fünfzig Mark ist der Kunde noch gut bedient. Aber du glaubst gar nicht, was andere, die da rüberfahren, alles anstellen, weil sie das Geld nicht zurücktauschen und nicht mit rübernehmen dürfen. Rosa hat mir erzählt, dass ein Freund von ihr mal einen Typen beobachtet hat, der hinter einer Bushaltestelle rumbuddelte. Als der weg war, hat Rosas Bekannter nachgesehen und festgestellt, dass der Typ Ostmark vergraben hatte.«

»Wieso das denn?«, wollte Förster wissen.

»Na, die darf man doch nicht ausführen. Er wird gedacht haben, dass er das Geld bei seinem nächsten Besuch wieder ausbuddeln kann.«

»Das ist doch Unsinn«, sagte Brocki.

»Natürlich ist das Unsinn«, bestätigte Fränge. »Ich meine, wenn er es schon beim ersten Besuch nicht geschafft hat, den Zwangsumtausch auszugeben, dann schafft er es erst recht nicht, wenn er beim nächsten Mal noch mehr Geld zur Verfügung hat.«

»Ich habe mal gehört«, sagte Förster, »dass man bei der Staatsbank der DDR ein Konto eröffnen und darauf einzahlen kann. Dann kommt man immer an sein Geld.«

»Ein Konto in der DDR?« Brocki war empört. »Das ist doch krank! Damit unterstützt man diese Verbrecher doch nur!«

»Das tut man aber auch, wenn man ihre Campingkocher kauft«, gab Förster zu bedenken.

Ihr Frühstück kam, und während Brocki und Fränge die Kaffeetassen, Salzstreuer und Aschenbecher über die Tischplatte schoben, damit alle Teller Platz hatten, verlor sich Förster kurz in der Frage, wie eigentlich der Plural von Frühstück lautete, einfach Frühstücke wahrscheinlich, obwohl ihm das als Wort sehr merkwürdig vorkam. In Gedanken trennte er das Wort im Plural: Früh-stücke. Wieso hieß das Abendessen dann nicht Spätstück?

»Ich soll dich von der Beate grüßen«, sagte er, um diesen unsinnigen Gedanken abzuwürgen.

»Beate?«, sagte Fränge. »Was hast du denn mit der zu schaffen?«

»Ich habe sie in der *Zeche* getroffen, vorgestern erst.«

»In der *Zeche*?«, fragte Brocki. »Was hast du denn in der *Zeche* gemacht?«

»Ich wollte ein Beruhigungsbier trinken.«

»Und wieso warst du aufgeregt?«, fragte Fränge.

»Die Frage ist«, meinte Brocki, »wieso er für ein Beruhigungsbier einmal quer durch die Stadt bis in die *Zeche* fährt.«

»Das sind sieben Haltestellen«, sagte Förster, »das ist nicht quer durch die Stadt.«

»Du hättest doch ins *Jago* gehen können, ganz ohne Bus. Oder ins *Konkret* oder so, wieso denn *Zeche*?«

Langsam war Förster genervt. »Ich hatte einfach Lust drauf, Brocki. Außerdem dachte ich, vielleicht gehe ich noch in die Halle, je nachdem, was für ein Konzert da läuft, aber dann war das nur so ein Metal-Scheiß, irgendeine lokale Band, da hatte ich keinen Nerv drauf, also bin ich hoch ins Café, und da habe ich dann die Beate getroffen.«

»Metal-Scheiß?«, fragte Brocki. »Was denn für ein Metal-Scheiß? Die Band von dem Krause vielleicht?«

»Nein«, sagte Förster, »ich glaube, die war nicht dabei. Die hat doch was mit Hell im Namen, und ich glaube, auf der Liste am Eingang stand nichts von Hell.«

»Hell wie dunkel?«, wollte Fränge wissen.

»Nee, Hell wie Hölle«, erklärte Förster.

»Die waren jetzt auf dem Sparkassen-Sampler dabei, da hat sich der Krause gar nicht mehr eingekriegt«, sagte Brocki.

»Da sind manchmal gute Sachen drauf, auf diesen Samplern von der Sparkasse«, sagte Fränge. »Du siehst also, ich sage auch mal was pro Heimat. Was macht die so, die Beate?«

»Theater hauptsächlich, soll demnächst eine Assistenz am Schauspielhaus machen«, sagte Förster.

»Aber eigentlich will die doch zum Film«, sagte Fränge. »Ich erinnere mich noch, wie die immer gesagt hat, sie will unbedingt zum Film. Drehbücher schreiben, Regie führen, das alles. Bei der musst du aufpassen, die ist hart drauf.«

»In welcher Hinsicht?«

»In jeder. Drogen, Alkohol, Sex. Im Bett dreht die völlig durch, glaub mir.«

»Aber du hast sie geschafft, oder was?«, sagte Brocki. »In dir hat sie ihren Meister gefunden, oder wie?«

»Nee, nee, Brocki, so bin ich nicht. Die Beate ist eine hochintelligente, sexuell experimentierfreudige, erotisch selbstbestimmte Frau. Das ist schon interessant, kann aber auch anstrengend sein.«

»Das klingt nach überfordertem Macho«, stellte Brocki fest.

»Förster soll sich nur darüber klar sein, worauf er sich da einlässt.«

»Sie meinte, es ist was Berufliches«, sagte Förster.

»Halt mich mal auf dem Laufenden«, bat Fränge, und zwar in einem Ton, als mache er sich echte Sorgen.

Vielleicht ist das auch gar nicht so falsch, dachte Förster, während Fränge und Brocki anfingen, über irgendetwas anderes zu reden, denn er hatte schon das Gefühl, dass es nicht nur mal wieder an der Zeit wäre, sich zu verlieben, sondern auch mal wieder was zurückzubekommen, von der körperlichen Seite ganz zu schweigen, das war alles schon wieder über ein Jahr her, anderthalb, um genau zu sein, fast ein Zehntel seines Lebens. Obwohl, dachte er, so darf man ja nicht denken. Wenn man es auf die eigene Lebenszeit hochrechnet, bekommt das immer so eine Dramatik, die noch größer wurde, wenn man die ersten zwölf, dreizehn Jahre weglässt, in denen man sich für so etwas nicht interessiert hat, und stattdessen nur die letzten neun Jahre betrachtet, da wirkt das mit den anderthalb Jahren noch mal viel schlimmer.

Mit Fränge durfte man so etwas ohnehin nicht bespre- chen, der sah sich als Gottes Geschenk an die Frauenwelt und hätte es ungerecht gefunden, sich auf eine oder wenige zu beschränken, während Brocki so ein romantisch verklär- ter Eine-Frau-Mann war, der sich auf diese Silke festgelegt hatte.

Das heißt, dachte Förster, beide wissen, was sie wollen, nur ich sitze wieder zwischen den Stühlen beziehungsweise mit dem Rücken gegen den eigenen Schreibtisch, wie mein schwermütiger Vater. Aber ich sollte mich jetzt auch nicht in so eine alberne Angstspirale hineinsteigern. Die Sorge, sie könnten werden wie ihre Väter, die haben viele Söhne. Und es gibt viel schlimmere Väter, das ist auch mal klar, der ist ja nicht suizidgefährdet, der Klaus Förster, am Ende ist er vor allem ein bisschen eitel, Einzelkind eben, wie sein Sohn.

Wenn man das zu Ende denkt, dachte Förster das jetzt zu Ende, dann sollte man sich keine Sorgen machen, sondern sich vielmehr aufregen, dass der Vater sein eigenes kleines Leid so pittoresk inszenierte, das machte Förster dann auch tatsächlich richtig wütend, da brauchte er nur ein paar Se- kunden drüber nachzudenken, wodurch er feststellte, dass es sehr viel gesünder war, wütend auf den eigenen Vater zu sein, als Mitleid mit ihm zu haben oder zu fürchten, so zu werden wie er. Förster stellte fest, dass er jetzt am liebsten irgendwas Aggressives in das Fränge-Brocki-Gespräch ein- werfen wollte, aber leider nicht mitbekommen hatte, worum es da ging, und als er es dann mitbekam, konnte er als His- toriker schlecht dagegen sein, sich die Ausstellung *Fragen an die deutsche Geschichte* im Reichstagsgebäude anzusehen, und sei es auch nur, um Fränges Behauptung, das sei doch nur »offiziöser Staatskitsch«, bestätigt zu finden. Die Idee war von Brocki gekommen, der sagte, er sehe sich das auch alleine an, aber Förster sagte, da komme er gerne mit, und da wollte auch Fränge nicht zurückstehen, der aber noch hinzusetzte, erst mal gehe es darum, in aller Ruhe die Frühstücke wegzuhauen.

Gut, dachte Förster, hat sich das mit dem Plural auch geklärt.

8 Richtige Affen

Auf dem Rückweg von der Ausstellung kriegten sich Fränge und Brocki natürlich über die Bewertung des Gesehenen in die Haare. Fränge sah sich in seiner Vermutung, man habe es hier mit »offiziösem Staatskitsch« zu tun, bestätigt, wohingegen Brocki das Ganze »hochinteressant« gefunden hatte. Fränge erteilte einer Geschichtskultur, welche den Gedanken der »Nation« in den Vordergrund stelle, eine klare Absage, die »Nation« (Fränge machte bei dem Wort immer Gänsefüßchen in die Luft) habe in der deutschen Geschichte genug Unheil angerichtet, worauf Brocki erwiderte, Nation (bei ihm ganz ohne Gänsefüßchen) an sich sei doch gar nicht das Problem, sondern das, was man daraus mache. Die nationale Bewegung des neunzehnten Jahrhunderts sei doch eine durch und durch liberale, freiheitliche gewesen, was Förster als Student der Geschichtswissenschaften doch bestimmt bestätigen könne. Förster tat ihm den Gefallen, bemerkte aber auch, dass einige der anderen Leute in der U-Bahn schon ganz komisch guckten, wahrscheinlich, dachte Förster, konnte man in öffentlichen Verkehrsmitteln eher über Sex und Drogen reden als über die deutsche Geschichte, die allerdings, das musste er zugeben, tatsächlich sehr viel mehr Tod und Verderben über die Welt gebracht hatte, als es Sex und Drogen je vermögen würden.

Fränge und Brocki konnten einfach nicht aufhören, das ging nicht nur ohne Ende hin und her, sondern Förster auch irgendwann fürchterlich auf die Nerven, und als sie am Mehringdamm ausstiegen, um zur Bergmannstraße rüberzulaufen, hielt er es nicht mehr aus.

»Herrgott, jetzt ist aber mal gut«, schnauzte er, »die Ausstellung war vor allem sterbenslangweilig, nur Fahnen und alte Mützen und Fotos und auf den Texttafeln die reinste Bleiwüste. Und überhaupt: Nehmt euch doch ein Zimmer in 'nem Stundenhotel, da könnt ihr euch fetzen, bis der Arzt kommt, das ist doch für euch sowieso wie ficken, aber denkt auch mal daran, dass es anderen unheimlich auf den Sack gehen kann.«

So, jetzt sind sie erst mal stille, die Herren, weil sie so eine klare Ansage von mir nicht gewohnt sind, dachte Förster. Man sollte so ein Mittel auch nicht inflationär einsetzen, der Zeitpunkt war perfekt gewesen.

»Er hat ja recht, der Förster«, sagte Fränge irgendwann, »man muss auch mal positiv sein. Also, ich freue mich riesig, dass ihr hier seid. Vor allem, dass du, mein lieber alter Freund und Kupferstecher Tilman Brock, endlich mal hier bist. Ehrlich, mein Herz steigt in die Lüfte wie ein Adler.«

»Ja, ja, ist gut«, sagte Brocki, musste aber grinsen.

»Erst wenn du hier bist, Brocki, weiß ich doch, was mir sonst fehlt, auf dieser Insel der Verdammten mitten im Roten Ozean.«

Auch Förster musste jetzt grinsen.

»Weißt du, was mir am meisten fehlen würde, Brocki?«

»Sag's mir, Fränge.«

»Diese Gespräche mit dir. Diese Gespräche, in denen mir mit jedem Satz, den du äußerst, so viel klar wird. Vor allem nämlich, dass ich verdammt noch mal recht habe. Und dass du keine Ahnung hast. So eine Bestätigung braucht man manchmal. Dafür danke ich dir.«

»Mensch, Fränge«, sagte Brocki und blieb stehen. »Mir geht es mit dir ganz genauso. Ist das nicht wunderbar?«

Die beiden umarmten sich und taten so, als müssten sie vor Rührung weinen. Dann lösten sie sich voneinander, und Fränge sagte: »War das okay so, Förster?«

»Toll«, bestätigte der. »Mein Herz steigt in die Lüfte wie ein Adler.«

Fränge schleppte sie dann in eine andere Kneipe als am Morgen, aber die war ja auch mehr ein Café, dachte Förster, als sie daran vorbeikamen, und auch wenn das noch aufhatte, dachte er weiter, war es abends besser, in einen Laden zu gehen, der nicht Café hieß, mal abgesehen davon, dass es ohnehin nicht so gut war, abends in dasselbe Lokal zu gehen wie am Morgen, weil man dann den Eindruck hatte, dass es im Leben so rein gar nicht voranging, und auch wenn das stimmen mochte, musste man sich ja nicht selbst immer wieder mit der Nase drauf stoßen.

Hier in der Kneipe ging Fränge gleich mal ganz forsch hinter den Tresen und küsste die Frau, die dort stand und zapfte, erst nur auf die Wange, aber nachdem sie das Bier, das sie gerade in Arbeit hatte, abgestellt und ihre Arme um seinen Hals gelegt hatte, auch auf den Mund, mit Zunge und allem. Dann bestellte er gleich mal drei große Biere.

Sie setzten sich an einen freien Tisch in der Nähe des Tresens. Hier war nichts in die Tischplatte eingelassen, keine Kaffeebohnen unter Glas und auch sonst nichts. Man hatte ganz allgemein auf jede Verzierung verzichtet, sie hatten es hier mit einem einfachen, quadratischen Holztisch zu tun, dazu vier schlichte Stühle, und Förster fühlte sich in dieser Umgebung, in der man sich Mühe gab, alles auf das Notwendige zu reduzieren, sofort wohl.

»Also die Sache mit der Rosa«, flüsterte Fränge, »die müssen wir hier nicht so breittreten.«

Brocki sagte: »Das habe ich mir schon gedacht, als du bei der Frau hinter der Theke eine Magenspiegelung vorgenommen hast.«

»Jetzt bitte nicht witzig werden.«

Die Kellnerin brachte die drei Bier.

»He, das ging aber verdächtig schnell«, sagte Brocki.

Die Frau knickte in der Hüfte ein und stemmte einen Arm in die Seite. »Was soll das heißen, mein Führer? Glaubst du auch noch, dass ein Pils sieben Minuten braucht? Wieso seid ihr Deutschen alle so verdammte Bierfaschisten?«

»Das ist Marta«, sagte Fränge. »Marta, das sind Förster und Brocki.«

Marta lachte. »Dann sind ja Huguinho, Zezinho und Luisinho endlich vereint.«

»Das sind die portugiesischen Namen von Tick, Trick und Track. Marta kommt aus Portugal.«

»Huguinho, Zezinho und ...« Förster kam nicht auf den dritten Namen.

»Luisinho«, half Marta.

»Tick, Trick und Track ist irgendwie eingängiger«, meinte Förster.

»Klar, man kann es sich auch leicht machen«, sagte Marta. »Weißt du, wir Portugiesinnen sind so unheimlich schwermütig und melancholisch, wegen dem ganzen Fado und dem Atlantik vor der Haustür, deshalb haben unsere Comicfiguren auch so komplizierte Namen.«

»Was soll das heißen, Bierfaschisten?«, schaltete sich Brocki wieder ein. »Wieso Bierfaschisten?«

»Ihr nehmt euer Bier so ernst«, sagte Marta. »Deshalb gibt es im Deutschen ja überhaupt das Wort bierernst.«

Brocki räusperte sich. »Also, ich finde, dieses ewige Faschisten hier, Faschisten da total daneben. Das Einzige, was ihr damit erreicht, ist, dass ihr den eigentlichen Faschismus verharmlost. Wenn die Nazis nur so nette Typen wie ich gewesen wären, wäre das damals aber mal ganz anders gelaufen.«

Marta lachte laut auf. »Der ist super, Fränge! Wo hast du den denn her?«

»Aus dem Tierheim. Oder nein, das ist der andere, dieser hier ist mir einfach hinterhergelaufen.«

»Ha, ha!«, machte Brocki, ohne zu lachen. »In Eickelborn sitzt einer, der hat 1976 darüber gelacht. Und seitdem halten die den fest.«

»Was ist denn Eickelborn?«, fragte Marta.

»'ne Klapse bei Lippstadt. Da gehört er hin, der Herr Dahlbusch.«

»Ich gehöre nach Lippstadt?«

»Oder Applerbeck«, sagte Brocki. »Das ist näher dran.«

Wie die Blagen, dachte Förster.

»Ihr seid Affen«, sagte Marta, musste aber auch grinsen. »Richtige Affen. Filho da puta«, zischte sie Fränge noch zu.

»Heute bin ich wieder Hurensohn«, sagte Fränge lachend, »letzte Woche war ich nur Sacana. Drecksack.«

»Ich könnte bald mal was essen«, sagte Förster.

»Hunger«, bestätigte Brocki.

»Ja, ick habe ooch Kohldampf«, sagte Fränge. »Ick würde sagen, wir verlegen in die *Henne*. Ist ein Katzensprung, ehrlich. Wir fahren vom Südstern zum Hermannplatz, von da zum Kotti, und dann müssenwa nur noch paar Minuten loofen.«

»Hör auf mit dieser Berlinerei, das ist peinlich hoch vier«, schimpfte Brocki.

»Was ist das, die *Henne*?«, fragte Förster.

»*Henne* ist Pflicht, da muss man mal gewesen sein, da

muss man mal gegessen haben. Also austrinken, zweite Runde, dann wieder austrinken und dann los.«

»Wieso können wir nicht nach dem ersten Bier los?«, wollte Brocki wissen.

»Weil man bei einer stolzen Portugiesin immer mindestens zwei Bier bestellen muss. Sonst sind sie beleidigt, diese Naturvölker.«

»Das habe ich gehört!«, rief Marta vom Tresen herüber.

»Três cervejas!«, antwortete Fränge, und Förster fand, er sprach das schon ziemlich gut aus, jedenfalls soweit Förster das beurteilen konnte, das t sehr weich und das j und das s mit je einem sehr stimmhaften sch. Das mit Marta schien schon länger zu laufen.

»Wir brauchen eine gute Grundlage. Genug Bier, damit das Hühnchen schwimmen kann«, sagte Fränge.

»Du immer mit deiner *Henne!*«, sagte Marta, während sie anzapfte.

»Wenn ihr hier was Ordentliches zu essen anbieten würdet, müssten wir ja gar nicht verlagern. Ich würde viel lieber hierbleiben, aber olle Schrippen mit angegammelter Wurst – nee, dit is nix für mir.«

Brocki stöhnte.

»Erster August«, sagte Marta.

»Was ist am ersten August?«, fragte Förster.

»Ab dem ersten August hat sie ihren eigenen Laden«, sagte Fränge. »Zusammen mit ihren Schwestern.«

»Cool«, sagte Förster.

»Ich helfe da bisschen mit«, sagte Fränge.

Marta fragte, ob Fränge in einer bestickten Seidenbluse und mit einer rotgrünen Mütze auf der Straße Zettel verteilen wolle, und Fränge antwortete, er habe schon Schlimmeres gemacht. Während Marta mit den Bieren vom Tresen herüberkam, sagte sie, das könne sie sich vorstellen, worauf

Fränge wiederum sagte, Schlimm sei sein zweiter Vorname, was ihm, nachdem sie die Biere abgestellt hatte, einen Kuss von Marta einbrachte. Sie ging zurück hinter den Tresen, und Fränge sagte: »Die hat zwei Schwestern, die sind genauso!«

9 *Stabile Seitenlage*

In der *Henne* waren die Wände mit dunklem Holz getäfelt, und die Bedienung hieß Esther, was sie nur erfuhren, weil Fränge sie etwas aufdringlich danach fragte, als sie bei ihr die halben Hähnchen mit Krautsalat bestellten, die laut Fränge hier Pflicht waren, auch wenn noch ein paar Wurstspezialitäten auf der Karte standen, die seien aber, so Fränge, vor allem dazu da, die Karte voller aussehen zu lassen, nur Ahnungslose würden sich die halben Hähnchen entgehen lassen, Ahnungslose und Vegetarier, aber wer kein Fleisch esse, der sei hier sowieso falsch.

»Drei halbe Vögel mit Krautsalat und deinen Namen«, sagte Fränge also, was Brocki gleich wieder peinlich war, und auch Förster dachte: Fränge überdreht langsam ein bisschen.

»Drei Halbe mit Kraut, geht klar. Esther heiße ich.«

Fränge nickte nur, und als sie zurückkam und ihnen die Biere hinstellte, sagte er: »Esther – ist das jüdisch?«

»Oh Gott!«, stöhnte Brocki auf.

»Was denn?«, entgegnete Fränge. »Man wird doch wohl noch nachfragen dürfen, wenn jemand einen ungewöhnlichen Namen hat.«

»Findest du Esther so ungewöhnlich?«, fragte Esther.

»Ungewöhnlich genug, um nachzufragen.«

»Aber das muss doch nicht gleich jüdisch sein«, sagte Brocki.

»Und wenn?«, sagte Esther, wartete aber keine Antwort ab, sondern zog sich wieder Richtung Tresen zurück.

»Die ist doch ziemlich attraktiv«, gab Fränge zu bedenken, als Esther außer Hörweite war. »Da kann doch die Frage nach der Herkunft ihres Namens eine elegante Anbahnung sein.«

»Wieso denn Anbahnung?«, fragte Förster. »Du bist doch versorgt. Und das gleich doppelt, wie es aussieht.«

»Ich meine das ja auch nur so ganz allgemein.«

»In der Zehn hatten wir doch mal eine Esther bei uns in der Klasse«, sagte Brocki. »So eine Austauschschülerin. Wo kam die noch her, aus Schweden?«

»Dänemark«, sagte Förster.

»Hattest du nicht was mit der?«, sagte Fränge.

»Nicht so richtig«, antwortete Förster. »Wir haben mal im Schrebergarten von deinen Eltern herumgeknutscht.«

»Ich muss sagen, die Partys im Schrebergarten, die vermisse ich wirklich«, sagte Fränge. »Das waren die besten. Wir konnten Lärm machen ohne Ende, da hat sich keiner beschwert.«

»Und deine Eltern hatten auch kein Problem damit, dass wir da ständig Halligalli gemacht haben«, sagte Brocki.

»Denen war nur wichtig, dass es hinterher wieder aussah wie vorher«, sagte Fränge.

Sie schwelgten ein wenig in Erinnerungen an grandiose Feten, dabei war das alles noch gar nicht so lange her. Vor gerade mal vier Jahren hatten sie Abitur gemacht, aber Förster kam es vor, als wäre ihre Schulzeit in einem anderen Leben gewesen.

»Und die Feten zu unseren achtzehnten Geburtstagen waren alle bei euch im Garten«, sagte Brocki, »und alle waren eine Schau!«

»Eine Schau?«, höhnte Fränge. »Wer bist du, Günther Pfitzmann?«

»Nur ihr beide habt bei Fränge im Garten gefeiert«, sagte Förster. »Ich habe meinen Achtzehnten im Garten meiner Eltern begangen.«

»Stimmt!«, sagte Fränge. »Deine Eltern hatten sich dünne gemacht. Sind sogar über Nacht weggeblieben.«

»Die sind nach Berlin gefahren«, bestätigte Förster. »Alte Freunde besuchen. Und wir hatten freie Bahn.«

»War auch nicht schlecht«, sagte Fränge. »Nicht ganz so exzessiv, aber dieser Prof von nebenan war trotzdem kurz davor, die Bullen zu rufen.«

»Den hat Brocki aber vorbildlich runtergekühlt«, sagte Förster.

»Wir waren ja auch wirklich ziemlich laut«, meinte Brocki. »Aber irgendwann hatte ich ihn so weit, dass er zugeben musste, auch mal jung gewesen zu sein.«

»Wir haben dann durchgezaubert, bis die Sonne aufging«, sagte Fränge.

»Die letzten zwei Stunden haben wir nur noch geredet«, sagte Brocki. »Du wolltest bis zum Mittagessen den Kapitalismus abschaffen.«

»Hätte geklappt, wenn ich nicht auf dem Rasen eingeschlafen wäre.«

Sie bestellten frisches Bier. Förster ließ seinen Blick durch die Kneipe schweifen, jedenfalls so weit das möglich war, denn es wurde an so ziemlich jedem Tisch geraucht. Das Publikum hier drin war ziemlich gemischt, alle Altersklassen waren vertreten – was ja schon mal ungewöhnlich war, denn in anderen Lokalen war das meistens homogener, jedenfalls nach Försters Erfahrungen. Zu Hause saßen die Älteren in den Eckkneipen und die Jüngeren im Bermudadreieck, dem Kneipenviertel in der Innenstadt, in dem man verschwinden konnte wie Flugzeuge und U-Boote in diesem mysteriösen Seegebiet.

Als das Bier kam, wollte Brocki wissen, ob sie sich noch an diesen Ulf erinnerten, der sich an seinem, Brockis, Achtzehnten ins Koma gesoffen habe.

»Ja, Mensch! Das war dieser Zwei-Meter-Lulatsch, der nichts vertragen konnte!«, rief Fränge.

»Das war doch ein Freund von deiner Schwester, oder?«, warf Förster betont harmlos ein.

»Anderthalb Jahre war der mit der Heike zusammen«, bestätigte Fränge. »Der war gar nicht eingeladen gewesen, aber die Heike hatte den angeschleppt. Und die war eigentlich auch nicht eingeladen. Die hatte sich nur nicht gemerkt, dass an dem Abend deine Fete sein würde, und wollte in der Laube wohl mit Ulf einen wegstecken.«

»Dem hast du jedenfalls das Leben gerettet«, sagte Brocki.

»Na ja, ich weiß nicht«, wiegelte Fränge ab.

»Doch, doch!«, beharrte Brocki. »Der war komplett weggetreten! Die Augen waren einen winzigen Spalt weit geöffnet, und man sah nur noch Weißes. Alle waren besoffen und wurden völlig panisch, aber du bist cool geblieben und hast den erst mal nach draußen gezogen.«

»Ich wollte nicht, dass der in die Laube kotzt«, sagte Fränge.

»Und dann hast du ihm den Finger in den Hals gesteckt und hast ihn ins Beet reihern lassen.«

»Das musste ja irgendwo hin.«

»Dann hast du mich in die Kneipe der Anlage geschickt, damit ich den Notarzt rufe.«

»Und hast ihn in die stabile Seitenlage gebracht«, ergänzte Förster. »Ich hätte gar nicht mehr gewusst, wie die geht.«

»Es ist erstaunlich, woran man sich in solchen Momenten erinnert«, sagte Fränge. »Musste man ja für die Führerscheinprüfung können.«

»Und der Notarzt war dann auch ganz begeistert«, fuhr

Brocki fort. »Ich kriege heute noch ein schlechtes Gewissen, wenn ich mir vorstelle, dass wir anderen nur blöd rumgestanden haben.«

»War doch alles erledigt«, sagte Fränge. »Nachdem der gegöbelt hatte und der Krankenwagen gerufen war, konnten wir nur noch warten.«

»Deine Schwester ist ja auch ziemlich cool geblieben«, sagte Förster. »Die kannte das wohl von dem.«

»Ja, seine Sauferei war später auch der Grund, warum die sich getrennt haben«, sagte Fränge.

In diesem Moment brachte Esther die halben Hähnchen, die, wie Förster fand, ebenfalls in stabiler Seitenlage daherkamen.

10 *Geile Hähnchen*

Das Thema Hähnchenverzehr gingen sie ganz unterschiedlich an. Fränge und Förster benutzten ihre Hände, während
Brocki umständlich mit Messer und Gabel an dem halben
Tier herumdokterte. Dabei nahmen Fränge und Brocki die
Diskussion wieder auf, die sie angefangen hatten, als sie vorhin direkt an der Mauer entlanggelaufen waren. Fränge hatte
geschwärmt, wie toll es hier sei und dass er gar nicht mehr
wegwolle, schon gar nicht, um irgendwann den Laden seiner Eltern zu übernehmen, denn vier Uhr aufstehen, damit
das aufrechte Heer der abhängig Beschäftigten pünktlich
um sechs seine Brötchen bekam, das sei nicht sein Ding, das
sei viel zu nah an Arbeit, und Arbeit komme für ihn vorläu-
fig nicht infrage. Brocki hatte den Kopf geschüttelt und gemeint, Fränge sei ein Schmarotzer, der dieses Hängertum
nur durchziehen könne, weil andere sich krummlegten, das
sei nichts anderes als asozial in des Wortes grundlegends-
ter Bedeutung, worauf Fränge zurückgegiftet hatte, grundle-
gend könne man nicht steigern, und wenn man ihm das auf
der Uni nicht beibringe, dann möchte er, Fränge, gar nicht
daran denken, was für eine inkompetente Lehrergeneration
irgendwann seine Kinder unterrichten werde.

Herrje, dachte Förster, geht das schon wieder los?

»Wenn das jeder so machen würde wie du, Fränge, dann
wären wir bald am Ende!«, sagte Brocki jetzt.

»Wir sind am Ende, wenn wir tatsächlich alle so weiter-machen wie bisher, Brocki! Geboren werden, aufwachsen, ab in die Tretmühle, fünfzig Jahre saufen und die Frau ver-prügeln, und dann ab in die Kiste. Da habe ich keinen Bock drauf, da melde ich mich ab.«

»Wo hast du den Quatsch denn her? Sind deine Eltern so drauf? Oder meine? Oder die von Förster? Du machst hier einen auf Sozial-Zorro, weil du dir dann schick vor-kommst! Bisschen flirten mit dem Außenseitertum! Tust so, als hättest du verweigert, dabei warst du untauglich, du Auf-schneider!«

»Brüll mal nicht so rum, das muss ja nicht jeder wis-sen.«

Fränge schaute sich um, als hätte er Angst, es könnte ihn jemand bei der Bundesvereinigung der Kriegsdienstverwei-gerer verpfeifen. Wenn es so etwas überhaupt gibt, dachte Förster. Die restliche Kneipe nahm jedoch keine Notiz von ihnen, überall wurde geredet und gegessen, man hörte das Absetzen von Gläsern auf Bierdeckeln und vereinzeltes Ge-lächter. Was man nicht hörte, war Hintergrundmusik, wie Förster erst jetzt bemerkte. Das fand er gut. Musik im Hin-tergrund lenkte nur ab.

»Aha, das ist dir also peinlich?«, sagte Brocki.

»Jeder hat das Recht, sich selbst zu suchen und seine Ge-schichte neu zu erfinden, gerade hier.«

»Hört sich an wie ein französischer Kunstfilm. Trinkst du deinen Milchkaffee jetzt auch aus großen Schalen ohne Henkel?«

»Was regst du dich auf, Brocki? Ich tue doch keinem weh. Ich versuche nur das Beste rauszuholen, solange ich jung bin.«

»Tja, Fränge, das kann halt nicht jeder. Irgendwer muss an die Schüppe, damit der Schornstein raucht. Und damit du es dir gut gehen lassen und schön lange jung sein kannst!«

»Du redest wie ein Oppa. Du bist doch nur neidisch, weil du dich nicht traust!«

Darauf konnte Brocki nicht gleich was erwidern. Fränge hatte wohl einen wunden Punkt getroffen, aber es sprach für ihn, dass er nicht drauf herumritt, fand Förster.

»Lass uns mal runterkommen, Brocki«, sagte Fränge. »Ich will ja nicht mein Leben lang ein Penner bleiben. Aber zur Zeit gefällt es mir ganz gut.«

»Okay«, sagte Förster, » damit wäre das geklärt. Und jetzt erzählst du uns mal was über diese Rosa. Also wann und wo kennengelernt, was macht sie, wie ist sie drauf und wie soll das auf lange Sicht funktionieren?«

Fränge grinste, straffte sich etwas, leckte sich das Fett von den Fingern und nahm einen Schluck von seinem Bier. Billiger Trick, um die Spannung zu steigern, dachte Förster, sagte aber nichts.

»Vor ein paar Wochen war ich mal drüben, ich meine, das muss man ja mal gesehen haben, also bin ich mit dem Rainer rüber. Wir haben uns umgesehen, ein paar Bücher gekauft und versucht, den Zwangsumtausch zu versaufen, und dabei sind wir mit einem ins Gespräch gekommen, der uns noch zu einer Privatparty mitgeschleppt hat, und da habe ich dann die Rosa getroffen. Rainer ist irgendwann abgehauen, aber ich habe die Zeit bis Ultimo ausgereizt. Ich glaube, genau eine Minute vor Mitternacht war ich erst wieder im Westen. Erst mal dachte ich, die hatte einen im Kahn und wollte nur ein bisschen rumknutschen, mit einem aus dem Westen und so, aber als ich gehen musste, hat sie gesagt, sie habe in der Woche drauf Geburtstag, und ob ich da nicht kommen wolle. Sie hat mir ihre Adresse gesagt, und ich musste die ganze Woche daran denken und bin dann tatsächlich da hin. Sie hat sich gefreut wie Bolle, und so nahm dann alles seinen Lauf. Ein- bis zweimal die Woche bin ich jetzt drüben.«

»Und was sagt die Marta dazu?«, fragte Brocki.

»Nix, weil: Sie weiß es ja nicht.«

»Das ist nicht in Ordnung, Fränge!«, sagte Brocki, während er ein Stück Fleisch vom Schenkel seines Halbtieres herunteroperierte.

Fränge seufzte nur, und Förster fragte: »Wie soll das denn auf lange Sicht funktionieren?«

»Oh, Mann, du redest ja schon wie Brocki!«, stöhnte Fränge, fingerte die braun gegrillte Haut vom Teller und schob sie sich mit den Worten »Die Pelle ist immer das Beste« in den Mund.

»Wie sieht sie denn aus, deine Rosa?«, fragte Brocki und nahm einen Schluck von seinem Bier. »Groß, klein, dick, dünn?«

»Sie hat ein bisschen Ähnlichkeit mit France Gall«, sagte Fränge. »Jedenfalls hat sie so Haare wie France Gall in dem Video.«

»Bleiben wir doch mal bei der Frage, wohin das alles führen soll«, sagte Förster, während er einmal mehr feststellte, dass die Flügel für ihn das unattraktivste an so einem Vieh waren, weil man da viel Arbeit investieren musste, aber kaum belohnt wurde. »Sie da drüben, du hier. Das heißt doch, du bist derjenige, der die Regeln diktiert.«

»Es sei denn, sie macht rüber«, sagte Brocki.

»Nee, die rennt da zu allen möglichen Versammlungen«, sagte Fränge. »In Kirchen und so. Sie sagt, dass sich da was bewegt.« Er leckte sich wieder Fett von den Fingern, um nach seinem Glas zu greifen, das schon komplett eingesaut war, wie Förster feststellte. Sein eigenes sah allerdings auch nicht besser aus.

»Außerdem sagt sie«, fuhr Fränge fort, »wenn die DDR mal kaputtgehe, dann wegen so Leuten wie ihren Eltern. Ihre Mutter ist stramm auf Linie, arbeitet als Tippse in irgendeinem Ministerium, ihr Vater sieht das alles ein bisschen kritischer, der ist so eine Art Wirtschaftsprüfer, der hat Einblicke, die andere nicht haben, und der sagt, das kann alles nicht mehr lange funktionieren.«

»Wirtschaftsprüfer«, sagte Brocki mit vollem Mund, »was will der denn da prüfen? Ist doch das völlig falsche Wort. Misswirtschaftsprüfer würde es besser treffen. Oder Mangelwirtschaftsprüfer. Und was da rauskommt bei seinen Prüfungen, das muss er schön für sich behalten, sonst verschwindet er in irgendeinem Stasiknast.«

»Klischees«, sagte Fränge, »das sind alles Klischees.«

»Aber die kommen auch irgendwo her!«

»Morgen könnt ihr euch selbst ein Bild machen. Jedenfalls, wenn du dich am Grenzübergang zusammenreißen kannst, Brocki.«

»Ich werde lammfromm sein. Ich will mit eigenen Augen sehen, wie das ist. Man muss den Feind kennen, wenn man ihn bekämpfen will.«

»Ja, ja«, sagte Fränge, »der alte Glückskeksspruch. Aber pass auf, dass du dich da nicht verhebst.«

»Ein Feind, den man zu Grabe trägt, ist nicht schwer«, gab Brocki zurück. »Ist, glaube ich, von Victor Hugo.«

»Okay, ich gebe zu, der ist nicht schlecht«, sagte Fränge, nahm einen Schluck Bier und stieß auf. »Also, der Hahn war nicht mein Feind, aber er wiegt auch nicht schwer im Grabe meines Magens. War lecker, oder?«

Und dann war Esther wieder da und fing an, den Tisch abzuräumen. Gekonnt stapelte sie die Teller auf ihrem linken Unterarm, griff mit den Fingern in die leeren Biergläser und fragte, ob alles in Ordnung gewesen sei.

»Geile Hähnchen!«, sagte Fränge. »Richtig geile Hähnchen, Esther! Schlachtet ihr die eigentlich selber? Die Vorstellung, wie du energisch die Innereien aus so einem Tier herausholst, finde ich durchaus anziehend!«

Esther verzog das Gesicht. »Was hast du denn für einen Schaden? Aber ich studiere tatsächlich Medizin. Ich könnte dir zum Beispiel problemlos das eine oder andere Organ entnehmen oder irgendwas amputieren. Könnte nur sein, dass du das nicht überlebst. Ich nehme an, ihr nehmt noch drei Bier.«

Ihre letzte Bemerkung war keine Frage gewesen, folgerichtig wartete sie auch keine Antwort ab, sondern bahnte sich ohne ein weiteres Wort ihren Weg zwischen den Tischen hindurch zum Tresen.

»Ich bin jedenfalls sehr gespannt auf Rosa«, sagte Förster, während er eines der Erfrischungstücher, die Esther ihnen zum Säubern ihrer fettverschmierten Finger dagelassen hatte, aus der Verpackung befreite.

»Ihr bringt mich aber bitte nicht in Schwierigkeiten, ja?«, sagte Fränge und griff ebenfalls nach einem dieser Tücher.

»Du meinst, wir sollen ihr nicht verraten, dass du sie nur verarschst?«, fragte Brocki.

»Wieso verarsche ich sie denn?«, rief Fränge. »Ich meine, ich rede doch nicht von ewiger Liebe und dass ich sie in den Westen hole oder Honecker für sie umlege oder was weiß ich!«

»Nein, nein!«, höhnte Brocki. »Ihr führt eine auf Ehrlichkeit und Vertrauen basierende Beziehung!«

Bevor Fränge darauf etwas entgegnen konnte, war Esther wieder bei ihnen und stellte ihnen die drei Biere hin.

»Dazu noch drei Korn, Frollein!«, sagte Fränge. »Und die Rechnung bitte.«

»Mit dem allergrößten Vergnügen!«, antwortete Esther.

Als sie mit den Schnäpsen und der Rechnung kam, hatten Förster und Fränge und Brocki ihre Biere schon zur Hälfte ausgetrunken. Förster stellte fest, dass sich die Kneipe in der letzten halben Stunde spürbar geleert hatte, und auch die Rauchschwaden hatten sich weitgehend verzogen.

Sie teilten alles durch drei und knauserten auch nicht mit dem Trinkgeld, immerhin hatte diese Esther sich den einen oder anderen blöden Spruch von Fränge anhören müssen, was ihr nach Försters Meinung nicht gefallen haben konnte, deshalb war er überrascht, als sie sich, kurz bevor sie aufbrachen, noch mal an Fränge wandte.

»Warte mal.«

»Ja?«, sagte Fränge, sichtlich überrascht.

»Ich würde da gerne noch was wissen«, sagte Esther. »Bist du eigentlich beschnitten?«

Fränge war baff und machte nur: »Hä?«

»Wenn du beschnitten bist, dann kriegst du meine Nummer. Aber Würstchen im Teigmantel geht bei mir gar nicht.«

Das brachte Fränge doch ziemlich aus der Spur: »Ja, also bei mir ist alles tacko, keine Beschwerden bisher, und Teigmantel würde ich nicht sagen, jedenfalls nicht ständig, aber beschnitten jetzt in dem Sinne ist er dann auch wieder nicht.«

»Ach nee, dann lass mal«, sagte Esther und ging weiter an den nächsten Tisch.

11 *Da muss man jetzt kein Problem draus machen*

Rainer saß in der Küche und weinte. Er hatte eine Flasche Wodka vor sich stehen, aus der er immer wieder einen Schluck nahm.

Den ganzen Abend über war es laut gewesen. In den Kneipen Gerede und Gelächter, das Klirren von Gläsern, sie selber hatten gelacht und gestritten, auf der Straße der Lärm der Autos oder Musik aus den Clubs, Lokalen und Wohnungen, Punk, Rock, Jazz, Chartscheiße, alles durcheinander, aber hier in der Wohnung war es so still, dass Försters Ohren rauschten.

»Rainer, was ist los?«, erkundigte sich Fränge.

»Nix. Nix ist mehr los. Die Nicki hat mich abgeschossen.«

»Ach so.«

Fränge sagte, er setze sich noch ein bisschen zu Rainer, was wohl hieß, dass Förster und Brocki schlafen gehen sollten, obwohl sie eigentlich noch den sprichwörtlichen Absacker in der Küche hatten nehmen wollen, aber andererseits war es zwei Uhr durch, und wenn Förster in sich hineinspürte, dann wurde ihm klar, dass er genug getrunken hatte und auch ziemlich müde war.

Also setzte sich Fränge zu Rainer und nahm einen Schluck aus der Wodkaflasche, um sie dann neben sich auf den Boden zu stellen, offenbar damit Rainer irgendwann vergaß, dass sie überhaupt da war.

Förster und Brocki gingen in Martinas Zimmer, Brocki zog sich seinen Pyjama über und schlurfte ins Bad, um sich die Zähne zu putzen, während Förster der Versuchung erlag, an einem von Martinas Kleidern zu riechen. Er war sich bewusst, dass das nicht in Ordnung war, aber zu angetrunken, um sich selbst davon abzuhalten. Das Kleid roch nach Waschmittel, sonst nichts. Förster hatte keine Ahnung, was er erwartet hatte.

Er legte sich aufs Bett und wartete darauf, dass Brocki zurückkam, aber der ließ sich Zeit.

Vorher, als sie über die Partys von damals gesprochen hatten, war Förster in einem Moment melancholischer Klarsichtigkeit aufgefallen, dass es eine ganz besondere Statik zwischen ihnen dreien gab. Sie mochten ein Dreieck sein, aber kein gleichseitiges, höchstens ein gleichschenkeliges. Und Förster war die kurze Seite.

Dreizehn Jahre kannte er Fränge und Brocki jetzt, und genauso lange waren sie auch befreundet. Förster hatte damals keinen der anderen gekannt, als er ans Bert-Brecht-Gymnasium gekommen war. Die Jungs, mit denen er auf der Grundschule befreundet gewesen war, waren zur Graf-Engelbert oder zur Schiller gegangen, manche auch zur Gesamtschule, wieder andere hatten gleich eine Ausbildung begonnen. In der ersten großen Pause am zweiten Schultag hatte Fränge ihn gefragt, ob er beim Fußballspielen mitmache, ihnen fehle einer, also hatte Förster mit ihm und Brocki gegen drei andere Jungs gespielt. Und weil sie gewonnen hatten, was vor allem Fränge zu verdanken gewesen war, hatten sie am nächsten Tag gleich wieder zusammen gespielt. So hatte alles seinen Lauf genommen.

Heute Abend war ihm wieder bewusst geworden, dass das Band zwischen Fränge und Brocki viel enger war als das zwischen den beiden und ihm, trotz oder vielleicht gerade wegen dieser ewigen Streitereien. Die beiden kannten sich seit dem Kindergarten, hatten nur ein paar Häuser voneinander entfernt gewohnt und in der Backstube von Fränges Vater Verstecken gespielt. Als der dicke Dirk mal auf Brocki eingeprügelt hatte, um ihm dessen Fußballsammelbilder abzunehmen, war Fränge dazugekommen, und gemeinsam hatten sie dem dicken Dirk gezeigt, wo der Hammer hing. Diese Freundschaft trug ein Siegel aus gemeinsam vergossenem Blut. So was schweißt zusammen, dachte Förster jetzt wieder, die beiden haben so eine Art Zimmer nur für sich, und ich bin immer wieder der, der draußen steht und reinguckt.

Da muss man jetzt kein Problem draus machen, dachte Förster, aber auffallen darf es einem schon.

Und bei der Sache mit Ulf oder mit dem Prof-Nachbarn hatte er nur blöd danebengestanden und zugesehen. Das schien sein Job zu sein: zuschauen. Und sich alles merken. Und irgendwann aufschreiben.

Brocki kam zurück und legte sich ins Bett. Förster schaltete die kleine Ikea-Lampe mit dem runden Schirm, die neben dem Bett auf dem Boden stand, aus und fragte sich, ob Brocki, so wie gestern, übergangslos einschlafen würde.

Tat er nicht. Er sagte: »Der Dahlbusch ist so ein lockerer Vogel! Dieses ewige Komm' ich heut nicht, komm' ich morgen! Wie der auf alles pfeift, was ihm das Leben schwer machen kann! Manchmal beneide ich diesen Hirni.«

Brocki seufzte. Und fügte hinzu: »Und dann setzt er sich zu einem Idioten wie dem Rainer und tröstet den. Da soll mal einer schlau draus werden.«

»Muss man nicht«, sagte Förster, aber da war Brocki schon eingeschlafen.

12 Fränge hat mir viel von dir erzählt

»Wir müssen unbedingt noch zu dem Haus, in dem Bowie gewohnt hat!«, sagte Fränge.

Förster war verwirrt. »Wann? Heute?«

Fränge verdrehte die Augen. »Natürlich nicht, das ist ja in Schöneberg, nicht im Osten.«

»Was soll ich denn in dem Bowie-Haus?«, fragte Brocki. »Der hat da mal gewohnt, ja und? Soll ich mir sein Klo angucken, oder was? Ich bin ja nicht mal Bowie-Fan.«

»Jeder normale Mensch ist Bowie-Fan«, behauptete Fränge.

»Dann bin ich gerne anormal.«

»Du wolltest barfuß im Todesstreifen tanzen!«, gab Förster zu bedenken. »Das war definitiv nicht normal.«

»Vielleicht bist du ja hier schon vorgemerkt«, sagte Fränge zu Brocki und machte eine Kopfbewegung in Richtung der Abfertigungskabinen, vor denen sie jetzt schon eine ganze Weile Schlange standen. »Die wissen von deinem Auftritt an der Grenze und beschäftigen sich hier noch mal besonders eingehend mit dir.«

»Du glaubst doch nicht, dass dieses Staatsgebilde in der Lage ist, innerhalb von nicht mal achtundvierzig Stunden so eine Information von A nach B zu bringen!«, sagte Brocki.

Förster stöhnte und schritt gleich mal ein, bevor das wieder ausartete. »Geht das schon wieder los?«

Brocki und Fränge sahen sich nur an und grinsten. Dann sagte Fränge: »Ob das Wetter sich hält, Schatz?«

»Ich habe da vorhin ein paar Wolken gesehen, Liebling«, antwortete Brocki.

»Aber wenn es Regen gäbe, würde ich es in meinem Knie spüren.«

»Dann hoffen wir mal das Beste.«

»Ist gut jetzt!«, unterbrach Förster dieses alberne Geplänkel.

Fränge nickte. »Man sollte in diese Schleuse nicht zu gut gelaunt hineingehen, das macht die Grenzer fertig. Zu grimmig aber auch nicht, das macht ihnen Angst und fordert sie heraus, noch grimmiger zu reagieren.«

»Wie sollen wir denn dann gucken?«, fragte Förster.

»Guck wie ein Schweizer, also neutral.«

Die Kabinen, die da vor ihnen nebeneinander aufgebaut waren, erinnerten Förster an die in einer Peepshow. Fränge war der Erste, dann war Förster dran. Er trat in die Schleuse ein, und als die Tür hinter ihm zufiel, irritierte ihn nicht so sehr das Gefühl der Enge, sondern das der Intimität, die zwischen ihm und dem Grenzbeamten entstand, der etwas erhöht hinter einer Glasscheibe saß und auf Förster nicht besonders grimmig, dafür aber sehr müde wirkte. Das Grimmige hätte vielleicht diese Intimität abgemildert, das hätte was von einer Verhörsituation gehabt, so aber begegneten sich hier zwei Menschen, die offenbar beide nicht ausgeschlafen waren und damit schon mal was gemeinsam hatten. Hier drin ist aber auch eine Luft, die einem jede Energie raubt, dachte Förster. Er legte seinen grünen Reisepass vor den Grenzbeamten hin, der blätterte ihn aufmerksam durch, und Förster hatte das Gefühl, er betrachtete auch die Seiten, auf denen gar nichts stand. Er verglich das Passfoto mit Försters äußerer Erscheinung, und Förster war versucht, den Kopf hin und her zu drehen, damit der Grenzer ihn von allen Seiten begutachten konnte, dachte dann aber, dass es wohl besser sei, auf entsprechende Anweisungen zu warten. Dass der Grenzer ihn mit hängenden Lidern, also praktisch mit dem sogenannten Schlafzimmerblick, sekundenlang anstarrte, trieb Förster den Schweiß auf die Stirn und ließ ihn die stickige Luft in dieser Schleuse als besonders bedrückend empfinden. Förster spürte einen Hustenreiz, den er aber unterdrückte, weil er nicht wusste, wie ein plötzlicher Hustenanfall hier ankommen würde. Die Vorstellung, wie der Mann aus seinem Kabuff kam, um Förster auf den Rücken zu klopfen, war ebenso komisch wie angsteinflößend. Zum Glück stempelte der Vertreter der Staatsorgane der Deutschen Demokratischen Republik irgendwann den Pass ab und schob ihn wieder zu Förster rüber. Als er schon die Klinke der Kabinentür in der Hand hatte, sagte der Grenzer plötzlich: »Stopp!«, und Förster erstarrte.

»Ja?«

»Haben Sie vor, in der Hauptstadt der DDR Bier zu trinken?«

Diese Frage verwirrte Förster. Gab es neben dem von Marta behaupteten Bierfaschismus auch noch einen Biersozialismus? Er fragte sich, was die richtige Antwort auf die Frage war. Er versuchte es mit der Wahrheit und sagte: »Kann schon sein.«

»Dann passen Sie bitte auf, das ist sehr stark.«

Und damit war Förster entlassen.

Draußen war der Hustenreiz dann plötzlich weg. Merkwürdig, dachte Förster, während er sich in die Schlange an der Wechselstelle für den Mindestumtausch einreihte, was der Körper so veranstaltet, wenn der Geist unter Stress steht. Er lieferte abgezählte fünfundzwanzig Mark West bei einem Mann ab, der nun wirklich grimmig aussah, und bekam zwei Zehnmarkscheine und einen Fünfmarkschein der Deutschen Demokratischen Republik zurück, die er sich auf dem Weg nach draußen erst mal genau anschaute. Auf dem Fünfer war Thomas Müntzer abgebildet und auf dem Zehner Clara Zetkin, gegen beide war nichts zu sagen. Er wartete nicht auf Brocki, weil er vermutete, dass es nicht erlaubt war, sich in diesem Bereich länger als nötig aufzuhalten. Aber vielleicht war das auch nur eine irrationale Angst, weil man zu viele Horrorgeschichten gehört hatte, von Leuten, die stundenlang ohne Uhr in einem fensterlosen Raum hatten sitzen müssen, die Hände unter den Oberschenkeln, nur weil sie beispielsweise die falsche Zeitschrift bei sich gehabt hatten.

Auch Fränge hatte nicht gewartet, sondern sich wahrscheinlich so schnell wie möglich in die Arme seiner Ost-Liebe gestürzt.

Förster sah sie gleich, als er den Bahnhof Friedrichstraße verließ. Sie saß breitbeinig auf einem rot-weißen Geländer, in einer hellen Jeans und einem schwarzen T-Shirt, über dem sie ein schwarzes Herrenjackett mit Nadelstreifen trug, die Ärmel bis zu den Ellenbogen hochgeschoben. Fränge stand zwischen ihren Beinen und hatte seine Hände auf ihre Oberschenkel gelegt und küsste sie immer wieder. Das, dachte Förster, ist echte Intimität, und die Luft hier draußen war auch viel besser als in dieser stickigen Kabine, obwohl man durchaus riechen konnte, dass hier andere Automotoren verbaut wurden als im Westen.

Er bemühte sich, nicht allzu auffällig in Fränges und Rosas Richtung zu starren, was ihm allerdings schwerfiel, weil er neugierig war und weil sie das waren, was man gemeinhin als *ein schönes Paar* bezeichnete. Er sah sich um und stellte fest, dass es schon irgendwie stimmte, was Brocki immer wieder behauptete, nämlich dass es hier etwas baufällig und beschädigt aussah, doch dann rief er sich zur Ordnung: Du bist keine zwei Minuten hier draußen, also halte dich mit Urteilen zurück, und dann stand er auch schon neben diesem schönen Paar, das ihn entweder nicht gleich bemerkte oder absichtlich mit dem Küssen und dem Betatschen weitermachte, bis Rosa sich endlich zu ihm umdrehte und ihm direkt in die Augen sah.

»Das ist Förster«, sagte Fränge.

»Ja, klar, Förster!«, sagte Rosa und rutschte von dem Geländer herunter und umarmte ihn, als würde sie ihn schon ewig kennen, und sagte: »Ich habe das Gefühl, als würde ich dich schon ewig kennen. Fränge hat mir viel von dir erzählt.«

»Wir müssen mit dem Bier aufpassen«, sagte Förster.

»Wieso?«, sagte Fränge. »Was ist mit dem Bier?«

»Der Grenzer, der ... Also in der Kabine, der hat gesagt, ich soll mit dem Bier aufpassen hier in Ostberlin, das sei sehr stark.«

Rosa lachte, und das machte die ganze Sache nicht besser, lachen kann die also auch noch, dachte Förster, und wie! So offen, laut und herzlich. Von diesem Lachen hatte Fränge gestern nichts erzählt, nur von ihren Haaren, und Förster fand, die sahen gar nicht wie die von France Gall aus, was ihn aber durchaus beruhigte, denn mit France Gall konnte er nichts anfangen, weder äußerlich noch mit der Musik.

Förster stellte fest, dass Rosa auch schöne Hände hatte, etwas schmal vielleicht, aber lange, feingliedrige Finger, davon hat er auch nichts erzählt, der feine Herr Dahlbusch, dachte Förster, wo bleibt denn eigentlich Brocki, der war doch direkt hinter mir, hat der da wieder irgendwo tanzen wollen oder sich auf eine politische Diskussion eingelassen? Aber da hob Rosa schon eine ihrer beiden schönen Hände, um irgendwem zu winken, das konnte nur Brocki sein, und dann sagte sie auch: »Du musst der Brocki sein«, aber sie sagte nicht, dass Fränge ihr schon viel von ihm erzählt habe, wobei Förster sich nicht vorstellen konnte, dass Fränge das nicht getan hatte, nur hielt sie es offenbar nicht für nötig, Brocki davon in Kenntnis zu setzen, vielleicht, dachte er, will sie sich aber auch nur nicht wiederholen, das sähe ja blöd aus, und dann dachte er noch: Jetzt verlieb dich hier bloß nicht, du Vollidiot, komm mal wieder runter, und dann lass uns irgendwo hingehen und nicht hier herumstehen, wo die Beine nicht wissen, was die Arme tun sollen und umgekehrt, und da sagte Rosa auch schon: »Los, gehen wir. Wo wollt ihr hin? Was wollt ihr sehen?«

»Ich würde mal sagen, wir geben ihnen die volle Ostdröhnung«, sagte Fränge.

»Tu mal nicht so, als wärst du von hier!«, sagte Brocki.

»Mehr als du, mein Freund, mehr als du!«

»Außerdem waren wir alle schon mal hier, auf Klassenfahrt vor ein paar Jahren. Und ich muss sagen, viel verändert hat sich nicht.«

»Ihr wollt doch Bücher kaufen, oder?«, sagte Rosa.

»Also erst mal zum Alex in die Buchhandlung für dieses ... Wie heißt das?« Fränge kramte einen Zettel aus der Brusttasche seiner Jeansjacke. »*Smirnovs Lehrgang der Höheren Mathematik*. Und dann erst mal was trinken. Aber aufpassen, Förster, das Bier ist hier sehr stark! Später brauchen wir noch einen *Juwel*!«

»Es ist gerade mal Mittag, und du willst schon saufen?«, fragte Brocki.

»Guck dir das Wetter an, da wäre es ein Verbrechen, nicht das eine oder andere Bier in der Sonne zu trinken.«

Rosa sagte: »Bier ist immer gut!«

Damit war die Sache klar. Es musste nur noch entschieden werden, ob man zwei Haltestellen zum Alex fahren oder die Strecke zu Fuß gehen sollte, und da war es dann Förster, der sagte, er wollte so viel wie möglich von der Stadt sehen und plädiere deshalb für den Spaziergang, und so wurde es dann gemacht.

13 *Ach*

Rosa hakte sich auf der einen Seite bei Fränge ein und auf der anderen bei Brocki, weil der in dem Moment näher dran stand, und das, dachte Förster, obwohl Fränge ihr nicht so viel von ihm erzählt hatte, das sei doch ungerecht.

Rosa zog die beiden mit, Förster hinterher. Sie legte ein ganz schönes Tempo vor, fand Förster, sie machte lange Schritte und lachte die ganze Zeit, was in einem merkwürdigen Kontrast zu dem Ernst stand, den andere hier auf der Straße an den Tag legten. Förster zwang sich dazu, das jetzt nicht auf die Tatsache zu beziehen, dass sie hier in einer sogenannten Diktatur spazieren gingen, in der alle Leute zwangsläufig und ausschließlich die Köpfe hängen ließen. Für Brocki, dachte Förster, wäre das sicher ein gefundenes Fressen, dem würde das wunderbar ins Bild passen, das er sich von diesem Land hier schon lange gemacht hatte, aber Förster wollte nicht vorschnell urteilen, denn ob Diktatur oder nicht, das hier war eine Großstadt, und in einer Großstadt hatten die Leute doch sowieso meistens schlechte Laune.

Sie bogen nach links auf Unter den Linden ein, aber Förster warf noch einen Blick nach rechts auf das Brandenburger Tor. Er konnte kaum was erkennen, erinnerte sich aber, wie er auf der Klassenfahrt vor einigen Jahren an der Absperrung vor dem Tor gestanden hatte, in der Hand in braunes Packpapier eingewickelte Bücher, die er in genau der Buchhandlung erworben hatte, zu der sie jetzt unterwegs waren. Der Platz vor dem Tor war eine öde, rissige Fläche gewesen, Grenzer hatten herumgestanden und auf Förster nicht gefährlich, sondern gelangweilt gewirkt, und Fränge, der neben ihm gestanden hatte, hatte damals gescherzt, er, Förster, solle doch mal das braune Buchpaket über die Absperrung werfen und dann weglaufen, um zu sehen, was passierte, aber von der Idee hatten sie dann doch Abstand genommen.

Förster wollte Rosa irgendwas fragen, um mit ihr ins Gespräch zu kommen beziehungsweise um auf sich aufmerksam zu machen, aber Brocki kam ihm zuvor.

»Was machst du eigentlich beruflich?«

»Ich möchte Schauspielerin werden.«

»Ach«, machte Brocki.

»Was ist das für ein komisches Ach? Traust du mir das nicht zu?«

»Ich kenne dich doch gar nicht«, sagte Brocki, »ich kann noch gar nicht sagen, was ich dir zutraue und was nicht.«

»Aber wieso hast du dann Ach gesagt, und das auch noch in einem so komischen Ton?«, hakte Rosa nach.

»Es ist einfach keine so ganz normale Berufswahl, deshalb Ach«, sagte Brocki.

»Ich bin nicht ganz normal – willst du das damit sagen?«

Brocki zuckte mit den Schultern. »Dazu kann ich auch noch nichts sagen, wir haben uns doch gerade erst kennengelernt!«

»Na super, Fränge«, sagte Rosa, »deine Freunde sind keine zehn Minuten hier, und schon hält mich einer von denen für nicht ganz normal.«

Fränge lachte. »Bist du ja auch nicht«, sagte er. »Du bist unnormal klug und schön!«

»Genau die richtige Antwort!«, sagte Rosa und küsste ihn.

»Ich habe nur gemeint«, machte Brocki weiter, »dass ich noch gar nichts über dich weiß, also kann ich auch nicht völlig ausschließen, dass du nicht ganz normal bist. Was weiß ich denn, was dieses System hier mit euch macht!«

Förster sah Rosa an, dass sie diese Bemerkung auch wieder nicht so ganz passend fand.

»Du redest dich hier um Kopf und Kragen«, sagte Fränge.

»Herrgott, ich habe nur Ach gesagt!«

»Aber in einem komischen Ton«, sagte Fränge.

»Was sagst du eigentlich dazu?«, wandte sich Rosa jetzt an Förster.

»Ich?«

»Ja, du.«

»Ich finde, dieses Ach war wirklich ein bisschen komisch, aber man sollte auch nicht so eine große Sache draus machen.«

»Ha!«, machte Fränge, »unser Förster! Der Mann in der Mitte, der kühle Kopf, fähig zu Vernunft und Kritik, ein Aufklärer vor dem Herrn, Hut ab!«

Genau in diesem Moment kamen sie an der *Humboldt-Universität* zu Berlin vorbei, und Förster dachte daran, dass ihm dieses *zu* immer gefallen hatte. Das hatte etwas Klassisches, angenehm Altertümliches, so ganz weit weg von der Bezeichnung RUB für Ruhr-Universität Bochum, die baulich in jeder Hinsicht das diametrale Gegenteil einer Hochschule war, die *zu Berlin* lag und nicht *in*. Vor der Bochumer Uni standen auch keine Denkmäler, so wie hier die von Alexander und Wilhelm von Humboldt.

»Ah, die Humboldt-Brothers«, meinte Fränge, als sie daran vorbeigingen.

»Tu doch nicht so, als wüsstest du was über die!«, meckerte Brocki.

Förster sah sich die beiden Denkmäler an, Wilhelm, der Bildungsreformer, mit einem Buch auf den Knien, wirkte in der Körperhaltung etwas entspannter als Alexander, der Forschungsreisende, der zwar die Knöchel lässig übereinandergeschlagen hatte, aber aufrecht mit gespanntem Oberkörper dasaß. Ernste Gesichter machten sie beide, aber Denkmäler, die grinsten, das hätte wahrscheinlich auch blöd ausgesehen, dachte Förster.

Sie kamen an der Oper vorbei, am Palast der Republik, vor dem die schwarz-rot-goldenen Fahnen mit Hammer und Zirkel im Ährenkranz wehten und Trabbis und Wartburgs und ein paar Westautos parkten. In den Fenstern zur Karl-Liebknecht-Straße spiegelte sich der gegenüberliegende Dom. Etwas zurückgesetzt das Rote Rathaus und mittendrin dieser Fernsehturm, in dessen sich drehendem Restaurant Förster mit Fränge und Brocki bei der Klassenfahrt 1985 gestanden und auf die zerschnippelte Stadt geblickt hatten, denn die war ja nicht gerade in der Mitte durchgehauen worden, sondern auseinandergeschnitten, als hätte ein betrunkenes Kleinkind die Schere geführt. Am Alexanderplatz gingen sie zu »Das Gute Buch«, und neben den bestellten Fachbüchern kaufte Förster sich außerdem *Die Aula* von Hermann Kant und Fränge den *Störfall* von Christa Wolf. Um den zu bekommen musste Rosa erst mit dem Buchhändler tuscheln, da das Buch, wie Fränge Förster zugeraunt hatte, so begehrt war, dass es oft nur an Stammkunden verkauft wurde, nicht an jeden Touristen, der das ja auch im Westen hätte erwerben können.

Brocki hielt sich an Klassiker wie Stefan Zweig und Arthur Schnitzler, von dessen Erzählungen er neulich noch geschwärmt hatte, weil sie ihm in einem Seminar untergekommen waren, was Förster dann auf den Gedanken brachte, dass es doch eine schöne Idee wäre, Döblins *Berlin Alexanderplatz* genau hier, am Alexanderplatz zu kaufen, und tatsächlich hatten sie auch das vorrätig.

»Habt ihr Hunger?«, fragte Rosa, als sie wieder vor dem Laden standen und zur Weltzeituhr hinübersahen. »Lasst uns was essen gehen!«

Rosa führte sie in, wie sie sagte, eine der ältesten Kneipen Berlins, *Zur letzten Instanz,* direkt hinter der Parochialkirche, die wiederum auf der Rückseite des Alten Stadthauses lag, in dem der Ministerpräsident der DDR seinen Sitz hatte. Das Ding war Förster von vorne ziemlich protzig vorgekommen, mit seiner bestimmt hundert Meter langen Fassade, den Säulen und dem an einen griechischen Tempel (beziehungsweise den Reichstag) erinnernden Dach und dem hoch aufragenden Turm, auf dessen Kuppel irgendeine Figur stand, aber von hinten machte es nicht mehr viel her, hier wirkte es schmutzig und heruntergekommen.

Die Gasse vor der *Letzten Instanz* war mit großen Kopfsteinen gepflastert. Links neben dem Gebäude war ein kleiner Biergarten, der voll besetzt war, an der Fassade stand *Zur letzten Instanz* in Sütterlin, dazu ein paar Paragrafen-Zeichen, eine nach rechts unten auf den Eingang weisende schwarze Hand sowie die Begriffe *Destillation* und *Restaura-tion.* Drinnen gab es zwei Räume, die bis knapp über Kopfhöhe mit dunklem Holz vertäfelt waren, daran hingen Bilder mit historischen Stadtansichten.

Im zweiten Raum, der zwei Stufen tiefer lag als der vordere, fanden sie einen freien Tisch. Die Gerichte auf der Speisekarte hießen *Gerichtsschreiber-Sülze, Beweismittel* oder

Urteilsbegründung und waren durchweg gut bürgerlich. Förster fragte sich, ob es auch eine gut sozialistische Küche gab. Er bestellte eine *Verhandlungspause* genannte Bulette mit Bratkartoffeln. Fränge entschied sich für eine *Zeugen-aussage,* hinter der sich ein Eisbein verbarg, das er zu Hause wohl nie bestellt hätte, während Rosa meinte, wenn schon Instanz, dann auch *Kreuzverhör,* also die Kalbsleber Berliner Art. Dazu bestellten sie Bier, weil selbst Brocki einsah, dass das hier keine Wasserkneipe war, so wie die Zeche, dachte Förster, kein Weinort war. Schön, wie das alles zusammenkommt, fand er.

»Ach«, sagte Rosa, nach dem Essen. »Ach, wie ist das schön.« Und fügte hinzu: »Oh, Mann, ich höre mich an wie meine Mutter.«

»Wie geht es denn deinen Eltern?«, fragte Fränge.

»Na ja, du weißt ja«, antwortete Rosa. »An so einer Familie wie meiner wird dieses Land mal kaputtgehen. Upps, ich sollte mal nicht so laut reden. Man weiß ja nie, wer zuhört.«

»Ach komm, das ist doch übertrieben!«, sagte Fränge.

»Du hast doch keine Ahnung!«, sagte Brocki.

»Aber du, oder was?«

»Hier haben die Wände Ohren, Fränge.«

»Ja, ja, hinter jeder Holzvertäfelung sitzt der böse Russe.«

»Lass mal gut sein, Fränge«, sagte Rosa. »Mal abgesehen davon, dass wir das mit dem Abhören auch ganz gut ohne unsere russischen Freunde hinkriegen.«

Fränge rief die Kellnerin herbei. »Wir würden gerne zahlen. Und eine Frage noch: Sind Sie auch bei Horch und Guck?«

Das Gesicht der etwa vierzigjährigen Frau fiel in sich zusammen. »Zahlen wollnse? Zahlen dürfense. Und dann dürfense jeh'n. Und zwar schnelle.«

Förster war sich nicht sicher, ob Rosa kurz davorstand, vor Verzweiflung und Angst loszuheulen, oder ob sie nur mühsam ein Lachen unterdrückte. Das klärte sich, als sie draußen losprustete und Fränge gegen die Schulter boxte.

»Du bist ein Vollidiot, Fränge!«, lachte sie.

»Irgendwann werden sie dich auf der Flucht erschießen«, sagte Brocki.

»Besser auf der Flucht als beim Barfußtanz im Todesstreifen.«

Rosa wollte wissen, was das bedeutete, Fränge erklärte es ihr, sie lachte, Brocki schmollte, und Förster nahm sich vor, sich das alles ganz genau zu merken.

Sie gingen wieder vor zum Alex, stiegen in die U-Bahn und fuhren bis *Frankfurter Tor,* wo Rosa sie nur einen kurzen Blick auf die Protzbauten an der Karl-Marx-Allee werfen ließ.

»Da wohnen nur Bonzen«, sagte sie. »Wenn ich früher ein anderes Kind kennenlernte, fragte mein Vater nur: Wohnen die Eltern in der Allee? Wenn ja, war das andere Kind schon unten durch. Meine Mutter hingegen war dann richtig stolz.«

Sie führte sie in die Boxhagener Straße, und Fränge kriegte sich gar nicht mehr ein.

»Das hier, Freunde, das ist so richtig Osten«, sagte er. »Nicht der Vorzeigeosten da vorne am Alex. Hier gibt es den unverfälschten grauen, dreckigen Osten.«

»Du bist ein Ekel«, sagte Brocki.

»Wieso, du findest das doch auch alles ganz schlimm hier!«

»Aber ich geile mich an diesem Elend nicht auf!«

»Na ja, was heißt Elend«, sagte Rosa.

»Guck mal, hier sind noch Einschusslöcher aus dem Zweiten Weltkrieg in der Fassade«, sagte Fränge. »Ist doch super!«

»Klar, der Krieg war hier ein Riesenspaß!«, sagte Brocki.

»Und damit sich alle daran erinnern, haben sie es einfach mal so gelassen.«

»Leute, jetzt ist mal gut«, sagte Rosa, »das ist mein Zuhause hier! Das mit der Kellnerin war noch witzig, Fränge, aber jetzt reicht es, würde ich sagen.«

»Was denn, ich bin doch nur begeistert!«, sagte Fränge, klang aber schon etwas kleinlauter. Vielleicht merkt er ja doch, dass er überzieht, dachte Förster. Wäre mal was Neues.

»Wieso sagst du nichts, Förster?«, fragte Rosa.

»Ich höre lieber zu und sehe mir alles ganz genau an.«

»Einer muss sich später mal daran erinnern können«, sagte Fränge.

»Na, ich glaube nicht, dass ich euch so schnell vergessen werde«, sagte Rosa.

»Das tut mir leid«, sagte Brocki. »Jedenfalls, was diesen Ganeff hier angeht. Den sollte man besser schnell vergessen.«

»Ganeff, Brocki? Wer sagt denn noch Ganeff?«, höhnte Fränge.

»Ist doch ein schönes Wort«, sagte Rosa. »Wo kommt das her?«

»Wo das herkommt, weiß ich jetzt auch nicht«, sagte Brocki. »Ist bei uns zu Hause aber ziemlich gebräuchlich. Heißt so viel wie Ganove.«

»War vielleicht mal gebräuchlich!«, hielt Fränge dagegen. »Sagt heute kaum noch einer!«

»Schade eigentlich«, meinte Rosa. »Da vorne ist es.«

Sie kamen zu *Sport Frei*, wo sie die zwei bestellten Campingkocher in einfachen weißen, etwa fünfzehn Zentimeter hohen Pappkartons kauften. Mit der Gestaltung der Verpackung geben sie sich hier nicht lange ab, dachte Förster und betrachtete eine der schlichten Schachteln genauer. Oben drauf war ein Datum gestempelt: *14. Feb. 1989.* Auf der

Vorderseite prangte ein weiterer Stempel: *VEB Lötgeräte Dresden, Betrieb des VE Kombinat PRÄCITRONIC. Benzin-Sparkocher, ELN-Nr.18943234. HSL-Nr.6727230. EVP 20,50 M.*

Förster fand das alles toll: Der simple Stempel auf dieser so herausfordernd unspektakulären Verpackung, diese so fremd wirkenden Abkürzungen, hinter denen sich laut Rosa die Begriffe *Erzeugnis- und Leistungsnomenklatur* sowie *Handelsschlüsselnummer* verbargen, wobei sie nicht genau sagen konnte, was die bedeuteten, aber das störte Förster nicht, er wusste ja auch nicht, was dieses VSOP auf den Weinflaschen im Westen hieß oder wofür genau BASF stand, vielleicht, dachte er, ist es sogar viel besser, wenn man nicht weiß, was *Erzeugnis- und Leistungsnomenklatur* und *Handelsschlüsselnummer* bedeuten, dann konnte man sich unlösbare Geheimnisse dahinter vorstellen. Aber, dachte Förster weiter, da geht mein vom Bier und von Rosa besoffenes Hirn jetzt mit mir durch, das sind technische Begriffe, mehr nicht, ich wanze mich hier an den Osten ran, wie Fränge das in Kreuzberg macht, ich muss aufpassen, dass Brocki nicht mitbekommt, wie sehr mir das alles gefällt. Und dass ein Benzinkocher ausgerechnet am Valentinstag, dem Tag der Liebe, vom Band gelaufen oder zumindest verpackt worden war, das gefiel ihm ganz besonders.

»So, und jetzt gehen wir feiern«, sagte Rosa.

15 *Drei zu null für die Bärte*

Rosa führte sie zu einem Haus, das ähnlich zerschossen aussah wie die anderen. Von den Holzfenstern blätterte die Farbe ab, und die Scheiben im Parterre sahen aus, als wären sie mindestens seit dem Prager Frühling nicht mehr geputzt worden.

»Ist das auch wirklich okay, dass wir einfach mitkommen?«, fragte Förster noch mal.

»Die werden bestimmt nicht begeistert sein, wenn wir hier unangemeldet hereinplatzen«, sagte Brocki. »Noch dazu mit einer Tasche voller Campingkocher und Mathebücher.«

»Die sind alle total locker, glaubt mir!«, meinte Fränge.

»Die haben kein Problem mit Leuten aus dem Westen«, unterstützte Rosa ihn, aber das überzeugte Förster nicht so richtig.

Im Hausflur war es kühl, und es roch nach Gips oder Farbe, Förster konnte das nicht eindeutig zuordnen. Neben der Treppe führte ein schmaler Gang zu einer Tür mit einem geriffelten Glas im oberen Teil, und durch diese Tür kam eine Frau, die von Rosa mit einem freudigen »Hallo, Inge!« begrüßt wurde.

»Schön, dich zu sehen!«, fügte Fränge hinzu, der hier offenbar schon bekannt war.

Förster schätzte Inge auf Ende dreißig. Sie war bestimmt einsachtzig groß und hatte dichtes, dunkles Haar, das ihr in

alle Richtungen vom Kopf abstand. Sie trug eine blaue Latz-
hose und ein hellrotes T-Shirt. Förster fand, sie wirkte so, als
hätte sie gerade irgendwo etwas repariert. Und falls sie sich
freute, Fränge und Rosa zu sehen, konnte sie das gut ver-
bergen.

»Der Fränge hat Freunde aus dem Westen mitgebracht!«,
sagte Rosa.

»Dit seh' ick«, gab Inge zurück.

»Könntest du die vielleicht mit nach draußen nehmen
und ihnen alles zeigen?«

Inge betrachtete Förster und Brocki von oben bis unten.

»Und könnten wir vielleicht noch mal deinen Wohnungsschlüssel haben?«

Inge seufzte, griff aber in die Tasche ihrer blauen Latz-
hose und reichte Rosa den Schlüssel. Fränge und Rosa hetz-
ten, immer zwei Stufen gleichzeitig nehmend, nach oben
und lachten dabei wie die Kinder.

»Junges Glück«, sagte Inge, während sie den beiden nachblickte. Und zu Förster und Brocki: »Na, denn kommt mal
mit!«

Sie führte sie durch die Tür nach draußen in den Hof.
Hier war einiges los. Jede Menge Leute saßen auf Stühlen,
die sie offenbar aus den Wohnungen heruntergetragen hatten, einige hockten auch auf Kisten, ein paar Klapptische
standen herum, quer durch den Hof war eine Leitung mit
bunten Glühbirnen gespannt. Ein Mann saß in der Ecke,
in einem viel zu weiten weißen, bis zum Bauch offenen
Hemd und spielte Gitarre, eine Zigarette im Mundwinkel,
aber Förster bekam nichts von dem mit, was er spielte und
sang, denn gleichzeitig lief Musik von einem Plattenspieler,
dessen Lautsprecher in einem Fenster im Parterre stand, es
lief gerade *Abraxas* von Santana, die Hülle war an das offene
Fenster gelehnt.

Fast alle drehten die Köpfe, um zu sehen, wen Inge da mitbrachte, manche hoben ihre Bierflaschen oder Weingläser zum Gruß.

»Bier und Wein sind da hinten«, sagte Inge und zeigte dorthin, wo der Plattenspieler stand.

»Gibt es irgendwie eine Kasse oder so?«, fragte Förster

Inge legte ihre Stirn in Falten und sagte: »Irgendwie oder so? Nee, jibt keene Kasse. Dit könnenwa uns noch leisten. Musst keenen auf reichen Onkel aus dem Westen machen.«

Inge ging wieder ins Haus, und Förster und Brocki standen eine Zeit lang einfach nur herum.

»Bestellt und nicht abgeholt«, murmelte Brocki.

Ein Pärchen kam zu ihnen herüber. Das Mädchen trug eine weiße Bluse und Westjeans, Wrangler, der Junge ein hellrotes T-Shirt mit Knopfleiste. Förster schätzte beide auf höchstens siebzehn oder achtzehn.

»Ist doch kein Zustand, dass ihr hier so alleine rumsteht«, sagte der Junge.

»Wir haben euch Bier mitgebracht«, sagte das Mädchen und reichte Förster und Brocki je eine Flasche. Sie tauschten ein paar Floskeln aus, aber bevor sich ein echtes Gespräch entwickeln konnte, kamen drei Männer mit Bart dazu, die aussahen wie Brüder. Der eine trug ein Levi's-Jeanshemd. Westklamotten sind hier also durchaus nicht unüblich, dachte Förster.

Der zweite Bart trug ein orangefarbenes T-Shirt mit besonders weitem Halsausschnitt und der dritte ein kariertes Hemd mit kurzen Ärmeln. Die Bärte hatten für Förster etwas Anachronistisches. Solche Bärte waren im Westen doch schon lange wieder out.

»Na, Großeinkauf gemacht?«, sagte der mit dem Jeanshemd und deutete auf Brockis Tasche.

»Campingkocher«, sagte der nur.

»Ja, der gute *Juwel* ist ein echter Exportschlager«, sagte der Bart mit dem orangefarbenen T-Shirt.

»Und was hast du da in der Tasche?«, fragte der im karierten Hemd, und Förster sagte es ihm.

Der erste Bart nickte. »Irgendwas muss man anstellen mit dem Mindestumtausch.«

»Andererseits stabilisieren sie mit ihren Devisen ein marodes System«, gab das Mädchen in der weißen Bluse zu bedenken. »Finde ich nicht gut.«

»Ich auch nicht«, sagte Brocki. »Lieber tot als rot.«

»So weit würde ich nicht gehen«, sagte der Junge in dem Knopfleistenshirt.

»Hört, hört!«, sagte das Mädchen, und fing an, von den letzten Kommunalwahlen zu erzählen, bei denen mal wieder eine Zustimmungsquote von fast hundert Prozent zustande gekommen war. Dass bei den sogenannten Wahlen – vorsichtig formuliert – nicht alles mit rechten Dingen zuging, daran hatte sich hier jeder gewöhnt, aber diesmal, so entnahm Förster dem Gespräch, waren in vielen Wahllokalen tatsächlich Leute von Bürgerrechtsgruppen dabei gewesen und hatten mitgezählt. Bei der letzten Wahl hatten einige mitbekommen, wie es abgelaufen war: Hatte einer den Wahlzettel durchgestrichen, aber mit seinem Strich nicht alle Namen getroffen, galten die Nichtgestrichenen als gewählt. Einer hatte auf den Wahlschein geschrieben: »Ihr seid dümmer als die Nationalelf!«, was aber nach kurzer Diskussion bei der Auszählung nicht als Gegenstimme, sondern als »Ja« gewertet wurde. Überhaupt ging es immer nur um Ja oder Nein zu der Kandidatenliste. Einmal, so erzählte jetzt der Bart mit dem Jeanshemd, habe jemand ein A im Kreis, das gebräuchliche Symbol der Anarchie, auf den Zettel gemalt, und die Auszähler hätten sich gesagt: »Na, dit heißt dann wohl alle.« Diesmal habe man alles protokolliert und könne damit belegen, dass an den Ergebnissen gedreht worden sei.

»Am Ende waren es trotzdem achtzig Prozent Zustimmung«, sagte der Bart im orangen T-Shirt. »Das hat mich dann wieder total frustriert.«

»Von den achtzig Prozent wollten die meisten doch nur nicht auffallen«, sagte das Mädchen.

»Die haben alle Angst«, bestätigte ihr Freund.

Und das Mädchen fuhr fort: »Ist doch absolut peinlich, wenn die da oben nicht mehr mit achtzig Prozent zufrieden sein können! Das ist der Fluch des Immersuperseinmüssens! Das ist schon fast wie im Westen!«

Förster und Brocki nickten nur oder sagten »Aha« oder was ähnlich Hilfloses. Für Brocki muss das, dachte Förster, ja Wasser auf seine Mühlen sein, aber so richtig unbefangen wirkt der auch nicht. Ihn selber irritierte vor allem, dass er die Namen der Leute hier nicht kannte. Es hatte sich niemand bemüßigt gefühlt, sich vorzustellen. Oder auch die Namen der Gäste zu erfragen. Förster wüsste gerne, ob die hier wirklich so hießen, wie man sich das zu Hause ausmalte, also ob ihre Namen an Länder erinnerten, in die sie nicht reisen konnten. Oder an südamerikanische Freiheitskämpfer, was ja auf dasselbe rauskam. Stand er hier also wirklich mit Enrico, Silvio und Ernesto zusammen? Maik mit a-i war angeblich auch sehr beliebt. Und für Frauen so etwas wie Peggy oder Mandy.

Das Gespräch verlagerte sich plötzlich in eine ganz andere Richtung, als nämlich der Bartträger mit dem karierten Hemd (Enrico?) das Pärchen (Maik und Peggy?) fragte, wie denn ihre Unterwanderung der staatlichen Wohnraumlenkung laufe, und der Junge antwortete, es sei alles in Ordnung, er habe sich jetzt sogar bei der Polizei angemeldet, alles kein Problem. Da fragte Förster dann doch mal nach und

bekam grinsend zur Antwort, dass durch die vielen Plattenbauten in der Peripherie viele Häuser in den Innenstädten
leer ständen und verfielen und deshalb zum Teil illegal bewohnt würden, weil es oft ewig dauern konnte, bis man eine
Wohnung zugeteilt bekam. Also knackte man einfach das
Schloss, baute vielleicht eine neue Tür ein oder montierte
außen eine Klinke, dann brauchte man gar keinen Schlüssel mehr.

Hausbesetzung, dachte Förster. Das kannte er natürlich
aus dem Westen. Hier hieß das *Schwarzwohnen*.

»Du weißt doch«, sagte das Mädchen grinsend zu Förster
und Brocki, »im Sozialismus gibt es keine Kriminalität, deshalb brauchste kein Schloss an der Wohnungstür.«

»Die Sabine, die wohnt über uns, die hat sich von ihrem
Mann scheiden lassen, sollte aber noch mit ihm in einer
Wohnung wohnen, bis einer von beiden eine neue kriegen
sollte, aber da hat die sich gesagt, ich bin doch nicht bescheuert«, erzählte der Junge. »Fast das ganze Haus stand leer.«

»Und wenn das rauskommt?«, fragte Brocki.

»Na ja«, sagte einer der Bärte, »was sollen sie denn machen? Im Arbeiter- und Bauernstaat ist es gesetzlich verboten, Leute einfach auf die Straße zu setzen. Und wenn sie
einem keine andere Wohnung zuteilen können, musst du
vielleicht eine Geldstrafe zahlen, aber oft passiert auch gar
nichts.«

»Wenn du unter dreißig bist, verfrachten sie dich manchmal zurück zu deinen Eltern«, meinte der zweite Bart.

»Die Wohnungsämter sind doch froh, dass die Wohnungen instand gehalten werden«, behauptete der dritte Bart.
»Dann müssen die das nicht machen.«

»Wir haben einfach«, sagte der Junge, »bei der alten Frau
unten im Haus die Kontonummer des Besitzers abgefragt
und dann die Miete anonym überwiesen. Wir haben die

Wohnung, er hat sein Geld, alle sind glücklich. Wird schon schiefgehen.«

Das ist mit den Hausbesetzungen im Westen ein bisschen anders, dachte Förster. Glücklich wirkte da keiner. Das kam Förster doch alles ziemlich verbissen vor, auf allen Seiten, egal ob Besetzer, Besitzer, Polizei oder Politik. Und es wurde in Kreuzberg bestimmt nicht heimlich Miete überwiesen.

»Und wenn du da drei Monate wohnst, ist es sowieso legal«, behauptete der erste Bart.

»Nee, ich glaube, das ist ein Märchen«, sagte das Mädchen.

»Ist auf jeden Fall so«, sagte der zweite Bart. »Nach drei Monaten bist du praktisch unkündbar.«

»Nimm mir doch nicht jede Illusion«, stöhnte der Junge. »Als Gesetzloser fühle ich mich viel wohler.«

»Gewohnheitsrecht«, beschloss der dritte Bart diesen Teil des Gesprächs, und Förster fand, die Gesichtsbehaarten hatten gewonnen. Drei zu null für die Bärte, klare Sache.

Dann kamen endlich Fränge und Rosa durch die Tür, postkoital glühend, wie Förster nicht ohne Neid registrierte. Fränge kam zu Förster, umarmte ihn und sagte, das Leben sei schön.

Auch das noch, dachte Förster.

16 *Die glauben einem ja nicht*

Die bunten Glühbirnen, die über den Hof gespannt waren, brannten schon, aber es war noch zu hell, sodass sie nicht richtig zur Geltung kamen.

»Das ist doch eine ganz üble Energieverschwendung«, raunte Brocki Förster zu.

»Wusste gar nicht, dass du jetzt bei den Grünen bist!«, gab Förster zurück.

»Da müssen jetzt wieder ein paar Dörfer in der Lausitz plattgemacht werden.«

Förster wusste beim besten Willen nicht, was Brocki damit sagen wollte. »Was soll das denn heißen?«

»Braunkohle, Förster! Die machen die Dörfer platt, um mehr Braunkohle abbauen zu können. Für die Stromerzeugung. Ist doch ganz einfach. Hier protestiert ja keiner dagegen.«

Förster seufzte und wünschte sich, Fränge würde schneller von der Toilette zurückkommen, damit der es wieder übernahm, Brockis Blödsinn zu widersprechen.

»Ich hol mir noch ein Bier«, sagte Brocki. »Willst du auch eins?«

»Nee danke, ich lege mal 'ne Pause ein.«

Brocki ging rüber zu den Bierkästen und kam mit dem Mann, der vorhin Gitarre gespielt hatte, ins Gespräch. Rosa und Inge kamen zu Förster herüber.

Inge war eine enge Freundin von Rosa, obwohl sie um einiges älter war. Sie kannten sich aus einer Gruppe, die sich regelmäßig in der Gethsemanekirche traf, wo Rosa, während sie mit den anderen diskutierte, den Leuten auch die Haare schnitt. Bevor sie zur Schauspielschule durfte, hatte sie eine Lehre beginnen müssen, und da hatte sie sich für das Friseurhandwerk entschieden. Förster stellte sich das witzig vor, wie sie alle in der Kirche saßen und Rosa an den Leuten herumschnibbelte, während sie versuchten – ja, was eigentlich? Ihm fiel auf, dass er gar nicht so genau wusste, was die Leute in den Kirchen und wo immer sie sich trafen, eigentlich wollten. Die Gethsemanekirche kannte er aus den Nachrichten.

Und da er schon drei Bier intus hatte, fragte er einfach mal nach, was die Leute da so machten.

»Selbstbehauptung«, sagte Inge. »Zunächst mal geht es um Selbstbehauptung. Dann darum, die Dinge langsam, aber sicher zu verändern. Irgendwann kommen sie nicht mehr an uns vorbei. Sie müssen mit uns reden.«

»Die müssen begreifen, dass wir sie ja eigentlich gar nicht weghaben wollen«, sagte Rosa.

»Na ja, einige schon«, sagte Inge.

»Aber wir wollen nicht alles umstürzen, wir wollen es besser machen. Davor muss man doch keine Angst haben. Wir wollen mitmachen. Mitmachen und ehrlich sagen können, was wir wollen.«

»Die haben Angst«, sagte Inge und sah sich um. »Haben sie schon mit dir gesprochen?«

»Mit wem?«, fragte Förster. »Mit mir? Wieso?«

»Die müssten zumindest schon längst mit dem Frank gesprochen haben«, sagte Inge. »So oft wie der hier rüberkommt, wollen die wissen, was der hier macht.«

»Na, was der macht ist doch wohl klar«, sagte Rosa.

»Vielleicht haben die nach den Kommunalwahlen zu viel zu tun. Vor ein, zwei Jahren hätten sie auf jeden Fall mit ihm geredet, damit er sich für sie bei uns umhört. Ihr kennt euch noch nicht so lange, Rosa, vielleicht kommt das alles noch.«

»Die wissen doch schon alles!«, sagte Rosa. »Die wissen von unserem Liederabend. Wenn wir proben, dann stehen hinterher immer welche vor dem Haus. Die glauben, man erkennt sie nicht.«

Inge schüttelte den Kopf. »So blöd sind die nicht. Die wollen, dass man sie erkennt. Die wollen, dass wir wissen, dass sie da sind. Dass sie überall sind. Dass sie alles wissen. Die sind das Gegenteil von einem Geheimdienst.«

»Für dich ist das doch nur so etwas wie ein Film, oder?«, sagte Inge zu Förster. »Ein Gruselfilm mit schlechten Kulissen und Autos aus Pappe. Für uns ist es das Leben.«

»Ja, das stimmt«, sagte Förster, »ich kann das gar nicht ... Also ich will damit nicht sagen ... Ich will nichts falsch machen. Nicht respektlos sein oder so.«

Inge grinste. »Ist schon okay.«

»Der Witz ist«, sagte Rosa, »dass wir vor allem Lieder machen wollen, gegen die sie nichts haben können. Lieder von Brecht und Hollaender und so. Ein paar selbst geschriebene Sachen auch, aber die sind noch nicht fertig, weil der Bernd nicht vorankommt. Bernd ist unser Pianist. Der da hinten.«

Rosa zeigte auf einen der Bärte. Förster konnte nicht ausmachen, auf welchen genau, wollte aber auch nicht nachfragen, weil das nur dazu geführt hätte, dass sie wild in der Gegend herumgezeigt hätten, als würden sie eingehend über die Leute sprechen, und Förster wollte sich nicht verdächtig machen.

»Sein Bruder redet die ganze Zeit davon, dass er wegwill«, sagte Inge und beugte sich zu Förster. »Damit ist nicht gemeint, dass er zum Urlaub ins Erzgebirge will.«

»Verstehe«, sagte Förster.

»Meine Schwester ist schon weg«, fuhr Inge fort. »Deshalb haben sie mich auf dem Kieker. Ich habe denen schon gesagt, dass das für mich nicht infrage kommt, aber die glauben einem ja nicht, das ist ihr Problem. Eines ihrer Probleme.«

»Inge macht Regie bei unserem Abend«, sagte Rosa. »Sie hat schon viel Theater gemacht. Auch ein paar Filme.«

»Kurzfilme«, wiegelte Inge ab.

»Filme sind Filme«, beharrte Rosa. »Sie meint, ich kann singen.«

»Sie singt sehr gut. Und sie spielt sehr gut.«

»Du spielst ein Instrument?«, fragte Förster.

»Sie meint, ich schauspiele gut.«

»Nächstes Jahr geht sie an die Ernst Busch.«

»Ah, der Westen trifft den Osten in einer höchst bizarren Situation!«

Fränge war zurück von der Toilette.

»Was soll das heißen?« Inge wirkte auf Förster nicht amüsiert.

»Das ist ein Zitat!«, rief Fränge und küsste Rosa auf den Mund. »Aus einem Film. *Eine Leiche zum Dessert.* Kennt ihr nicht? Die größten Detektive der Filmgeschichte eingesperrt in einer Art Schloss? Dann passiert ein Mord? Eine Parodie? Sidney Wang steht mit Dick Charleston zusammen, dann kommt Milo Perrier dazu und sagt diesen Satz? Nie gehört? Da gibt es auch noch einen blinden Butler!«

»Lass ihn bloß nicht das Auto parken, Liebling!«, sagte Rosa.

»Du kennst den Film?«, zeigte Inge sich verwundert.

»Fränge hat ihn mir erzählt. Öfter.«

»Los, Leute, lasst uns fröhlich sein!«, sagte Fränge.

Für Förster klang das wie eine Drohung.

17 Und weil der Mensch ein Mensch ist

Als es dämmerte, sah das dann sehr schön aus mit den bunten Glühbirnen. Fränge und Rosa saßen mit ein paar anderen zusammen auf Küchenstühlen in einer Ecke am anderen Ende des Hofes. Förster stand neben Brocki, der auf den Gitarrenmann einredete. Brocki war, ebenso wie Förster, schon leicht angetrunken. Das kann ja wieder sehr lustig werden, dachte Förster, also lustig im Sinne des Gegenteils.

»Weißt du, was es nach der Explosion des Reaktors in Tschernobyl im Überfluss gab?«, fragte Brocki gerade.

»Ich schätze mal Strahlung«, antwortete der Gitarrenmann.

»Die auch. Vor allem aber Wodka. Moskau hat da erst mal hektoliterweise Wodka hinkarren lassen, damit die Untertanen sich die Katastrophe schönsaufen konnten.«

»Wo ist denn da der Zusammenhang, Brocki?«, wollte Förster wissen.

»Ich frage mich«, sagte der Gitarrenmann, »was die in Harrisburg gemacht haben, als das Ding da hochging.«

»Na, die mussten natürlich keinen Wodka oder Bourbon oder Scotch nach Harrisburg karren, weil da schon genug war«, erklärte Brocki. »Das mit der Verteilung der Güter hat der Kapitalismus eindeutig besser drauf.«

»Aber beim Reaktorindieluftjagen hat der real existierende Sozialismus schon gleichgezogen«, stellte der Gitarrenmann fest. Förster war beruhigt, dass der Typ offenbar Humor hatte. Noch jedenfalls.

Aus dem Augenwinkel sah Förster Fränge und Rosa dazustoßen, Arm in Arm, beide schwankend, voll wie tausend Russen, na ja, nicht ganz, dachte Förster, aber er wusste: Wenn Fränge blau war und Brocki solche Reden schwang, dann wurde es Zeit für einen Satz, den sein Kinderarzt früher immer gesagt hatte: Das könnte jetzt ein bisschen wehtun.

»Na, Leute, alles senkrecht? Ey, Genosse«, wandte Fränge sich an den Gitarrenmann, »hat er schon mit den DDR-Witzen angefangen? Irgendwann fängt er mit den DDR-Witzen an, dann wird es ungemütlich.«

»Was denn für DDR-Witze?«, fragte der Gitarrenmann.

»Hör nicht auf ihn«, winkte Brocki ab.

»Na, zum Beispiel«, sagte Fränge, »wieso es in der DDR keine Banküberfälle gibt.«

Die Lider des Gitarrenmannes senkten sich genervt über die Augäpfel. »Weil man auf den Fluchtwagen zwölf Jahre warten muss.«

Fränge war irritiert. »Zwölf? Ich dachte siebzehn? Ich habe was von siebzehn Jahren gehört.«

»Meinetwegen auch siebzehn.«

»Aber der Witz ist geil, oder?«, sagte Fränge.

»Vor allem ist der uralt«, sagte der Gitarrenmann. »Das fehlt uns hier übrigens: Typen aus dem Westen, die hier rüberkommen und uns unsere eigenen Witze erzählen.«

»Dann ist es ja gut, dass ich hier bin!«, sagte Fränge.

»Sowieso«, sagte Rosa und küsste Fränge auf den Mund. Mit Zunge. Schlimm, dachte Förster zuerst, und dann: Jetzt aber nicht spießig werden!

Einer der Bärte kam herüber und drückte dem Gitarrenmann ein Glas Wein in die Hand. Es wird also nicht nur

Bier getrunken, dachte Förster, das geht munter durcheinander. Auch beim Nikotin herrschte eine gewisse Markenvielfalt, da waren nicht nur *Karo* oder *Cabinet* im Spiel, auch die eine oder andere *Marlboro*-Packung hatte Förster gesehen, wobei sich Brocki die Bemerkung: »Na wenigstens können sie Freiheit und Abenteuer *rauchen*«, nicht hatte verkneifen können. Mit einer durchaus als kunstvoll zu bezeichnenden, sehr geschmeidigen Handbewegung schüttelte der Gitarrenmann eine Zigarette aus einer Packung, und als er sie sich zwischen die Lippen klemmte – wobei der Wein in seiner anderen Hand ruhig blieb wie der Pazifik, wenn er seinem Namen mal so richtig Ehre machen wollte –, las Förster *Juwel 72* auf der Packung, was der Bart ebenfalls registrierte, aber nicht gerade amüsiert.

»Mensch, Bernd, was rauchst du denn wieder dieses bulgarische Dreckskraut?«

»Ich lebe die Solidarität mit unseren sozialistischen Bruderstaaten, dass es qualmt, Peter.«

Aha, dachte Förster, Bernd und Peter, nicht Silvio, Maik oder Enrico. Schlimm, wenn man seine Klischees über Bord werfen muss. Klischees, da weiß man doch, was man hat!

»Ey, Genosse«, mischte sich Fränge wieder ein, »muss man bei euch wirklich zwölf oder siebzehn Jahre auf einen Fluchtwagen warten?«

»Ich fahre Fahrrad«, sagte Peter.

»Herrgott«, stöhnte Fränge, »wieso haben die hier alle keinen Humor!«

»Die haben welchen, nur nicht deinen!«, meinte Brocki. »Und das ist auch gut so. Wir müssen uns für den Kollegen entschuldigen. Ich würde gerne sagen, der ist sonst nicht so, aber das wäre gelogen.«

Worauf Fränge nur ein »Oho« ausstieß und dann eine Denkpause einlegte, die Brocki nutzte, um zu fragen, wo er hier mal zur Toilette gehen könne. Rosa gab ihm Inges Wohnungsschlüssel und sagte »Zweiter Stock links«, und Brocki verdrückte sich. Förster folgte ihm mit den Augen und stellte fest, dass sich jetzt auch andere Pärchen gefunden hatten beziehungsweise sich erst jetzt als solche zu erkennen gaben, das ist die reinste Liebesinsel hier, dachte er, und außerdem kam ihm das alles sowieso ziemlich, na ja, positiv und fröhlich vor, auf eine völlig unironische, nicht-angestrengte und nicht-anstrengende Art und Weise. Er hatte tatsächlich das Gefühl, in einem anderen Land zu sein. Bin ich ja auch, dachte er, aber irgendwie auch wieder nicht. Kompliziert, das Ganze.

Fränge bemühte sich jetzt, eine irgendwie geartete Gemeinsamkeit zwischen sich und seiner Umwelt zu erzeugen, indem er schon leicht lallend darauf hinwies, dass er mal im Kommunistischen Bund Westdeutschland gewesen sei, aber sich auch mal dem Kommunistischen Arbeiterbund Deutschlands KAB angeschlossen habe. »Muss man ja alles mal austesten, aber hier in Berlin«, sagte er und fuchtelte in der Luft herum, »also eigentlich da in Berlin, also ... Ey, sag mal, wo ist eigentlich Westen?«

»Da, da und da«, sagte Peter.

»Das sind drei Richtungen.«

»Da ist überall Westen.«

»Und in der vierten?«

»Da ist Moskau.«

Fränge runzelte die Stirn und machte dann weiter. »Also in Berlin ... drüben ... Wobei drüben ist ja eigentlich hier. Hat mein Alter immer gesagt. Dann geh doch nach drüben. Hab ich gemacht. Jedenfalls heute, witzig, oder? Also da oder hier oder irgendwo war ich mal bei der KPD/ML, bei den Falken war ich auch, aber da bin ich ja jetzt zu alt für, ach ja, und SDAJ natürlich, also wir haben da 'ne Menge ... 'ne Menge gemeinsam, ehrlich Genossen!«

»Das glaube ich kaum«, sagte Bernd und sah sich demonstrativ nach anderen Gesprächspartnern um.

»Nee, nee«, machte Fränge weiter, »ich hab das alles drauf: Entfremdung der Produktivkräfte von den ... von den ...«

»Produktionsverhältnissen«, sekundierte Bernd.

Peter verdrehte die Augen. »Jetzt ermutige den doch nicht noch!«

»Produktionsverhältnisse, genau!«, nickte Fränge begeistert.

»Du bist so klug!«, sagte Rosa, die auch schon ziemlich hinüber war, was sie in Försters Augen aber nur attraktiver machte, wie er besorgt feststellte. Er fragte sich, was das für ein kranker Fetisch sein mochte, wenn man sich von betrunkenen Frauen angezogen fühlte.

»Also, ich kenne das alles«, machte Fränge weiter, »historischer Materialismus und so, kannst du mich nachts für wecken, kein Thema!«

»Also, ich schlafe da weiter«, bemerkte Peter. »Wie in StaBü.«

»Außerdem«, fuhr Fränge fort, »findet man bei den Linken eindeutig die besseren Frauen!«

»Aha!«, rief Rosa. »Jetzt wird es interessant!«

»Vielleicht finde ich aber auch nur Frauen, deren Weltsicht meiner total widerspricht, nicht anziehend. Deshalb könnte ich nichts mit einer vom RCDS anfangen. Auch nicht für eine Nacht oder so.«

»Für dich zählen also die inneren Werte«, vermutete Peter.

»Oder stimmt das wirklich, dass Linke allgemein sexuell mehr abgehen? Wie ist das bei euch?«

»Na ja, wir sind ja alle unheimlich links.«

Fränge nickte mit geschlossenen Augen. »Ja, nee, ist klar, Real Existierender Sexualismus, hier gehen alle ab, verstehe.«

»Wir haben ja sonst nichts«, sagte Bernd.

»Nichts zu essen und so, da bleibt einem nur das Vögeln«, bestätigte Peter.

»Ha!« Fränge klatschte in die Hände. »Das Vögeln und das Singen!« Er machte eine ausholende, den ganzen Innenhof einschließende Geste und brüllte: »Herr Kapellmeister, ein Lied, zwo, drei!«

Und wie es der Zufall wollte, hatte die Musik aus den im Fenster stehenden Lautsprechern gerade Pause, weil jemand den Plattenstapel durchsah und sich noch nicht entschieden hatte, weswegen Fränge tatsächlich zu singen begann, wobei Förster schon nach wenigen Sekunden dachte, dass »singen« nicht das richtige Wort dafür war.

»Auf, auf zum Kampf, zum Kampf! / Zum Kampf sind wir geboren! / Auf, auf zum Kampf, zum Kampf! / Zum Kampf sind wir bereit! / Dem Karl Liebknecht, dem haben wir's geschworen / Der Rosa Luxemburg reichen wir die Hand.«

Bernd sagte: »Speziell bei Letzterem wünsche ich viel Spaß.«

Als Fränge feststellte, dass niemand mit einstimmte, hielt er das offensichtlich nur für die Folge der falschen Musikauswahl und stimmte praktisch übergangslos das Lied vom Kleinen Trompeter an, dem lustigen Rotgardistenblut, worauf sich die ersten Forderungen erhoben, dem Westler doch bitte das Maul zu stopfen. Förster fragte sich, wo das alles noch hinführen sollte.

»Ey, Genossen, was ist los?«, brüllte Fränge.

»Ernsthaft!«, rief Rosa. »Das ist doch unhöflich! Los, mitsingen!«

»Lass mal gut sein, Rosa!«, sagte Peter.

»Mensch, Peter, nun seid doch nicht so verkrampft! Lass uns ein bisschen Spaß haben!«

»Das ist kein Spaß, wenn der hier einen auf Parteitag macht!«

»Aber wartet mal«, sagte Fränge, »das hier kennt ihr auf jeden Fall!«

»Fränge, jetzt hör mal auf!«, versuchte Förster das Schlimmste zu verhindern, wobei er wenig Hoffnung hatte, dass ihm das gelingen würde.

Und tatsächlich holte Fränge schon wieder Luft: »*Und weil der Mensch ein Mensch ist / Drum hat er Stiefel im Gesicht nicht gern / Er will unter sich keinen Sklaven seh'n / Und über sich keinen Herrn // Drum links zwei, drei, drum links zwei, drei / Wo dein Platz Genosse ist / Reih dich ein in die Arbeitereinheitsfront / Weil du auch ein Arbeiter bist!*«

Förster wusste, wo das alles herkam, Fränge hatte zu Hause *Hannes Wader singt Arbeiterlieder* in seiner Plattenkiste, außerdem musste Förster wieder daran denken, dass ihn eine bestimmte Ungenauigkeit in diesem Text immer gestört hatte, nämlich: *Weil du auch ein Arbeiter bist,* was ja heißen konnte, dass der Angesungene neben seiner Arbeiteridentität noch eine andere hatte, und Förster hielt das auch für völlig richtig, aber so war es nicht gemeint. Eigentlich hätte es heißen müssen: Weil *auch du* ein Arbeiter bist, und das wäre ja auch ganz einfach zu korrigieren gewesen, aber wer war Förster, den großen Brecht zu verbessern und damit alle Sozialisten dieser Welt und wahrscheinlich auch noch alle Germanisten, denn soweit er wusste, war das noch niemandem aufgefallen. Oder es war allen egal. Oder es machten sich nicht alle so umständliche Gedanken. Oder es war niemand mehr zu Kritik fähig, sobald es um Brecht und Arbeiter und Gerechtigkeit und das alles ging, was prinzipiell ja auch eine feine Sache und absolut erstrebenswert war, jetzt aber hier nicht hingehörte, denn es war nun endgültig der Punkt erreicht, an dem die Stimmung sich veränderte, auch wenn sie noch nicht komplett gekippt war, dafür sind sie hier zu höflich, dachte Förster, und Pazifisten sind sie ja auch alle, Schwerter zu Pflugscharen und das alles, aber Fränge war schon so eine Art Erstschlagwaffe, und auf die folgte ja zwangsläufig die massive Vergeltung, diese perverse Logik hatten sie doch in den letzten Jahren immer wieder kritisiert, aber eben nicht aushebeln können. Es schien nur noch eine Frage der Zeit zu sein, bis es hier und heute so weit sein würde.

Die Stimmung kippte, als Fränge rief: »*Ein Hoch auf den Genossen Ernst Busch!*«, um dann zu grölen: »*Sie hat uns alles gegeben / Sonne und Wind und sie geizte nie / Und wo sie war, war das Leben / Und was wir sind, sind wir durch sie!*«

Bernd beugte sich zu Förster und sagte: »Das sollte er lassen. Wirklich, das sollte er nicht tun.«

Fränge aber machte weiter: »*Sie hat uns niemals verlassen / Wenn die Welt fast erfror, war uns warm / Uns führte die Mutter der Massen / Es trug uns ihr mächtiger Arm.*«

Förster konnte nicht umhin, Fränge wenigstens ein bisschen Respekt für seinen, wenn auch durch den Suff induzierten, Mut zu zollen. Mal ganz abgesehen von seiner beeindruckenden Textsicherheit. Seine Zeit in den diversen linksradikalen Splittergruppen hatte ganz klar einen nachhaltigen Effekt gehabt. Na gut, die Töne traf er nur sporadisch, aber es ging ja auch um den Inhalt.

Jetzt holte Fränge Luft für den Refrain: »*Die Partei, die Partei, die hat immer recht / Und, Genossen, es bleibe dabei / Denn wer kämpft für das Recht, der hat immer recht / Gegen Lüge und Ausbeuterei.*«

Hätte er jetzt aufgehört, hätte die Sache noch glimpflich abgehen können, aber Fränge, das wusste Förster schon lange, war keiner, der aufhörte, bevor es zu viel wurde, deshalb sang er weiter: »*Wer das Leben beleidigt ist dumm oder schlecht / Wer die Menschheit verteidigt, hat immer recht / So aus Lenin'schem Geist wächst von Stalin geschweißt: Die Partei, die Partei, die Partei!*«

Bei dem, was dann passierte, musste Förster an einen Dialog in Woody Allens *Manhattan* denken, wo Allens Figur sagt, beißende Satiren seien auf jeden Fall gut, aber Gewalt komme doch bei Nazis deutlich besser an.

So ähnlich war es jetzt bei Fränge. Da er auf die verbal sehr deutlich und beißend geäußerten Forderungen, verdammt noch mal still zu sein, nicht reagierte, gab es jetzt, und Förster fand, dass man es nicht höflicher ausdrücken konnte, so richtig auf die Fresse.

18 Aufräumen im Kopf,
Verdammte dieser Erde!

Rauchschwaden standen im Raum, aber nicht bläulich wie vorhin im Hof, sondern weißlich-nebelartig wie auf der Autobahn in einer sehr suppigen Nacht. Das lag vielleicht am Licht, denn es herrschte keine dezente, indirekte Partybeleuchtung mit gedimmten Deckenflutern oder im Raum verteilten Kerzen, sondern ein unter der Decke vom Mittelpunkt einer Stuckrosette baumelnder Leuchter gab achtarmig sein wattstarkes Bestes. Das war keine Jazzclubstimmung, sondern Förster musste an den türkischen Kulturverein denken, der ein paar Straßen von seiner Wohnung entfernt war, wo ständig die Tür offen stand und die Männer im schattenlosen Licht von mehreren Leuchtstoffröhren beim Teetrinken mit ihren Gebetskettchen spielten.

An einer der Wände hing ein Perserteppich, die anderen waren von Regalen verdeckt, die entweder vor Büchern oder Schallplatten überquollen. Fränge saß in einem alten Sessel, den Kopf in den Nacken gelegt, weil er immer wieder geblutet hatte, aber seit etwa einer halben Stunde war jetzt Ruhe. Rosa hockte auf der Lehne, tuschelte mit ihm und küsste ihn auf Mund und Nase. Fränge grinste, und Rosa lachte, sie kamen Förster vor wie Bonnie und Clyde. Die sind, dachte Förster, keine Liebenden, sondern Komplizen.

Rosa hatte ein Bein über das andere geschlagen, ihre

eigentlich etwas karottenartig geschnittene Jeans schmiegte sich dadurch eng an ihre schlanken Oberschenkel. Förster saß auf dem Boden, mit dem Rücken an die Seite des Sessels gelehnt. Er hatte genau den Grad an Trunkenheit erreicht, der noch vertretbar war, auch was seinen gesundheitlichen Zustand am nächsten Tag betreffen würde. Er fühlte sich angenehm berauscht und stellte fest, dass es nicht stimmte, wenn man behauptete, ein Ereignis, bei dem es zu einer plötzlich erhöhten Adrenalinausschüttung komme, wie vorhin bei der Auseinandersetzung zwischen Fränge und den anderen, würde zu einer schlagartigen Ernüchterung führen.

Brocki stand hinter dem Sessel, als wäre er der Bodyguard für Fränge und Rosa. Er hatte ein Glas Wasser in der Hand, weil er meinte, einer müsse jetzt einen klaren Kopf behalten. Zusammen, fand Förster, sahen sie aus wie eine erweiterte Pietà, Fränge als der frisch vom Kreuz genommene Jesus, was Rosa zu seiner Mater Dolorosa machte, allerdings eine, die ein unzüchtiges Verhältnis zu ihrem Sohn hatte, mal abgesehen davon, dass sie beide ziemlich betrunken waren, denn im Gegensatz zu Brocki waren sie nicht auf Wasser umgestiegen, sondern tranken jetzt bulgarischen Rotwein aus der Flasche.

Wenn nicht Pietà, dachte Förster, dann die Lord-Snowden-artige Fotoaufstellung einer königlichen Familie, die sich sehr modern geben wollte. Er fühlte sich beobachtet und war sich sicher, dass das nicht nur ein Gefühl war. Wir sollten gar nicht mehr hier sein, dachte er.

Nachdem Fränge aufs Maul bekommen hatte und Förster und Brocki, Letzterer frisch von der Toilette zurück, dazwischengegangen waren, hatten sie eigentlich gleich abhauen wollen. Zuerst hatte nur Rosa protestiert, dann hatte auch Peter gemeint, ein blutender Wessi würde draußen nur auffallen und allen Beteiligten Ärger einbringen, also sollten sie erst verschwinden, wenn man Fränge nicht mehr ansah, was mit ihm passiert war.

Bernd saß am Klavier und spielte, eine Kippe im Mundwinkel, irgendeine elegische Melodie, die Förster nicht erkannte, während eine Vierergruppe (drei Frauen, darunter Inge, und ein Mann) neben der Tür im Schneidersitz auf dem Boden saß. Förster fand, sie guckten wie Grenzer, die nur darauf warteten, drei Idioten auf der Flucht zu erschießen. Und ihre Kollaborateurin gleich mit. Dieser Abend war auch für Rosas Sozialprestige innerhalb der Nachbarschaft nicht förderlich gewesen.

»Fränge hat gesagt, du schreibst«, sagte Rosa unvermittelt.

Förster sah zu Fränge hoch. Der zuckte mit den Schultern und sagte: »Ist doch kein Geheimnis. Du hattest mal Gedichte in der Schülerzeitung.«

»Unter Pseudonym, Fränge!«, warf Brocki ein. »Und das hatte seinen Grund. Förster wollte als Autor nicht erkennbar sein. Also was stellst du ihn hier bloß?«

»So schlecht waren die nun auch wieder nicht«, sagte Fränge. »Du hast auch unsere Abi-Revue geschrieben.« An Rosa gewandt fuhr er fort: »Wir waren die erste Stufe, die am Vorabend ihrer Zeugnisausgabe eine Revue aufgeführt hat, wo wir die letzten neun Jahre auf die Schippe genommen haben. Mittlerweile ist das Tradition an unserer Anstalt, aber wir haben die begründet!«

Alkoholbeschwingt wirkte Fränge stolz wie ein Vater.

»Warum machst du das?«, fragte Rosa, die Fränge und Brocki offenbar gar nicht zugehört hatte. Außerdem lallte sie ein wenig. »Schreiben, meine ich.«

Sie sah Förster auf eine Art an, die ihn mal wieder ratlos machte. Sie flirtete nicht, sie machte nicht Konversation, ihr Blick war so offen und unverstellt, dass er nicht umhin konnte zu vermuten, sie habe echtes Interesse an einer ehrlichen Antwort.

»Schreiben ist Aufräumen im Kopf«, sagte Förster.

Rosa nickte etwas übertrieben. »Das verstehe ich.«

Förster hatte noch nie eine Frau gesehen, die besoffen so anziehend war wie Rosa.

»Ich nicht«, sagte Fränge. »Ich habe keine Ahnung, wovon der redet!«

»Weil du ein Klotzkopf bist«, motzte Brocki.

»Ich habe immer gerne Klassenarbeiten geschrieben«, sagte Rosa. »Im Unterricht hat der Stoff in meinem Hirn ein Riesenchaos veranstaltet. Nicht weil ich nichts verstanden hätte, im Gegenteil, ich habe zu viel verstanden, so ziemlich alles. Es war alles da, aber übereinander, nebeneinander, durcheinander, völlig wahllos.« Sie machte eine wirre, durch die Luft wischende Handbewegung. »Und dann kam die Klassenarbeit, und alles stand in Reih' und Glied.«

Jetzt umflorte sie ein Hauch von Verzweiflung, der sie nur noch anziehender machte.

»Aufräumen im Kopf«, murmelte Fränge. »Sollte ich auch mal versuchen.«

»Keine Chance«, sagte Brocki. »Da hilft nur Kernsanierung mit Durchkärchern und Desinfizieren. Oder Amputation.«

Peter kam herein, hatte drei Flaschen Bier dabei und drückte zwei davon Förster und Brocki in die Hand. »Ein letztes«, sagte er. »Außerdem sollte man nicht im Streit auseinandergehen.«

Bernd spielte immer noch Klavier, aber das war kein Klimpern mehr, das war etwas Zusammenhängendes, Förster kam nur nicht darauf, was, also fragte er Bernd einfach, und der antwortete, ohne aufzusehen, durch den von seiner mittlerweile zur Hälfte aus Asche bestehenden Kippe aufsteigenden Rauch hindurch, das sei nichts, also klärte Peter sie darüber auf, dass das Stück von Bernd war. Darauf stießen sie an, und Bernd spielte einfach weiter, den Kopf gesenkt, auch als die Asche auf die Tasten fiel, hörte er nicht auf. Sie alle schwiegen und hörten zu. Förster versuchte, alles gleichzeitig aufzunehmen, die halblauten Gespräche, die Musik, das Atmen von Brocki, das leise Seufzen, das von Fränge und Rosa kam und das Förster keinem von beiden zuordnen konnte, es also der Person zuschrieb, zu der sie wurden, wenn sie sich küssten. Das ist ja alles ein verdammtes Panorama hier, dachte er, eine Filmszene vielleicht, draußen der Sturm, die Naturkatastrophe, hier drin die Schutzsuchenden. *Die Schutzsuchenden*, das könnte der Titel eines modernen deutschen Films sein, in dem nicht viel passierte, aber eine ganz intensive Atmosphäre herrschte, beklemmend und deprimierend wie die deutsche Geschichte, denn ein deutscher Film ohne deutsche Geschichte, das ging nicht, einfach nur erzählen, Ordnung in den Kopf bringen, war zu billig. Und die Fortsetzung würde *Die Verdammten* heißen, denn es gab keine Hoffnung, durfte keine Hoffnung geben. Bernds Klavierstück wurde für Förster zum Soundtrack dieses Films, der ganze Streifen eine Elegie über die Vergeblichkeit allen Tuns in diesem Zimmer, die Liebe in Zeiten des Systemgegensatzes, denn, das musste allen klar sein, zu ihren Lebzeiten würde sich das alles nicht mehr ändern, festgemauert in der Erden stand der antifaschistische Schutzwall, da würden keine Flugblätter und keine Kirchen etwas dran ändern, Gorbatschow hin oder her, der wollte ja auch nur sein eigenes System vor dem Untergang bewahren und würde die Panzer rollen lassen, wenn es ernst wurde, da musste man sich nichts vormachen. Zwischendurch fiel Försters Blick immer wieder auf Rosa und Fränge beziehungsweise auf Fräsa, der Legierung aus beiden, und er konnte nicht umhin, sich zu wünschen, an Fränges Stelle zu sein, kämpfte diesen Gedanken aber gleich nieder. Alles war ein großes Durcheinander, ein Neben-, Unter- und Übereinander, da mussten die Verdammten dieser Erde dringend mal aufräumen.

»Ich habe jetzt bestimmt eine halbe Stunde nicht geblutet«, sagte Fränge. »Ich gehe noch mal ins Bad und mache mich sauber, und dann geht es wieder heim nach Babylon.«

Förster sah Rosa an, die Fränge nachblickte, fing dann einen Blick von Brocki auf und fand, es war nun wirklich Zeit zu gehen.

19 Fränge hat mir viel von dir erzählt, Teil 2

»Wie siehst du denn aus?«

Marta war so erschrocken, dass sie mitten im Zapfen innehielt.

»Arbeitest du jeden Abend hier?«, fragte Brocki.

»Bist du an der Grenze gefoltert worden, oder was?«, fragte Marta.

»Er hat das Loblied auf die Partei gesungen«, sagte Förster.

»Du warst doch gestern Abend schon hier!«, sagte Brocki.

Marta verdrehte die Augen. »Ich muss mich ranhalten, wenn das mit dem eigenen Laden was werden soll, aber das ist doch egal! Was ist mit Fränge passiert?«

Fränge meinte, er könne nicht mehr stehen, er sei so unheimlich müde, und Marta sagte, sie sollten sich ganz hinten in die Ecke setzen, Fränge verschrecke ihr die Kunden, sie mache nur schnell diese Bestellung fertig, dann kümmere sie sich um ihn.

Der Tisch war gleich neben der Schwingtür zur Küche. Durch ein in Kopfhöhe angebrachtes rundes Fenster konnte Förster sehen, dass es dahinter dunkel war, die Küche also schon geschlossen. Dabei hatte er schon seit einiger Zeit großen Hunger, selbst ein labbriges Brötchen vom Vortag wäre okay gewesen, sein Magen war leer, abgesehen vom Alkohol, der dort, und auch in seinem Restkörper, sein Unwesen trieb.

»Ich dachte, ich sehe wieder ganz okay aus«, murmelte Fränge.

»Hast du noch nie«, behauptete Brocki.

»Ich bin nur unheimlich müde. Wieso sind wir nicht einfach nach Hause gegangen?«

»Weil du gesagt hast, du willst noch was trinken«, sagte Förster. »Und dass du die Marta sehen willst, hast du gesagt.«

»Kann ich mich gar nicht dran erinnern.«

»Bist in der U-Bahn ja auch eingepennt«, sagte Brocki.

»Ich muss mal aufs Klo«, sagte Fränge und verschwand genau dorthin.

Förster hatte den Eindruck, Brocki wollte etwas sagen, der guckt mich so komisch an, dachte er. Dann kam aber schon Marta und brachte ihnen drei Bier, obwohl Förster eigentlich genug hatte.

»Wo ist er denn hin, der Patient?«

»Toilette«, sagte Brocki knapp.

»Was habt ihr da drüben angestellt? Wo wart ihr denn da?«

Brocki schien Luft zu holen, um was zu sagen, und dabei wäre wahrscheinlich die Wahrheit rausgekommen, das aber, fand Förster, musste man Fränge nun auch nicht gerade antun.

»Bekannter von Fränge«, sagte Förster. »Der Bernd, also, der ist Musiker, und der hatte ein paar Leute eingeladen, um neue Stücke vorzuspielen.«

»Fränge hat Bekannte im Osten?«

»Sehr gute Bekannte«, sagte Brocki. »Wirklich sehr gute Bekannte.«

»Nette Leute«, sagte Förster. »Aber Fränge hatte etwas viel getrunken und fing dann an, Parteilieder zu singen. Also so SED-Sachen. Kam nicht so gut an.«

Marta seufzte. »Wenn man mit ihm alleine und er nüchtern ist, dann ist er zuckersüß.«

Fränge kam von der Toilette zurück und ließ sich auf den Stuhl fallen wie ein alter Mann. »Bier? Oh nee, ich kann nicht mehr! Muss aber, hilft ja nix!«, sagte er und kippte das Glas gleich mal zu etwa einem Drittel runter. »Mann, ich sehe ja wirklich scheiße aus. Ihr solltet auf dem Klo mal die Spiegel abmontieren!«

»Du hast in der U-Bahn noch mal aus der Nase geblutet«, sagte Förster. »Das haben wir mit 'nem Taschentuch nicht richtig wegbekommen.«

Fränge war entsetzt. »Ihr habt mit 'ner Rotzfahne an mir rumgewischt?«

»Das war ein frisches Taschentuch«, sagte Förster.

»Ich hole mal einen Lappen«, sagte Marta und ging zum Tresen zurück.

Heute war noch eine zweite Bedienung da, wie Förster jetzt auffiel, ein junger Mann, der sich seine langen, dunklen Haare zu einem Zopf gebunden hatte. Marta tuschelte mit ihm, und er nickte. Die Kneipe war nur noch etwa halb voll.

»Ich war kurz davor, ihr reinen Wein einzuschenken«, sagte Brocki. »Also, was du da drüben treibst, meine ich.«

»Ach, das ist da drüben, das ist eine andere Welt, das ist für Marta gar nicht interessant«, sagte Fränge.

Brocki wollte etwas entgegnen, aber da kam Marta mit einer kleinen Plastikschüssel und einem Waschlappen zurück.

»Oh Mann, Fränge«, sagte sie, tauchte den Lappen ins Wasser, wrang ihn aus und fing an, an ihm herumzutupfen.

Schon wieder eine Filmszene, dachte Förster. Der Cowboy wird nach der Schlägerei mit dem Sohn des tyrannischen Viehbarons von der Saloon-Lady verarztet. Nur was Fränge dann sagte, wäre dem Cowboy wohl nicht über die Lippen gekommen.

»Hattest du dir eigentlich die Hände gewaschen? Ich meine, ich habe geblutet, und wenn du dir die Hände nicht gewaschen hast ...«

»Du wirst schon kein Aids kriegen.«

»Darüber macht man keine Witze.«

»Habe gehört, du hast dir diese Abreibung redlich verdient?«

»Quatsch! Die haben da drüben nur alle keinen Humor.«

»War die Musik denn wenigstens gut?«

»Welche Musik?«

»Na, die vom Bernd.«

»Welcher Bernd?«

»Mensch, Fränge«, schritt Förster ein, bevor das hier in die falsche Richtung lief, »du hast echt schwer auf die Mütze gekriegt. Der Bernd, wegen dem wir überhaupt drüben waren. Damit er uns seine neuen Stücke vorspielt. Der hat doch den ganzen Abend am Klavier gesessen, der Bernd. Warst du da schon so blau, dass du nichts mehr gehört hast?«

Fränge begriff. »Ach, DER Bernd. Ja, sicher, die Musik war echt nicht schlecht. Der hat was drauf, der Bernd. Hat gesagt, Förster soll Texte dazu schreiben.«

Der muss natürlich wieder übertreiben, dachte Förster. Andererseits machte es die ganze Sache noch etwas glaubwürdiger.

»Ich glaube, du schläfst heute Nacht besser bei mir«, sagte Marta.

»Ha!«, machte Brocki und schlug sich in gespielter Heiterkeit auf den Oberschenkel.

»Ist vielleicht keine schlechte Idee«, meinte Fränge.

Marta war mit dem Tupfen fertig. »In einer Stunde habe

ich Feierabend. Ich gebe dir den Schlüssel, dann kannst du dich schon mal hinlegen.«

»Ach was«, sagte Fränge, »ich warte einfach hier. Ich will doch nicht schlafen, wenn du nach Hause kommst. Im Gegenteil, da will ich fit sein!«

Marta grinste. »Wie du meinst. Wollt ihr noch was essen?«

»Ich dachte, die Küche ist zu?«, sagte Förster.

»Bisschen Brot und Oliven könnte ich noch anbieten.«

»Super Idee!«

»Wie siehst du denn aus?«

Eine Frau, die eine gewisse Ähnlichkeit mit Marta hatte, stand plötzlich neben dem Tisch.

»Hallo, Marissa!«, sagte Fränge und hob schwach die Hand zum Gruß.

»Darf ich vorstellen, meine Schwester«, sagte Marta. »Fränge hat gesungen und ist dafür verprügelt worden«, fügte sie hinzu.

»Kann ich verstehen. Ich habe ihn auch mal singen hören.«

Marissa nahm sich einen Stuhl, drehte ihn mit der Lehne in Richtung des Tisches und setzte sich rittlings drauf.

»Ach, bitte«, sagte Marta. »Ich habe dir doch gesagt, du sollst dich so nicht hinsetzen. Das sieht ordinär aus.«

»Dann passt das ja«, sagte Marissa. »Könnte ich einen Tee bekommen, Frollein?«

Marta verzog das Gesicht und ging zurück hinter den Tresen.

»Ich bin Förster«, sagte Förster und gab Marissa die Hand.

»Ah ja!«, sagte sie. »Fränge hat mir viel von dir erzählt.«

Schon die zweite, die das heute sagt, dachte er.

»Dann musst du Brocki sein.«

»Bin ich. Hat er von mir auch viel erzählt?«

»Klar«, sagte Marissa, aber Förster glaubte ihr nicht.

»Woher weißt du, dass Fränge nicht singen kann?«, fragte Brocki.

»Ich habe ihn *Marliese* grölen hören«, sagte Marissa. »Das war schlimm.«

»Ist aber auch nicht leicht«, gab Förster zu bedenken. »Das Falsett von John Watts ist einzigartig.«

»Du stehst auf Fischer Z?«

»Wer nicht!«

»Ich«, sagte Brocki.

»Weil du keine Ahnung hast«, warf Fränge ein, der ansonsten die meiste Zeit geschwiegen hatte.

»Alle reden immer von *Red Skies over Paradise*«, sagte Marissa, »aber ich finde *Going Deaf for a Living* viel besser.«

»Beide super«, meinte Förster, »aber für mich war *Red Skies* immer wichtiger. Ich habe auch versucht mitzusingen und bin gescheitert.«

»Hat sich aber mit Sicherheit besser angehört als bei Fränge«, sagte Brocki.

»Davon bin ich überzeugt«, sagte Marissa und lachte.

Ihr Lachen gefiel Förster. Auch ihre Augen hatten eine gewisse Wirkung auf ihn. Die waren dunkel und tief. Oh Mann, dachte er, und sagte: »Du machst mit deiner Schwester ein eigenes Restaurant auf?«

»Ich hätte da eine Idee«, sagte Marissa. »Habt ihr heute noch was vor?«

20 Café Lisboa

Es war dunkel und kühl, der Mai ist kein Juli, dachte Förster, ein Frühling macht noch keinen Sommer. Er zog den Reißverschluss seines leichten, dunkelblauen Blousons bis ganz nach oben und stellte den Kragen hoch, was sowieso besser aussah, wie er fand.

Nachdem die meisten Gäste gegangen waren, hatte Marta sich mit dem anderen Kellner besprochen, und der hatte eingewilligt, das Saubermachen und das Abschließen zu übernehmen.

Die Straße, in die Marta und Marissa sie brachten, war nicht weit weg und führte leicht bergauf. Schließlich standen sie vor einem kleinen Ladenlokal mit einem in der Mitte verschlossenen Scherengitter vor Tür und Schaufenster. Marta holte einen Schlüsselbund aus der Jackentasche, schloss auf und schob die linke Hälfte des Gitters zur Seite, sodass sie mit einem anderen Schlüssel die Tür aufschließen konnte.

Links war ein Tresen, dahinter Regale an der Wand, ansonsten war der Raum leer. Ganz hinten führten drei Stufen nach oben in einen gesonderten Bereich.

»Sieht nicht so aus, aber wir eröffnen im August«, sagte Marissa.

»Stimmt, danach sieht es nicht aus«, sagte Fränge.

»Mann, was bist du negativ!«, sagte Marissa.

»Frau, was bist du empfindlich!«, gab Fränge zurück.

»Wie soll es denn heißen?«, wollte Förster wissen.

Marissa sah ihn an, fast ängstlich. »*Café Lisboa?*«, sagte sie und betonte es als Frage.

»Finde ich super«, sagte Förster.

»Wieso nicht *Café Lissabon?*«, fragte Brocki.

»Das hier ist Kreuzberg«, sagte Fränge, »je weniger Deutsch desto besser. Hauptsache, es ist nicht Englisch, wegen der verdammten amerikanischen Imperialisten.«

»Na, dann hätten wir das auch geklärt«, sagte Marta und verteilte das Flaschenbier, das sie aus der Kneipe mitgenommen hatte.

Sie setzten sich auf die Stufen im hinteren Teil, Förster und Marissa auf die oberste, Fränge, Marta und Brocki auf die unterste.

»Ich sehe das richtig vor mir«, sagte Brocki nach einer Weile.

Fränge, der auf Förster den Eindruck machte, er würde jeden Moment ins Koma fallen, erwiderte: »Ausgerechnet du? Du hast doch gar keine Fantasie!«

»Ich sehe das alles«, beharrte Brocki. »Den Tresen, die Tische, die Leute, die Wein trinken und Brot essen und Fisch und was weiß ich. Ich sehe das.«

»Ich finde das toll.« Marta legte Brocki kurz eine Hand aufs Knie.

»Der tut nur so«, sagte Fränge.

»Ihr müsst unbedingt zur Eröffnung kommen«, sagte Marissa.

»Ich frage mich nur«, begann Brocki, machte aber eine kurze Pause, in die Fränge sofort hineinstieß.

»Ich wusste, da kommt noch was! Der sagt so was Nettes nicht, ohne was Fieses hinterherzuschieben. Ich kenne den doch!«

»Was fragst du dich nur?«, fragte Marta.

»Ich frage mich, wieso es so etwas nicht bei uns gibt. Okay, wir haben das *Bermuda-Dreieck*, aber ein *Café Lisboa* sucht man da vergeblich.«

»Es gibt doch da jetzt diesen Spanier unten am Nordring«, warf Förster ein.

»Ein Spanier ist kein Portugiese«, sagte Brocki.

»Da hat er mal ausnahmsweise recht, der Herr Brock«, sagte Fränge. »Es gibt doch Gründe, warum es solche Geistesgrößen wie mich nach Berlin zieht. Die Offenheit und die Leichtigkeit.«

»Na komm«, sagte Brocki, »Leichtigkeit ist ja wohl das falsche Wort. Bisschen verkrampft seid ihr hier schon mit eurer ostentativen Flippigkeit.«

»Oho!«, machte Fränge. »Sechs Jahre Latein haben sich richtig gelohnt!«

»Ich weiß, was euch fehlt«, sagte Marissa. »Die richtigen Häuser.«

»Was soll das heißen?«, fragte Brocki. »Wieso Häuser? Wir haben jede Menge Häuser. Wir gehen kaputt vor Häusern!«

»Aber es geht um die richtigen!«, sagte Fränge. »Hör doch mal ordentlich zu, du Ignorant!«

»Welches sind denn die richtigen Häuser, Herr Dahlbusch?«

»Das wird dir die Marissa schon noch erklären!«

»Ich hatte mal einen Freund, der kam aus Dortmund«, sagte Marissa.

»Oh, oh!«, machte Fränge, »so fangen meist ziemlich hässliche Geschichten an.«

»Deshalb war ich ein paarmal dort. Ich war auch in Bochum, weil alle gesagt haben, dass man da gut ausgehen kann. Stimmte auch. Kneipe an Kneipe, und dann dieser große Platz an der Brücke.«

»Das *Mandragora*«, sagte Förster.

»Da saßen bestimmt tausend Leute an den Tischen, das war schon cool.«

»Und jetzt kommt das große Aber!«, vermutete Brocki.

»Eure Häuser sind so niedrig. Das sind alles so schlimme Dinger aus den Fünfzigern, drei Stockwerke, niedrige Decken in den Wohnungen. Hier hast du all die Gründerzeithäuser, die Wohnungen mit vier Meter hohen, stuckverzierten Decken, die Ladenlokale, in denen Leute wohnen, außerdem sind selbst die Nebenstraßen viel breiter, großzügiger. Berlin verschwendet, und ihr knausert, das ist der Unterschied. Knausern ist nicht cool.«

»Na ja«, sagte Brocki, »also das Geld aus dem Fenster zu schmeißen ist jetzt auch nicht die feine englische Art. Vor allem nicht, wenn man es vorne und hinten reingeschoben bekommt.«

»Hey, hey«, sagte Fränge, »nun werd mal nicht ausfallend. Wir halten hier auch für euch den Kopf hin! Wir sind die ersten, die verdampfen, wenn der Ami auf den Roten Knopf drückt.«

»Hör doch mal auf mit diesem *wir*, du gehörst doch gar nicht hierhin!«

»Fast niemand gehört hierhin«, sagte Marissa, »das macht es ja so spannend.«

»Und die Häuser aus den Fünfzigern haben wir, weil uns alles weggebombt wurde«, sagte Brocki.

»Uns doch auch«, sagte Marissa. »Wir hatten nur mehr davon. Ich will ja auch niemanden angreifen, ich will nur was erklären.«

»Förster, sag du doch auch mal was!«, sagte Fränge. »Du studierst Geschichte, dein Vater ist sogar Prof dafür, sorg doch mal für Durchblick!«

Förster räusperte sich, um Zeit zu gewinnen, dann sagte

er: »Also, soviel ich weiß, gab es nach dem Zweiten Weltkrieg zwei Denkschulen für den Wiederaufbau der deutschen Innenstädte. Die eine war der Meinung, man solle rekonstruieren, die andere wollte den neuen Geist einziehen lassen und neu bauen. Münster hat rekonstruiert, wir haben neu gebaut. Deshalb ist Münster eine Puppenstube und wir ... sind, was wir sind.«

Fränge nickte, und Brocki schüttelte zumindest nicht den Kopf, wie Förster registrierte. Dann blieb es erst mal still im *Café Lisboa*. Fränges Hand fuhr über Martas Rücken nach oben und begann, sie im Nacken zu kraulen, mit ihren Haaren zu spielen.

»Ich kann meilenweit sehen«, sagte Fränge irgendwann.

ZWEITER TEIL

Wie lange dauert das noch, und was kommt danach?

21 *Weißweinschorle*

Sein Vater musste ihn vom Küchenfenster aus gesehen haben. Im schwarzen T-Shirt mit kaum noch sichtbarer Rolling-Stones-Zunge kam er Förster entgegen, die Arme ausgebreitet, nur einen kurzen Schatten werfend, da die Sonne im Zenit stand und gut in Form war an diesem Sonntag Ende Juli. Barfuß schritt er über den vom Haus zur Straße führenden Weg aus Waschbetonplatten, in deren Fugen Krautbüschel wucherten, weil sein Vater zwar ständig ankündigte, diese zu beseitigen, das aber immer wieder vergaß, bis irgendwann Försters Mutter die Nase voll hatte und sich selbst darum kümmerte, ein Stadium, das aktuell offenbar noch nicht erreicht war. Eigentlich, dachte Förster, könnte ich das mal übernehmen, das sind doch so Dinge, die Söhne für ihre alternden Väter machen, aber das wäre andererseits eine elende Plackerei, bei der man sich viel bücken musste, so was überließ man besser den Profis, und so alt war sein Vater nun auch wieder nicht, Mitte vierzig und ziemlich rüstig, wie er selber gerne sagte, mal abgesehen davon, dass er handwerklich gar nicht mal ungeschickt war, auch was den Gartenbau anging, nur fand die Notwendigkeit, tätig zu werden, viel zu selten den Weg in sein Bewusstsein.

»Der verlorene Sohn!«, sagte sein Vater, weil er das immer sagte und das seine Art war, mit der Tatsache, dass Förster zu Hause ausgezogen war, umzugehen. Seine Mutter hatte damit viel weniger Probleme gehabt. Von *verloren* konnte sowieso keine Rede sein, Förster war regelmäßig bei seinen Eltern, ließ sich bekochen und wusch seine Wäsche im elterlichen Keller, weil er noch immer keine eigene Waschmaschine hatte und Waschsalons als Orte der zwischenmenschlichen Begegnung für überschätzt hielt. Fränge hatte behauptet, man könne da gut Frauen kennenlernen, und das mochte in Berlin ja durchaus so sein. Förster hingegen wäre nie auf die Idee gekommen, eine anzusprechen, die gerade dabei war, nur so als Beispiel, ihre Unterwäsche aus der Maschine zu nehmen.

»Ihr müsst mal was mit dem Weg hier machen«, sagte Förster. »Waschbeton ist wirklich nicht schön. Außerdem wächst da immer was in den Fugen.«

»Ich weiß, ich weiß«, antwortete der Vater und legte einen Arm um Förster, »aber habe ich dir jemals erzählt, wo ich dieses T-Shirt herhabe?«

Förster tat das, was sein Vater an dieser Stelle von ihm erwartete: Er grinste, denn die Geschichte dieses T-Shirts war Teil der Förster'schen Familienmythologie, dutzendfach erzählt, die Frage danach Ausdruck einer, wie Förster fand, angenehmen Selbstironie, zu der sein Vater bei aller Egozentrik dann doch in der Lage war.

»Wintersemester 81/82, ich in Washington, um in den National Archives in DC was zu den ökonomischen Ursachen des Bürgerkriegs zu recherchieren«, begann der Vater und führte Förster langsam ins Haus. »Mein Kumpel Sid kam aus Hampton in Virginia, sein Onkel arbeitete bei der Stadtverwaltung und konnte uns Tickets besorgen für die Show der Stones im Colisseum. Sowieso großartig, aber du glaubst nicht, was da passiert ist!«

»Was ist denn passiert, Papa?«

»Es war gegen Ende. Sie spielten *Satisfaction*. Mick

schwitzend, mit freiem Oberkörper, eingehüllt in die amerikanische Flagge, Keith in schwarzen Jeans und diesem weißen, sehr tief ausgeschnittenen Tank-Top!«

Details, dachte Förster. Details sind wichtig, das hatte
auch Mensching im Schreibkurs immer wieder betont, Details machen eine Geschichte lebendig.

»Von der Decke kommen Ballons, es sieht toll aus. Und
da rennt dieser Typ über die Bühne. Ich weiß gar nicht, wo
der herkam, der war plötzlich da, ganz in Schwarz. Und was
macht Keith?«

»Keine Ahnung, erzähl's mir, Papa!«

»Keith nimmt seine Gitarre ab und geht damit auf den Typen los!«

»Aua.«

»Aber er erwischt den gar nicht richtig, also nicht am Kopf
oder so, der hält ja die Arme hoch und haut dann auch gleich
ab, einer von der Security hinterher. Und Keith? Was macht
Keith?«

»Bricht er das Konzert ab?«

»Der hängt sich die Gitarre um und spielt weiter! Das ist
Keith, das sind die Stones! Und bei dem Konzert habe ich
mir dieses Shirt gekauft. Ist noch gut in Schuss, oder? Hast
du Klamotten, die du seit acht Jahren trägst?«

»Vor acht Jahren war ich fünfzehn, Papa.«

»Susanne, guck mal, wer hier ist!«, rief der Vater und
schob Förster in die Küche, wo seine Mutter gerade dabei
war, schon mal ein paar Sachen abzuspülen, während ein el-
sässischer Flammkuchen vor sich hin buk.

»Was für eine Überraschung, Klaus! Unser Sohn! Nicht
zu fassen!«

»Sie ist wieder voll auf Sarkasmus«, sagte der Vater. »Es
gibt keine Frau, die so oft auf Sarkasmus ist wie deine Mutter! Ich liebe das!«

»Flammkuchen«, sagte Förster, während er seine Mutter umarmte und von ihr auf die Wange geküsst wurde. »Flammkuchen ist gut, hatten wir schon lange nicht mehr!«

»Es gibt noch keinen Federweißen«, sagte die Mutter, »aber ich hatte Lust auf Flammkuchen. Wir können ja Weißwein trinken. Oder Weißweinschorle.«

»Das ist das Neueste«, behauptete der Vater. »Alles muss jetzt Schorle sein. Weißweinschorle, wo gibt es denn so was!«

»Ist doch ein alter Hut«, sagte Förster. »Und sehr erfrischend. Man ist auch nach zwei Gläsern nicht gleich blau. Finde ich gut.«

»Entweder Wasser oder Wein, aber doch nicht beides!«

»Sollen wir erst mal deine Wäsche runterbringen?«, sagte die Mutter und machte sich gleich auf den Weg in den Keller. Förster folgte ihr. Die Tür, hinter der die Treppe nach unten führte, war im Eingangsbereich, direkt neben dem Tischchen, auf dem das grüne Telefon stand, das Förster so mochte.

Im Keller sah er ihr zu, wie sie seine Wäsche sortierte und zuerst die dunklen Sachen in die Trommel warf, wo sie einem Kurzprogramm unterzogen wurden, weil Förster nicht ganz so lange bleiben wollte, und seine Mutter das akzeptierte, sie hatte es aufgegeben, darauf hinzuweisen, dass das längere Waschprogramm bessere Ergebnisse erzielen würde. Nur bei Unterwäsche, da kannte sie kein Pardon, die musste auf sechzig Grad und richtig gründlich gewaschen werden, die holte er immer erst in der nächsten Woche wieder ab.

Der Keller des Bungalows war gerade so hoch, dass man noch aufrecht stehen konnte, sich aber auch nicht groß strecken musste, wollte man mit den Fingerspitzen die Decke berühren, was Förster jedes Mal tat, wenn er hier war, weil ihn der kindliche Stolz, dies nach einem endlos erscheinenden Wachstum endlich zu können, nie ganz verlassen hatte.

Und daneben zu stehen, während seine Mutter seine Wäsche machte, gab ihm wenigstens ein bisschen das Gefühl, es selbst zu tun, selbst zu waschen, selbst für sich zu sorgen, erwachsene Dinge zu tun, auch wenn man sich im Haus seiner Eltern wohl nie wirklich erwachsen fühlte.

»Dem Papa geht es gut«, sagte seine Mutter, während sie das Waschpulver einfüllte. »Das neulich, das war nur ein Aussetzer.« Sie spielte erst mit den Knöpfen ihres Sommerkleides, dann mit einer Strähne ihres langsam dünner werdenden, in sorgfältiger Nachlässigkeit hochgesteckten dunkelblonden Mutterhaars.

»Habe ich mir schon gedacht«, sagte Förster.

»Demnächst sehen wir uns ein Haus an«, wechselte seine Mutter das Thema.

»Das ist toll«, sagte Förster, weil es tatsächlich toll war. Seine Eltern suchten schon lange nach einem Haus in Südfrankreich, um dort ihre Sommer zu verbringen und vielleicht irgendwann ganz dorthin zu ziehen, was vor allem von seiner Mutter ausging, die Französischlehrerin war und allem Gallischen sehr zugetan, der Sprache, dem Essen, dem Wein, der ganzen *Lebensart*, ein Wort, das Förster immer nur kursiv denken konnte, weil ihm dazu stets ein anderes einfiel, nämlich *wohlfeil*. Er fand, *Lebensart* war ein verdammt *wohlfeiler* Ausdruck, mit dem man stets so demonstrativ einen guten Geschmack unter die Nase gerieben bekam, dass man am liebsten Rotz hochziehen und einen großen Gelben auf die Straße feuern wollte, um eine ganz andere *Lebensart* dagegenzusetzen, aber fairerweise musste er zugeben, dass seine Mutter da ganz anders war, ihr bedeutete das wirklich etwas, und sie ging damit auch nicht hausieren. Außerdem war das Wetter in Südfrankreich schon eine tolle Sache, und es könnte auch für Förster interessant sein, Zugriff auf ein Feriendomizil an der Côte d'Azur zu haben.

Seine Mutter nahm ihn an der Hand, als sie nach oben gingen, und er ließ es geschehen, wunderte sich nur wieder, dass sich dieses Gefühl für ihn nicht veränderte über die Jahre, ihre Hand fühlte sich noch genauso an wie vor sechzehn oder achtzehn Jahren, jung und zart und glatt, als sei sie seitdem keinen Tag gealtert.

Oben hatte der Vater bereits alles vorbereitet, denn er war ein moderner Mann, der kochen und eigenständig den Tisch decken konnte. Auch eine Flasche Weißwein hatte er schon entkorkt. Der Esstisch stand ungefähr dort, wo bis vor ein paar Jahren noch eine Wand die Küche vom Wohnzimmer getrennt hatte, aber die hatten seine Eltern wegnehmen lassen, um einen großen, hellen Bereich mit fließenden Übergängen zu schaffen. Die Bücherregale hier waren vor allem mit den französischen und deutschen Romanen gefüllt, die seine Mutter bevorzugte. Die Bücher seines Vaters – Fachbücher und amerikanische Romane – standen in seinem Arbeitszimmer. Eine Zusammenlegung ihrer Bibliotheken war nie ein Thema gewesen. Die Küche war früher ein dunkles Loch gewesen, weil es dort nur zwei hoch angebrachte, schmale Luken gegeben hatte, heute aber kam das Licht durch die bodentiefen Fenster im Wohnzimmer und durch die Schiebetür, die in den Garten führte.

»Hat Mama dir von dem Haus erzählt, das wir uns ansehen wollen?«

»Hat sie.«

»Ist in der Nähe von Villefranche-sur-mer«, sagte sein Vater in einem Ton, als müsste da bei Förster irgendwas klingeln. Als er auch noch ein Auge zukniff, fragte Förster dann doch mal nach.

»Ach nichts«, sagte der Vater, musste aber grinsen.

»Seine *Jungs*«, seufzte die Mutter so kursiv wie Förster *Lebensart* und *wohlfeil* dachte, und was da um ihre Lippen herumspielte war kein Grinsen, sondern ein zauberhaftes Lächeln. Jedenfalls so weit man das Lächeln der eigenen Mutter als zauberhaft bezeichnen darf, dachte Förster.

»Na ja«, sagte sein Vater und wiegte den Kopf hin und her, »es spricht nicht gerade gegen dieses Haus, dass die Villa Nellcôte nicht weit entfernt ist und damit diese Gegend eine Aura hat, die mir ganz gut gefällt.« Die Villa Nellcôte, wo die Rolling Stones Anfang der Siebziger eine Zeit lang gelebt und große Teile von *Exile on Main Street* aufgenommen hatten.

»Im Herbst soll ein neues Album kommen«, sagte der Vater. »Wird auch Zeit. *Dirty Work* ist ja nun auch schon wieder drei Jahre her. War schon 'ne gute Platte, aber die bunten Klamotten auf dem Cover, die hätten sie sich sparen können.«

Während er sprach, füllte der Vater die drei Gläser auf dem Tisch bis zur Hälfte mit Weißwein, ging dann an den Kühlschrank, holte Mineralwasser und füllte sie damit auf.

»Weißweinschorle«, sagte er todernst. »Der neueste Schrei, deine Mutter liebt es. Ist so verdammt erfrischend, und man ist nach zwei Gläsern nicht gleich blau.«

Der hat seine Momente, der Klaus, dachte Förster.

Das erste Glas tranken sie sehr schnell, bekamen rote Wangen und lachten viel. Der Flammkuchen kam auf den Tisch, und seine Eltern fragten Förster nach seinem Studium, und er erstattete bereitwillig Bericht. Sein Vater gab Kommentare zu Försters Dozenten ab, speziell zu Professor Mutter, bei dem Förster irgendwann seine Prüfung machen wollte, und den sein Vater für fachlich hochkompetent hielt, aber sozial für einen kompletten Versager, was Förster auch schon bemerkt hatte, denn Mutter war keiner, mit dem man mal eben locker plauderte, wenn man mit ihm im Fahrstuhl stand. Zwar fragte er jedes Mal, wie es denn gehe, aber egal, was man sagte, er antwortete immer: »Das ist aber schön«, sodass man am besten immer »Danke, gut« sagte, um nicht in eine so peinliche Situation zu geraten wie die Kommilitonin, die auf Mutters Frage mal zurückgegeben hatte, dass ihr Vater gerade an Krebs gestorben sei.

Förster hatte noch zwei Hausarbeiten zu schreiben. Sein Vater bot wie üblich seine Hilfe an, aber Förster lehnte wie üblich ab. Das hätte ihm noch gefehlt! So was kam ja immer raus, und dann stand er da wie einer, der es nur mithilfe seines Professorenpapas schaffte, wobei sein Vater zwar habilitiert war, aber keinen Lehrstuhl innehatte, weshalb er sich nur Privatdozent nennen durfte (»schimpfen durfte«, wie der Vater selber sagte). Das schmerzte ihn nach wie vor und würzte seine Stellungnahmen zu international anerkannten Koryphäen wie Mutter immer mit einer Prise Neid. Das war Förster ein wenig unangenehm, andererseits konnte er seinen Vater auch verstehen.

Nach dem Essen ging Förster in den Keller, packte die dunkle Wäsche in seine Tasche und warf die Buntwäsche in die Maschine. Trocknen würde das alles später bei ihm zu Hause. Dann setzte er sich noch ein wenig mit seinen Eltern in den Garten.

»Wir brauchen hier draußen einen Tisch, Susanne!«, sagte der Vater. »Wir brauchen unbedingt wieder einen Tisch hier draußen, damit wir auf der Terrasse essen können!«

»Du wolltest einen besorgen«, sagte Försters Mutter. »Du wolltest das Unkraut in den Fugen zwischen den Waschbetonplatten wegmachen und dann in den Baumarkt fahren und einen neuen Tisch kaufen, letzte Woche erst.«

»Ja, ja, aber dann war wieder was«, sagte der Vater. »Irgendwas war da, irgendein Stress in der Fakultät. Ist doch immer irgendwas.«

»Was ist denn mit dem alten Tisch passiert?«, wollte Förster wissen.

»Ein kleines Unglück mit einer Kettensäge«, sagte seine Mutter.

»Kettensäge? Wieso Kettensäge?«

»Dein Vater hat sich eine Kettensäge geliehen, weil er die Bäume und Sträucher da hinten stutzen wollte, aber dann ist er mit dem laufenden Ding über die Terrasse gerannt, weil er irgendeinen Film nachspielen wollte, und dabei war der Tisch im Weg.«

»Einen Film nachspielen?«

»Ich mache da im nächsten Semester so ein interdisziplinäres Seminar mit den Toffifees, *Geschichte des amerikanischen Films im zwanzigsten Jahrhundert,* und da geht es auch um Horrorstreifen, vor allem um *Texas Chainsaw Massacre.*«

»Und den wolltest du nachspielen? Mit Mama?«

»Ist doch nichts passiert.«

»Na ja, dem Tisch schon«, gab Försters Mutter zu bedenken.

»Ach hör auf!«, sagte der Vater lachend. »Ich hole mir noch ein bisschen Weißweinschorle. Ist echt unheimlich erfrischend.«

22 WG

Brocki stand im Türrahmen, als Förster die Treppe hochkam, und hinter ihm waberte ein Soundbrei aus Toto und den Pixies. Toto, das kam aus Brockis Zimmer, die Pixies dröhnten aus dem komplett orange gestrichenen Zimmer seines Mitbewohners Gerd. Förster hatte sich immer gefragt, wie man die Wände orange streichen konnte, da wurde man doch blöd, da sah man sich doch irgendwann satt dran, außerdem war es so grell, dass es bestimmt im Dunkeln leuchtete, da konnte doch nachts kein Mensch schlafen! Und was die Pixies anging, fragte sich Förster, ob es wirklich ein Zufall war, dass Brocki mit einem zusammenwohnte, der den gleichen Musikgeschmack hatte wie Fränge. *Rosanna* und *Break my Body,* das passte ja schon fast wieder, also auf der Textebene jedenfalls, vor allem aber wurde Förster mal wieder klar, dass das Thema WG für ihn als Einzelkind nicht infrage kam. Ständig jemand anderen um sich herum zu haben, das konnte er sich nicht vorstellen, dazu diese ewigen Diskussionen über den Abwasch und die Toilette und das Einkaufen.

»Ich habe Berliner mitgebracht«, sagte Förster.

»Du, ich versuche gerade, ein bisschen abzunehmen«, antwortete Brocki. »Was hast du denn da in der Tasche?«

»Ich war bei meinen Eltern, Wäsche waschen.«

»Ist die noch nass? Die musst du aufhängen! Das fault

doch! Nasse Wäsche sollte man nicht tagelang in einer Tasche mit sich herumtragen, die fault da drin!«

»Wer spricht denn von tagelang? Zu Hause hänge ich die auf, ist doch klar. Und was ist das eigentlich für ein Krach hier, das hält ja keiner aus!«

»Der Krach kommt von Gerd, von mir kommt Musik«, sagte Brocki und brüllte dann in Richtung von Gerds Zimmer: »Herrgott, mach mal leiser!«

»Der hört nichts«, sagte Förster und folgte Brocki in die Küche, die ganz normal aussah, weil es Brocki offenbar gelungen war, dem Gestaltungswillen seines Mitbewohners Einhalt zu gebieten. Brocki hatte Kaffee gekocht und stellte zwei Tassen auf den Tisch. Dann regte er sich darüber auf, dass Gerd wieder seinen Teestrumpf in der Spüle hatte liegen lassen.

»Nichts gegen Tee, aber wenn diese Socke den ganzen Tag da liegt, sieht das unmöglich aus. Herrgott, Gerd, jetzt mach doch mal leiser!« Weil das nicht passierte, ging er wenigstens in sein eigenes Zimmer und machte Toto aus. Kurz darauf war auch Gerd mit den Pixies fertig, kam in die Küche, rief hocherfreut »Ah, Berliner!«, nahm sich einen und biss hinein. Er war etwas größer als Förster und trug einen roten Arbeitsoverall. Einen roten Blaumann, dachte Förster, auch schön, so als Wortkombination.

»Die waren für mich, du Affe!«, rief Brocki empört.

»Du wolltest doch sowieso keinen«, sagte Förster.

»Darum geht es doch gar nicht!«

»Die sind gut!«, sagte Gerd. »Wo hast du die her?«

»Von der Bäckerei am Bahnhof.«

»Die sind gut«, wiederholte Gerd, leckte sich den Zucker aus den Mundwinkeln und drang bei seinem nächsten Biss zum Marmeladenkern des Berliners vor. »Haben wir Milch?«

»Natürlich haben wir Milch!«, entgegnete Brocki. »Weil

ich gestern einkaufen war. Ich kriege noch zehn Mark von dir!«

»Wenn ich Berliner esse, brauche ich immer ein Glas Milch dazu«, sagte Gerd und nahm erst ein Glas aus dem Hängeschrank links von ihm und dann die Packung Milch aus dem Kühlschrank, wobei er den Berliner mit den Zähnen festhielt. Sein durch die Nase austretender Atem ließ kleine Zuckerwolken aufwirbeln. Er goss sich Milch ein, legte den Berliner auf den Tisch, an dem Förster und Brocki auf den beiden einzigen Stühlen saßen, und stellte die Milch daneben.

»Guckt euch das an!«, sagte er. »Schönes Bild, oder?«

»Nimm dir doch einen Teller!«, mahnte Brocki. »Der Berliner versaut doch den ganzen Tisch!«

»Das sieht toll aus!«, sagte Gerd. »Wartet mal einen Moment!«

Er verschwand in sein Zimmer und kam mit einer Spiegelreflexkamera zurück.

»Tolles Stillleben«, sagte er und fotografierte die Milch und den Berliner aus allen möglichen Perspektiven. »Bisschen dunkel, aber das gibt schöne Bilder, sage ich euch.«

Er legte die Kamera auf den Tisch, biss wieder in den Berliner und nahm einen Schluck Milch. »Berliner und Milch!«, schwärmte er. »Gibt nichts Besseres! Wie bei Mama! Ich muss los, auf Schicht.«

»Tapetenhalle?«, fragte Förster.

»Logo.«

»Dann sehen wir uns am Dienstag. Ich gucke mir das Stück da an. Mit 'ner Bekannten.«

»Was für eine Bekannte?«, fragte Brocki. »Muss ich da was wissen?«

»Nee.«

»Cool«, sagte Gerd.

»Das Stück?«, fragte Förster.

»Geht so.«

»Und was ist dann cool?«, wollte Brocki wissen.

»Dass ich Förster am Dienstag sehe.«

»Wieso ist das cool?«

»Wieso nicht?«

»Ist nicht so gut, das Stück?«, fragte Förster.

»Geht so«, sagte Brocki.

»Hast du das gesehen?«

»Nee.«

»Woher weißt du, dass es nur geht so ist?«

»Hat Gerd doch gesagt.«

»Ist auch so«, sagte Gerd.

»Die Beate kennt den Typen, der das gemacht hat«, sagte Förster.

»Also Beate?«, fragte Brocki. »Beate ist die Bekannte, mit der du da hingehst? Mach da bloß keinen falschen Fehler, Förster, du weißt doch, was Fränge in Berlin gesagt hat!«

»Der Norbert hatte mit dem Stück ursprünglich gar nichts zu tun«, sagte Gerd. »Aber der Dings, der, wie heißt er noch, Arne oder Arndt oder so, der ist damit als Regisseur nicht klargekommen, aber es war schon angekündigt, und dann hat der Norbert das übernommen. Deshalb ist es so geht so. Also, wenn der Norbert das von Anfang an gemacht hätte, dann wäre es wahrscheinlich ziemlich cool geworden, aber da hätte er auch andere Schauspieler geholt. Der Arne oder Arndt oder wie der heißt, der hat diese Dings, diese Hilke oder so, die kommt ja irgendwo aus Norddeutschland, deshalb der komische Name, jedenfalls hat er die genommen, weil er in sie verknallt ist, aber die ist eben auch nicht besonders gut, und dann ist das nichts geworden mit denen, und der Arne oder Arndt ist heulend von der Probe weggelaufen, eine Woche vor der Premiere! Heulend, ich meine, das ist ja schon mal voll peinlich, und dann ist der einfach nicht mehr aufgetaucht, im Gegenteil, abgetaucht ist der, und zwar komplett, wir wissen bis heute nicht, wo der ist, und dann hat der Norbert das übernommen, deshalb ist es so geht so. Aber ich muss los.«

Als Gerd weg war, fragte Brocki noch mal nach Beate.

»Mach dir mal keine Sorgen, ich will nichts von der. Das ist was Berufliches.«

»Ja, ja, was Berufliches! Welcher Beruf überhaupt?«

»Sag mir lieber, wieso du auf einmal abnehmen willst!«

»Man muss ein bisschen auf sich achten, wir werden alle nicht jünger.«

»Aber auch nicht älter, Brocki, jetzt noch nicht.«

»Wehret den Anfängen, sage ich.«

»Da steckt doch noch was anderes dahinter!«

»Ich reiße mich einfach ein bisschen zusammen.«

»Nee, nee, da ist noch was anderes«, sagte Förster, der allerdings zugeben musste, dass Brocki, der ein eher rundliches Gesicht hatte, wodurch er immer etwas fülliger wirkte, als er tatsächlich war, in den letzten Wochen etwas zugelegt hatte.

»Mensch, Förster, das kannst du dir doch denken.«

»Nee, kann ich nicht.«

»Silke.«

»Ach so. Hätte ich mir denken können.«

»Ich habe jetzt einen Plan. Am Anfang des neuen Semesters frage ich sie, ob sie mit mir ins Kino geht. Bis dahin arbeite ich noch ein bisschen an mir.«

»Guter Plan«, sagte Förster, »beziehungsweise, es ist gut, dass du überhaupt einen Plan hast.«

»In dieser ganzen Angelegenheit muss ich mir nicht ausgerechnet von dir was erzählen lassen!«

»Aua«, sagte Förster und grinste, obwohl ihm diese Bemerkung schon ein bisschen zusetzte.

Dann gingen sie Brockis Seminararbeit über Sten Nadol-
nys *Entdeckung der Langsamkeit* durch, die Förster Korrek-
tur gelesen hatte. Zwischendrin musste Brocki auf die Toilette, und als er zurückkam, war er stinksauer, weil Gerd mal
wieder die Klobürste nicht benutzt hatte, und überhaupt, so
wie das Klo aussehe, wenn der drauf gewesen sei, müsse der
dringend mal zum Arzt, das könne nicht gesund sein, und
Förster dachte: WG, das ist nichts für mich.

23 Midnight Run

Robert de Niro brüllte gerade in einen Hörer, während Charles Grodin in Handschellen danebenstand, als Försters Telefon klingelte. Er drückte auf Pause, de Niro hielt in der Bewegung inne, Förster nahm ab.

»Wieso bist du zu Hause? Wieso bist du nicht unterwegs und machst die Gemeinde unsicher?«

»Sonntagabend ist jetzt nicht so die Partyzeit, Fränge.«

»Sonntagabend hockt man in der Kneipe und bekämpft den Kater von Samstagnacht mit ein paar Konterbieren, und zwar de luxe!«

»Dafür hätte ich gestern erst mal saufen müssen.«

»Du wirst alt, Roland!«

»Nenn mich nicht Roland!«

»Was machst du gerade?«

»Fernsehen.«

»Das bringt doch nichts, Förster! Lies lieber ein Buch!«

»Das habe ich davor gemacht. Und vorm Einschlafen lese ich auch wieder.«

»Das ist gut, Förster, Lesen macht schlau.«

»Ich dachte, ich bin schon schlau.«

»Wer das denkt, ist es meistens nicht.«

»Und wer denkt, dass die anderen es nicht sind, er aber schon?«

»Hä? Wird mir jetzt zu kompliziert. Was siehst du dir an?«

»*Midnight Run.*«

»Gut gemachter Thriller. De Niro und Grodin voll überzeugend, straffes Tempo. Am Ende aber doch nur Unterhaltung. Ich war gestern in einer langen Jim-Jarmusch-Filmnacht.«

»Drei Filme. So lang kann die Nacht nicht gewesen sein.«

»Als ich wieder raus war, kam mir die Welt so unerträglich bunt vor.«

»Mit wem warst du unterwegs?«

»Mit Marta natürlich. Und mit Marissa. Die lässt schön grüßen.«

»Ihr wart zu dritt unterwegs? Das ist doch immer blöd, wenn man zu dritt unterwegs ist. Einer ist dann immer das fünfte Rad am Wagen.«

»Drei Menschen, fünf Räder. In der Analogie stimmt doch was nicht.«

»Ist auch keine Analogie, mehr eine Metapher.«

»Jawoll, Herr Reichsschriftleiter! Schade, dass du nicht hören kannst, wie ich die Hacken zusammenschlage.«

»Ich gebe die Eingangsfrage mal zurück«, sagte Förster. »Wieso bist du zu Hause? Ich denke, am Sonntagabend bekämpft man in einer Kneipe den Kater von Samstagnacht?«

»Nur Amateure sind verkatert«, behauptete Fränge. »Außerdem mache ich bloß Pause. Ich war drüben bei Rosa, und später nehme ich noch einen Absacker bei Marta.«

»Und dann legst du die auch noch flach, oder was? Zwei an einem Tag, Fränge?«

»Du klingst schon wie Brocki, der Moralapostel. Und wieso müsst ihr immer alles auf das Sexuelle reduzieren? Ich mache hier eine systemübergreifende, also letztlich transzendente Erfahrung. Das ist ein Liebesexperiment, das am Ende uns allen nützt. Ich opfere mich auf im Namen der Liebe, Förster, so kann man das auch mal sehen!«

Ja, dachte Förster, ich würde mich auch gerne mal wieder aufopfern. Er starrte auf den Wäscheständer, auf dem seine T-Shirts trockneten.

»Weißt du«, machte Fränge weiter, »viele Dinge im Leben können einem hier und da und auch zu anderen Zeiten passieren, aber das mit Rosa und Marta und mir, das kann nur hier und jetzt passieren, in dieser geilen, eingemauerten Stadt! Neulich hat mich die Marta aus dem *Orkus* abgeholt, ich hatte Spätschicht, ich sage dir, das war ein Abend!«

Orkus war die Kneipe, in der Fränge zwei-, dreimal die Woche hinterm Tresen stand und in der laut Fränge ständig unglaubliche Dinge passierten und die kaputtesten Typen der Stadt herumlungerten. Förster ging davon aus, dass die meisten dieser Geschichten erfunden waren, aber sie waren in der Regel auch ziemlich gut, und er war längst dazu übergegangen, alles zu notieren, weil man ja nie wusste, was man damit mal anfangen konnte.

»Jedenfalls holt Marta mich ab, und wir gehen an der Mauer entlang zur U-Bahn, und es war so eine warme Sommernacht, und irgendwann fangen wir an herumzuknutschen. Sie drückt mich gegen die Mauer, also knutschen wir praktisch drüben, denn das Staatsgebiet der DDR fängt ja schon ein, zwei Meter vor der Mauer an. Jedenfalls, wir stehen da und machen rum, ich mit dem Rücken zur Mauer, also mit dem Rücken zur Wand, witzig, oder? Und ich denke so, nein, ich denke nicht nur, ich stelle mir auch vor, dass direkt hinter der Mauer die Rosa steht und auch mit mir rummacht. Was sagst du dazu? Ist das nicht eine geile Geschichte?«

»Nein«, sagte Förster, »das ist keine geile Geschichte, sondern nur ein Beleg dafür, dass bei dir was nicht stimmt.«

»Reg dich nicht so auf, Mann! Es wird doch niemand geschädigt, weder Rosa noch Marta. Und das Perfekte ist ja, dass keine von beiden es herausfinden kann. Ich meine, sie können sich ja nicht gerade zufällig über den Weg laufen! Und wenn diese Möglichkeit völlig ausgeschlossen ist, dann ist es, als würde es gar nicht passieren, und wir alle verbleiben im Stande der Unschuld! Ich mag diese Mauer, ehrlich!«

»Was ist denn, wenn Marta sagt, sie will mal mit dir rüberfahren, wenn du da die Campingkocher und Mathefachbücher holst? Einfach, um sich da mal umzusehen?«

»Ach, die hat doch gar keine Zeit. Außerdem ist ihr der Osten unheimlich, sagt sie. Die hat überhaupt kein Interesse daran, mit rüberzukommen. Und wenn, dann fällt mir schon was ein. Aber mal was anderes: Habe ich dir die neueste Geschichte aus dem *Orkus* erzählt?«

»Lenk doch jetzt nicht ab!«

»Das führt doch alles zu nichts! Du argumentierst moralisch und ich romantisch, das passt sowieso nicht.«

»Ich dachte, Romantiker sind Moralisten«, gab Förster zu bedenken.

»Moralisten sind Romantiker«, behauptete Fränge. »Nur umgekehrt stimmt das nicht. Romantiker sind Radikale. Aber ich wollte dir diese Story erzählen. Letzte Woche kommt so ein Winzling rein, also ehrlich, kaum einsfünfzig, wenn du mich fragst, na ja, vielleicht einssechzig, auf jeden Fall klein, nimmt den letzten Hocker, bestellt ein Bier, und als ich ihm das hinstelle, nimmt er eine Knarre aus dem Hosenbund und legt sie auf den Tresen, einfach so.«

»Und was hast du gemacht?«

»Ich hab ihn überwältigt, Handschellen angelegt und die Bullen gerufen. Blödsinn, was soll ich machen? Ich habe ihn im Auge behalten und ihn sein Bier trinken lassen.«

»Und die anderen Gäste?«

»Haben sich die Knarre angesehen und weiter gesoffen. Die meisten da wundern sich schon lange über nichts mehr. Haben sich höchstens gedacht, dass es ja auch unbequem wäre, auf einem Hocker zu sitzen, während man eine Knarre im Hosenbund hat.«

»Was war das für eine Waffe?«

»Keine Ahnung, Förster! Eine mit Griff und Lauf und Kugel drin, nehme ich an.«

»Details sind wichtig für eine Geschichte, Fränge!«

»Wichtig ist, dass der mich nicht übern Haufen geschossen hat. Der hat sein Bier ausgetrunken, gutes Trinkgeld gegeben und ist wieder abgehauen. Kann gerne wiederkommen. Aber warum erzähle ich dir das, Förster?«

»Keine Ahnung.«

»Was wird mal aus dir, hast du da mal drüber nachgedacht?«

»Ständig, Fränge. Ich will irgendwas machen, bei dem ich eine Lederjacke tragen kann.«

»Wie kommst du denn jetzt darauf?«

»Ich starre auf ein Standbild von Robert de Niro in einer Lederjacke und finde, er sieht verdammt cool aus.«

»Du lenkst ab, mein Freund. Ich habe dir die Geschichte mit dem Winzling und der Knarre erzählt, weil ich mir Sorgen um dich mache.«

»Meinst du, ich sitze auch irgendwann in einer Kneipe und lege eine Knarre auf den Tresen?«

»Ich meine, du hockst da tief im Westen kurz vor Holland und versauerst. Bei euch passiert doch nichts, da stirbt doch alles, mach dir nichts vor! Und das Einzige, was allen immer einfällt, ist, darüber zu jammern, dass alles den Bach runtergeht. Kohle und Stahl, dieser ganze Scheiß, die Männergesangsvereine und das alles, damit muss doch irgendwann mal Schluss sein!«

»Was hat das denn jetzt mit Rosa und dir zu tun?«

»Alles und nichts, Förster. Alles hängt mit allem zusammen oder mit gar nichts, das ist doch völlig klar.«

»Bist du besoffen, Fränge?«

»Spielt das eine Rolle?«

»Am Dienstag treffe ich mich übrigens mit der Beate.«

Fränge atmete hörbar aus. »Ich habe dir doch gesagt, dass du aufpassen musst, die ist nicht ohne, die Beate. Nur was für Fortgeschrittene. Am Freitag ist die Eröffnung vom *Café Lisboa*. Komm doch her und guck mal, was mit der Marissa möglich ist.«

»Was soll da möglich sein, Fränge?«

»Alles, was du dir vorstellen kannst, ist auch möglich. Hängt von dir ab.«

»So einfach ist das nicht.«

»Förster, ich sage nicht, dass etwas einfach ist. Nur, dass es möglich ist. Außerdem: Was willst du mit meiner Abgelegten? Such dir doch was Eigenes!«

Förster lachte. »Wer hat denn damals wen abgelegt?«

»Ich gebe zu, darüber gehen die Meinungen auseinander. Aber noch mal zum Charakter eurer Verabredung: Wo trefft ihr euch denn? Ich meine, geht ihr nett essen bei Wein und Kerzenlicht, oder zieht ihr euch bei Dönninghaus 'ne Currywurst rein und lasst euch dann vorm *Mandra* volllaufen?«

»Weder noch. Wir treffen uns im *Ahorn-Eck,* und dann gehen wir in die *Tapetenhalle* und sehen uns ein Theaterstück an.«

»*Ahorn-Eck*? Wieso denn ins *Ahorn-Eck*? Da sind wir doch schon vor Jahren hingegangen! Ist doch langweilig, immer nur in die alten Kneipen zu gehen. Gibt es denn bei euch keine neuen Läden?«

Förster seufzte. »Du warst es doch, der damals mit dem *Ahorn-Eck* überhaupt angefangen hat!«

»Ich war aber auch der Erste, der damit aufgehört hat«, gab Fränge zu bedenken.

»Weil du nach Berlin gegangen bist, um dich vor dem Bund zu verstecken. Obwohl das gar nicht nötig gewesen wäre, weil du nämlich, wie mittlerweile jeder weiß, untauglich bist!«

»Wieso weiß das jeder? Erzählst du das rum, oder was?«

»Ich habe gar nichts erzählt, und der Brocki auch nicht, falls du jetzt damit ankommen möchtest. Du hast es selber genug Leuten erzählt, dass es sich rumsprechen konnte.«

»Ist ja auch egal«, würgte Fränge dieses Thema ab. »Irgendwie ist *Ahorn-Eck* auch wieder gut, weil das alles und nichts heißen kann. Also, da kann hinterher noch was laufen, muss aber nicht. War das deine Idee?«

»Nee, die von Beate.«

»Ja, die ist clever. Und wenn ich so darüber nachdenke, ist sie vielleicht genau das, was du brauchst. Eine ältere Frau, die dir deine Grenzen aufzeigt, damit du merkst, wo du stehst, und dann kommst du nach Berlin und änderst dein Leben.«

»Das ist die falsche Reihenfolge, Fränge. Wenn ich nach Berlin käme, also ganz und nicht nur zu Besuch, dann hätte ich mein Leben ja schon geändert, spätestens in dem Moment, in dem ich meine Wohnung hier gekündigt hätte.«

»Ja, das wäre auch mal nötig«, sagte Fränge, »deine Wohnung kündigen, meine ich. Im Winter riecht es doch nur nach dieser Gasheizung, da kriegst du bloß wieder Kopfschmerzen! Seit Jahren kriegst du da Kopfschmerzen und jammerst uns die ganze Zeit die Ohren voll! Wir sehen uns dann am Freitag, ist das klar?«

Förster zögerte. »Mal sehen.«

»Nix mal sehen, du kommst am Freitag nach Berlin, und dann sehen wir weiter.«

»Ich sehe erst mal *Midnight Run* weiter.«

»Und dann liest du ein Buch, Förster. Lesen ist besser,

glaub mir. Auch wenn der Film cool ist, da kann man nicht meckern.«

Nachdem sie aufgelegt hatten, betrachtete Förster noch eine Weile das Standbild in seinem Fernseher, de Niro eingefroren in einer Telefonzelle, Grodin davor. Wäre das die Sesamstraße, könnte man mit diesem Bild wunderbar den Unterschied zwischen drinnen und draußen erklären, dachte Förster und drückte auf *Play*.

24 Low Budget

Drei Tische weiter nieste jemand, und zwar so übertrieben, dass die anderen Gäste lachten, nur Förster nicht, der bei so einem fast aus einem ganzen Satz mit Subjekt, Prädikat und Objekt bestehenden Niesen den Verdacht nicht loswurde, dass der Niesende eine Show abzog. Kann mir doch keiner erzählen, dachte Förster, dass man nicht auch dezenter niesen kann, jedenfalls in der Öffentlichkeit! Außerdem war Sommer, wer war denn da erkältet? Förster hatte schon oft von der Sommergrippe gehört, aber wie zog man sich die denn bitteschön zu? Verdunstungskälte zum Beispiel, hatte Brocki mal gesagt, und auf Försters Frage, was das denn nun wieder sein sollte, hatte er zu Protokoll gegeben, dass es heiß sein könne, wie es wolle, aber kippe man sich Wasser über den Kopf und laufe damit herum, entstehe bei der Verdunstung eine Kälte, die einen krank machen könne. Förster hatte das ins Reich der Legende verwiesen, einfach nur, weil er hatte widersprechen wollen, denn selbst ihm ging Brocki mit seiner ewigen Klugscheißerei manchmal auf die Nerven, wobei man sich fragen musste, ob es noch Klugscheißerei war, wenn der andere es wirklich besser wusste, aber egal, wie man es nannte, man konnte sein Besserwissen ja auch mal für sich behalten.

Hätte er eine Uhr gehabt, hätte er draufgeguckt, so konnte er nur schätzen, dass Beate mittlerweile seit bestimmt zehn

Minuten auf der Toilette war. Ihr Bier drohte schal zu werden. Draußen gab es nur große, also halbe Liter, und da die Gläser offenbar mit Spülmittel gereinigt wurden, hatten die Biere schon im frisch gezapften Zustand so gut wie keinen Schaum. Deshalb wurde ja auch bei den Profis, also in den alten Eckkneipen nur mit klarem Wasser gereinigt. Das Bier von Beate wirkte auf Förster mittlerweile wie eine Urinprobe. Sein eigenes schüttelte er immer ein bisschen, damit wenigstens die Illusion von Schaum aufkam. Das Auge trinkt ja mit, dachte er.

Kann natürlich auch sein, dachte Förster, dass der Nieser gegen irgendwas allergisch war, musste ja nicht zwingend diese mystische Sommergrippe sein. Man saß hier unter Bäumen, Förster wusste nur nicht, unter was für welchen, in Bio war er immer schlecht gewesen, aber kurz darauf fiel bei ihm der Groschen, das konnten nur Ahorn-Bäume sein, sonst wäre der Name der Kneipe Blödsinn, und tatsächlich, dachte er, wenn man sich die Blätter ansah, musste man an die kanadische Flagge denken, nur eben mit einem grünen statt einem roten Blatt.

Das *Ahorn-Eck* lag auf einem dreieckigen Grundstück, an dessen Spitze die Diekamp- auf die Rottstraße traf, und war früher eine ganz normale Eckkneipe gewesen, wie es sie in großer Zahl in jedem Stadtteil gegeben hatte, die alle ganze Jahrzehnte nicht nur hatten überleben, sondern regelrecht florieren können, obwohl sie manchmal keine hundert Meter voneinander entfernt waren. Zechensterben bedeutete auch Kneipensterben, das Stahlwerksterben kam hinzu, außerdem eine Sache, auf die sein Vater ihn mal aufmerksam gemacht hatte, Stichwort historische Konsumforschung: In den Sechzigern war der Umsatz von Fassbier erstmals spürbar zurückgegangen und der von Flaschenbier deutlich angestiegen. Grund war die Tatsache, dass immer mehr Leute einen Fernseher zu Hause hatten und lieber vor der Glotze soffen als am Tresen. Förster kannte das alles nur aus Erzählungen, seine Eltern tranken Wein, sein Vater vielleicht mal ein Weißbier, und auch diese alten Kneipen kannte Förster nur, weil Fränge und Brocki ihn früher manchmal in die Vereinswirtschaft einer Kleingartenanlage mitgeschleppt hatten, wo man ihre beiden Väter mit anderen am Tisch hatte sitzen sehen, wie sie mit ernsten Gesichtern Würfelbecher auf die karierte Decke knallten, um dann Bierdeckel von hier nach da zu schieben, bis einer eine Runde bestellen musste, weil er verloren hatte. Förster hatte sich immer gefragt, wieso sein eigener Vater nicht dabei war, das sah gemütlich aus, auch wenn keiner der Anwesenden den Eindruck machte, wirklich Spaß zu haben.

Vielleicht hatte Beate das gemeint, als sie vorhin von einer untergehenden Welt gesprochen hatte, die man zeigen müsse, solange noch etwas von ihr da sei. Darum solle es in dem Film gehen, den sie machen wolle. Präziser war sie nicht geworden. Förster hatte eine Idee, die passte entweder gar nicht oder hob das Ganze auf eine allgemeinere Ebene, er war sich da selber nicht so sicher.

Jetzt endlich kam Beate wieder aus der Kneipe, setzte sich zu Förster, ohne zu erklären, was sie so lange getrieben hatte, und sagte: »Wo waren wir stehen geblieben?«

Förster antwortete: »Ich hatte gerade gesagt, ich finde es toll, dass du bei dieser Sache an mich gedacht hast.«

Beate steckte sich eine Zigarette an und blies den Rauch in die Blätter der Ahornbäume über ihnen. Sie trug eine schwarze Lederjacke und darunter ein weißes T-Shirt, das sie sich in die Jeans gesteckt hatte, was, wie Förster schon bei der Begrüßung festgestellt hatte, ihre Brüste betonte. Innerlich hatte er geseufzt und sich gefragt, wieso ihm das auffiel, schließlich war da in Berlin doch die Rosa, an die er ständig denken musste. Und Marissa nicht zu vergessen. Das war doch schon alles verwirrend genug.

»Hat mir gefallen, was du im Seminar beim Mensching geschrieben hast.«

»Ja, also, wie gesagt, danke. Und ich habe da auch was. Eine Liebesgeschichte. Und zwar Ost-West. Er kommt aus dem Westen, sie aus dem Osten. Also sie kommt nicht aus dem Osten, sondern sie lebt da. Und er muss immer rüber, um sie zu treffen. Er muss sich was einfallen lassen, wie er den Zwangsumtausch wieder reinkriegt, das sind ja immer fünfundzwanzig Mark, die da weg sind. Also kauft er drüben Sachen, die er hier vertickt, so finanziert er das. Ihm gefällt das überhaupt ganz gut, dass er da wieder wegkann, sie aber nicht. Alles läuft zu seinen Bedingungen.«

»Und dann?«

»Wie, und dann?«

»Na ja, was passiert? Da muss doch was passieren, da muss ein Konflikt sein und eine Entwicklung.«

»Ist ja bisher nur so eine Grundidee.«

Beate schüttelte den Kopf. »Ich weiß nicht, Förster. Ost-West, das ist doch gar kein Thema. Ich will was über hier machen. Also über die Leute hier. Ich komme von der Schwäbischen Alb, und als man mir den Studienplatz hier zugewiesen hat, dachte ich, ach du Scheiße, was soll ich denn da! Und dann habe ich gemerkt, dass es hier ziemlich cool ist. Ich meine, was hier gerade alles den Bach runtergeht! Vor dreißig Jahren hing hier noch alles an der Kohle, und jetzt verschwindet das immer mehr. Das muss doch Geschichten ohne Ende liefern! Die Kämpfe um Rheinhausen, die Streiks, die Armut, die Prolls! Das ist doch super! Da will ich was drüber machen. Das sind die Geschichten, die man erzählen muss. So ganz down to earth, wie *Die Abfahrer*. Kennst du doch, oder?«

»Ja sicher kenne ich *Die Abfahrer*. Obwohl für mich *Jede Menge Kohle* wichtiger war. Als *Die Abfahrer* rauskam, war ich zwölf, da war ich noch zu jung. Bei *Jede Menge Kohle* war ich schon fünfzehn, das hat mich voll erwischt. Und dann noch die Theo-Filme. Und *Die Heartbreakers*.«

»Ja, alles geil, aber ich will so was wie *Die Abfahrer* machen, Low Budget. Klar, ich habe sowieso kein Geld, aber es ist auch eine künstlerische Entscheidung, eine Entscheidung für das Einfache, das Nicht-Perfekte. Weißt du, die ganzen scheiß Achtziger waren doch so geleckt und neon und so, jedenfalls in den Filmen und den Zeitschriften, aber erzähl das mal den Leuten, die jetzt hier reihenweise ihre Jobs verlieren!«

»Ich weiß, was du meinst.« Försters Blick ging noch mal nach oben, zu den Ahornblättern. So ganz genau wusste er nicht, was Beate meinte. Er bekam das alles mit, wovon sie redete, aber es war für ihn kein großes Thema. Nicht mal für Fränge und Brocki, die durch ihre Familien näher dran waren. Brockis Vater war Stahlarbeiter gewesen, jetzt aber schon Rentner, der hatte spät angefangen mit dem Kindermachen und dann erst mal zwei andere Söhne in die Welt gesetzt, bevor als Nachzügler Brocki dazugekommen war. Vater Brock war nicht arbeitslos geworden, sondern einfach in Rente gegangen. Und Brocki hatte mal erzählt, dass ihm das Gequengel seines Vaters, wie toll früher alles gewesen sei, ziemlich auf die Nerven ging. Dabei war der ja nicht mal auf einem Pütt gewesen, wo noch viel mehr als bei den Stahlarbeitern eine ganze Kultur dranhing, mit Kameradschaft und Gesangsverein und einer eigenen Sprache, also Flöz und Streb und das Hangende und die Gezähekiste und das Buttern und all das.

Auch die Bäckerei-Konditorei mit angeschlossenem Café, die Fränges Eltern betrieben, schien ganz gut zu laufen.

Fränge hatte mal was mit einer Saskia aus Gelsenkirchen gehabt, die war bei den Falken gewesen und hatte ihn auf die Demos geschleppt, aber Fränge hatte da doch auch nur mitgemacht, weil er scharf auf die Frau gewesen war. Irgendwann war ihm die Straßenbahnfahrerei nach Gelsenkirchen zu viel geworden.

Förster selbst war in dem Professorengetto in der Nähe der Uni aufgewachsen und kannte das mit dem Niedergang eigentlich nur aus der Zeitung.

»Und ich will mit Laien drehen!«

Beate kam jetzt richtig in Fahrt, streifte ihre Lederjacke ab und hängte sie über die Stuhllehne hinter sich. Ja, es stimmt, dachte Förster, T-Shirt in die Jeans gestopft betont den Oberkörper.

»Das sollen ganz normale Leute sein«, machte Beate weiter, »ich will da keine Schauspieler rumlaufen haben, mit super Stimmsitz und so, ich will da echte Menschen sehen. Scheiß drauf, wenn die nicht alles perfekt aussprechen. Das muss leben, das Ding, das ist das Wichtige! Aber ich brauche eine Geschichte. Und die muss einer schreiben, der von hier kommt. Du kommst doch von hier, oder?«

»Klar, ich bin hier aufgewachsen.«

»Dann weißt du doch, wie die Leute hier ticken. Du weißt doch, was in einer Familie abgeht, wenn der Vater den Job verliert und die Mutter putzen gehen muss. Wie das hier alles kaputtgeht, das weißt du doch!«

»Ja, ja, aber mein Vater ... Und meine Mutter ... Also, ich weiß nicht.«

Förster wollte nichts Falsches sagen, denn mit Beate einen Film zu machen, das wäre eine Riesensache, dachte er.

Beate drückte ihre Zigarette im West-Aschenbecher aus, der vor ihnen auf dem Tisch stand. Unwillkürlich fuhr Förster mit der Hand über die grün lackierten Bretter, aus denen die Tischplatte bestand, und stellte fest, dass die ziemlich schmutzig war. Irgendwas schien aus den Bäumen zu rieseln. Der Nieser war also wahrscheinlich Allergiker.

»Aber ich sage dir gleich: Geld gibt es keines. Ich kriege auch keins. Das ist alles streng Low Budget.«

»Ist klar, Beate.«

Beate trank von ihrem Bier und sagte: »Verdammt, das habe ich zu lange stehen lassen, da ist jetzt die ganze Kohlensäure raus und kein Schaum mehr drauf.«

»Das mit dem Schaum kommt davon, dass die hier offenbar Spülmittel verwenden. Dadurch wird die Oberflächenspannung des Wassers herabgesetzt, und das verhindert die Schaumbildung.«

»Hey, Beate, was machst du denn hier?«

Plötzlich stand eine Frau neben dem Tisch, die Förster noch nie gesehen hatte. Sie trug ein schulterfreies dunkelrotes T-Shirt, in der Hand hielt sie eine helle Jeansjacke. Sie war ziemlich groß und noch etwas älter als Beate.

»Mensch, Petra! Das ist ja ein Ding! Was machst du denn hier?«

Beate sprang auf und fiel dieser Petra um den Hals.

»Ich mache in der nächsten Spielzeit eine Assistenz am Schauspielhaus und suche gerade eine Wohnung. Wenn ihr was wisst ...«

Diese Petra sprach einen schweren schwäbischen Dialekt, der für Förster immer klang, als könnten sich diese Leute nicht entscheiden, ob sie reden oder irgendwas runterschlucken sollten.

»Petra, das ist Förster, wir machen einen Film zusammen.«

Wir machen einen Film zusammen, dachte Förster, das klingt echt gut.

»Hey, super, hallo, Förster!«, sagte Petra und setzte sich einfach dazu. »Bist du Schauspieler oder was?«

»Eher oder was«, sagte Förster und hielt sich für ziemlich schlagfertig, aber Petra runzelte nur die Stirn.

»Förster soll das Drehbuch schreiben«, stellte Beate klar.

»Was ich noch nie gemacht habe«, gab Förster zu bedenken.

»Egal«, meinte Beate, »das kriegen wir schon hin. Das Wichtige ist: Förster ist von hier. Der kennt sich aus. Der weiß sogar, wieso das Bier keinen Schaum hat.«

Petra sah ihn an, als wäre er ein seltenes Tier, von dem man nicht wusste, ob es nicht vielleicht gefährlich war, und sagte: »Interessant. Erleuchte mich! Wieso hat das Bier keinen Schaum?«

»Das hat mit dem Spülmittel ...«, begann Förster, aber Petra unterbrach ihn.

»War nur Spaß. Interessiert mich eigentlich gar nicht. Und dass du von hier bist, hört man gar nicht.«

Dieses Argument war Förster nicht unbekannt. Fränge und Brocki beispielsweise hörte man sehr viel eher an, wo sie herkamen.

»Meine Eltern sind nicht von hier.«

»Ach, nicht? Von wo kommen die denn?«

Ganz schön neugierig, dachte Förster, aber er antwortete bereitwillig. »Mein Vater kommt aus der Nähe von Schleswig und meine Mutter aus dem Saarland.«

»Saarland, da gibt es ja auch Kohle.«

»Richtig.« Im Donezk-Becken auch, dachte Förster. Die ging ihm ziemlich auf die Nerven, diese Petra.

»Und was macht dein Vater? Ist der auf einer Zeche oder bei Krupp oder so?«

Förster fand, in diesem breiten schwäbischen Dialekt klang eine solche Frage noch absurder als sonst ohnehin schon.

»Mein Vater ist Privatdozent für amerikanische Geschichte an der Uni, und meine Mutter ist Studienrätin für Französisch und Musik.«

Das schien Petra ein bisschen aus der Bahn zu werfen und zu enttäuschen. »Du bist ein Akademikerkind? Ich dachte, du bist von hier!«

»Mensch, Petra«, sagte Beate, »was hast du denn für Vorstellungen von den Leuten hier? Du bist eine Snobbin!«

Snobbin, dachte Förster, das gibt es ja eigentlich gar nicht, aber Snob hätte natürlich auch nicht gepasst. Sprache schafft Bewusstsein, hatte er im Nebenfach Germanistik gelernt, und manchmal, dachte er, ist es eben auch umgekehrt, da schafft das Bewusstsein die Sprache, muss ja nicht falsch sein.

Petra lachte, aber es klang in Försters Ohren genauso wenig ehrlich wie das Entgegnungslachen von Beate. Die mögen sich nicht, dachte Förster. Oder die mochten sich mal, aber das ist jetzt vorbei.

Petra sagte, sie müsse jetzt los und stand auf, während Beate sitzen blieb, nur die Hand hob und meinte, Petra solle sich mal melden, wenn sie eine Wohnung gefunden habe. Sich von Förster zu verabschieden hielt Petra nicht für nötig.

»Was für eine Ignorantin!«, sagte Beate, während sie Petra nachblickte, wie sie den Biergarten vor dem *Ahorn-Eck* verließ und zu einem weiter die Straße runter geparkten Peugeot ging.

»*Ahorn-Eck*«, wechselte Beate übergangslos das Thema, »ist aber auch ein komischer Name für so eine Studi-Kneipe, oder?«

»Das sah hier früher ganz anders aus«, sagte Förster. »Mit Musikbox, in der Freddy Quinn noch das Modernste war, und Mettbrötchen in der Vitrine und einem Sparkasten an der Wand.«

»Sparkasten?«

»Ja, hast du bestimmt schon mal gesehen: So ein grüner Metallkasten mit kleinen Fächern mit Namen drauf. Da musste man jede Woche was einwerfen, und der Wirt zahlte das Geld auf ein Konto ein, und einmal im Jahr war Sparkastenleerung. Wenn der Wirt nicht mit dem Geld durchgebrannt war.«

Das wusste Förster alles von Brocki, für dessen Eltern die Sparkastenleerung in ihrer Stammkneipe einer der gesellschaftlichen Höhepunkte des Jahres war.

»Ja, super, du kennst dich tatsächlich aus. Also noch mal zum Film«, sagte Beate und zündete sich eine weitere Zigarette an. »Wenn ich mich hier so umsehe, also wenn ich mit offenen Augen durch die Straßen gehe, durch diese gesichtslose Innenstadt, und wenn ich durch diese Siedlung in Stahlhausen laufe, wo jetzt immer mehr Türken einziehen, dann sehe ich so viel, ich weiß nicht, Kaputtheit, und genau das will ich im Film zeigen, also was hier alles kaputtgegangen ist und immer noch kaputtgeht. Ich will diese Gesichter, diese kaputten Augen und das alles. Und du sollst mir die Geschichten zu den kaputten Augen schreiben.«

Förster war sich nicht so sicher. Er nahm das Kaputte eigentlich gar nicht so wahr. Miese Gegenden gab es überall, aber draußen, in der Nähe der Uni, da war es doch ganz okay, und in Stiepel, da war es grün, da konnte man denken, man sei ganz woanders. Und die Kneipen in der Stadt, im Bermuda-Dreieck, die hatten doch auch nichts mehr mit dem zu tun, wovon Beate da redete, da liefen lauter Studis rum und andere junge Leute, die Jobs machten, bei denen die Wahrscheinlichkeit, dass man sich eine Staublunge einfing, eher gering war. Wenn er so darüber nachdachte, war es doch keine so gute Idee, bei diesem Projekt mitzumachen. Beate und er gingen von völlig unterschiedlichen

Voraussetzungen aus, Beate sah ganz offensichtlich etwas in ihm, was er nicht war, also war es das Beste, die Sache zu beenden, bevor es Probleme gab.

»Okay«, sagte Förster. »Ich mache das. Ich freu mich drauf.«

»Super!«, sagte Beate. »Dann lass uns mal diese schale Pfütze hier austrinken und dann zahlen, die Sache in der *Tapetenhalle* fängt gleich an.«

25 Der nackte Russe

An die Decke starren, dachte Förster, kann ziemlich melodramatisch wirken, da sollte man froh sein, wenn keine Kamera dabei ist, weil man sich sonst vorkommt wie in einem französischen Konversationsfilm, in dem unheimlich viel geredet, dann aber ganz plötzlich auch relativ heftig gevögelt und anschließend Milchkaffee aus henkellosen Schalen getrunken wird, nackt natürlich, in der Küche, und die Frauen haben dann eine Ferse auf der Sitzfläche eines einfachen Holzstuhls und ziehen sich keinen Splitter in den nackten Hintern, weil das ja nur Film ist. In der Realität hatte er das schon erlebt, mit einer Frau, die er aus dem Proseminar *Einführung in die politischen Wissenschaften* kannte, wo sie zusammen ein Referat über einen Text von Franz Neumann erarbeitet hatten. Sie hatten sich bei Förster getroffen, weil er alleine wohnte, nicht in einer WG wie so viele, und dann war alles ziemlich schnell gegangen. Am nächsten Morgen hatte sie tatsächlich nackt auf diesem Holzstuhl gesessen, den er aus dem Sperrmüll gezogen hatte, und war nach ein paar Minuten aufgesprungen, und er hatte ihr diesen Splitter aus dem Hintern ziehen müssen, mit einer Lupe und einer Pinzette. Sie hatten das Referat zusammen gehalten, dann hatte Förster sie noch ein paarmal in der Cafeteria gesehen und schließlich gehört, sie sei nach München oder Heidelberg gezogen, in den Süden jedenfalls.

Wenn *Die Schutzsuchenden* ein Titel für einen deutschen

Problemfilm wäre, wie würde dann ein französischer Konversations- und Erotikfilm heißen? *Die Schamlosen* vielleicht. Mit Valérie Kaprisky oder Béatrice Dalle oder Maruschka Detmers. Stopp, dachte Förster, Maruschka Detmers ist Holländerin.

Noch melodramatischer, als einfach nur so an die Decke zu starren, war es, an die Decke zu starren, während eine Frau neben einem lag, die tief und fest schlief, mithin keinen Grund sah, an die Decke zu starren, weil sie mit sich im Reinen war. Oder einfach nur müde. Nicht ungewöhnlich um vier Uhr morgens, dachte Förster. Und in einem Film wäre das ein guter Moment für eine Rückblende.

Szene soundso. Innen. Später Abend. Ein alternatives Theater in einem alten, großen Ladenlokal, in dem früher Tapeten und Farben verkauft wurden. Jetzt sind die Wände nackt, man sieht die Backsteine, es hängen Scheinwerfer, und es stehen Stühle herum. Irgendwo ein improvisierter Tresen, der aus einem Türblatt besteht, das auf zwei Stapel aus leeren Bierkästen gelegt wurde. Dahinter NORBERT, ein hochgewachsener Mann Anfang dreißig in einer alten Lederjacke, darunter ein schwarzes T-Shirt, Jeans. Er wirkt dominant, nicht wie der typische Barkeeper, mehr so, als würde ihm die ganze Halle gehören. Vor dem Tresen FÖRSTER, rotes T-Shirt, schwarzes Sakko; GERD, violetter Blaumann, sehr lange blonde Haare, zu einem Zopf geflochten, der ihm auf dem Rücken bis zum Gürtel runterhängt; BEATE, weißes T-Shirt in die Karottenjeans gestopft, schwarze Lederjacke, an den Füßen schwarze Stiefeletten.

GERD: Wir könnten in die Uni fahren, da läuft heute *Kannibalinnen in der Avocadohölle des Todes.*

BEATE: Der ist geil.

NORBERT: Nee, keine Kunst mehr. Lass uns lieber Scheiße labern. Was ist mit dir, Karl-Heinz?

FÖRSTER: Wer, ich? Wieso Karl-Heinz?

BEATE: Wegen Karl-Heinz Förster, dem Fußballer.

GERD: Wieso nicht Bernd? Der hat doch einen Bruder, der Karl-Heinz!

NORBERT: Ich finde, dieser Förster hier sieht eher wie ein Karl-Heinz aus.

BEATE: Finde ich überhaupt nicht.

GERD: Karl-Heinz ist echt ein fieser Name. Ganz fies.

NORBERT: Aber Norbert ist auch nicht besser. Also darf ich ihn Karl-Heinz nennen.

FÖRSTER: Ist auch egal. Was soll mit mir sein?

NORBERT: Wie fandest du das Stück?

FÖRSTER: Das Stück oder die Inszenierung?

NORBERT: Oho, der Mann ist vom Fach oder wie?

FÖRSTER: Das Stück ist amerikanischer Kitsch. Eine Supermarktkassiererin, die einen Trucker mit nach Hause nimmt. Sie reden über ihre zerbrochenen Träume. Und dann das mit den Flamingos, denen man die Beine gebrochen hat. Ich weiß nicht.

NORBERT: Das Stück ist scheiße. Ich hätte das nie gemacht, aber absagen ging auch nicht.

FÖRSTER: Und wie sie dann getanzt hat, so richtig professionell, das passte auch gar nicht. Oder ist die eigentlich Tänzerin? Oder träumt sie davon, eine zu sein? Das wurde nicht erklärt. Fand ich komisch.

NORBERT: Ja, die Ilse, die ist Tänzerin, und das wollte sie auch zeigen in dem Stück. Ich habe ihr gesagt, dass das nicht passt, aber der Achim, der hatte ihr zugesagt, dass sie in dem Stück tanzen darf, weil der in sie verschossen war, der hat die echt alles machen lassen. Das meiste habe ich wieder weggekriegt, aber die Tanzerei, da war sie nicht von abzubringen, das hat die einfach gemacht. Herrgott, der Peymann muss sich so was nicht bieten lassen, aber echt jetzt!

BEATE: Die Ilse heißt Hilke und der Achim hieß Arndt. Das kann man sich doch merken.

NORBERT: Für mich waren das Ilse und Achim.

Förster hörte Beate regelmäßig atmen. Die schläft tief und fest, dachte er, die hat damit keine Probleme, die hat sowieso keine Probleme, Förster konnte sich nicht daran erinnern, jemals eine so problemfreie Frau getroffen zu haben, die jederzeit wusste, was zu wollen und zu sagen war, die ein klares Bild hatte, wo bei Förster alles verschwamm.

Szene soundso. Außen Nacht. Nach der Theateraufführung und dem Gespräch am improvisierten Tresen. BEATE und FÖRSTER gehen eine Straße entlang. Ein paar Meter vor ihnen gehen NORBERT und GERD.

BEATE: Kannst du das besser?

FÖRSTER: Was denn?

BEATE: So ein Stück. Ohne Kitsch und ohne Flamingos.

FÖRSTER: Ich habe da ein paar Ideen.

BEATE: Die Sachen, die du bei Mensching vorgelesen hast, die hatten gute Dialoge. Die Beschreibungen waren präzise. Kurze, klare Hauptsätze. Musst nur aufpassen, dass sich das nicht zu abgehackt liest. Mit Adjektiven sollte man zwar sparsam umgehen, gesetzlich verboten sind sie aber auch nicht. Mal einen Relativsatz einzustreuen wäre jetzt auch nicht verkehrt. Und thematisch solltest du vielleicht mal von der Männer-Frauen-Sache runterkommen. Also einfach die Palette ein bisschen erweitern.

FÖRSTER: Eine Palette kann man nicht erweitern. Wie soll man das machen, ein Brett drannageln, oder was?

BEATE: Wieso bist du denn plötzlich so gereizt?

FÖRSTER: Ich bin nicht gereizt, aber erst machst du mich an wegen meiner sprachlichen Mittel, und dann kommst du selber mit so einem schiefen Bild. Eine Palette ist dieses Holzding, auf dem ein Maler seine Farben drauf hat. Die kann man nicht erweitern.

BEATE: Aber man kann mehr Farben draufmachen.

FÖRSTER: Ja, ja!

BEATE: Gefällt mir, wenn du sauer wirst.

Jetzt bewegte sich Beate im Schlaf. Förster hoffte, sie würde nicht aufwachen, er wollte jetzt nicht reden, er wollte auch nichts anderes, er hatte bestimmt Mundgeruch, von dem Bier am Abend, aber andererseits hatte Beate auch Bier getrunken, die roch bestimmt auch nicht gut, so ist das nun mal, dieses ganze intime Zeug, dachte er, da sind Gerüche im Spiel und Geschmäcker, und die Geschmäcker sind nun mal verschieden, vor allem nach so einer Nacht, die aber noch gar nicht rum ist, die ja eigentlich noch andauert, obwohl es sich so anfühlt, dachte er, als wäre alles vorbei.

Szene soundso. Innen. Nacht. Eine Kneipe, mehr eine Bar, viel Weiß, viel Chrom, ein blauer Neon-Schriftzug mit dem Namen der Bar an der Wand. BEATE, FÖRSTER, NORBERT und GERD sitzen an einem weißen Tisch, vor sich je ein Bier, dazu leere Schnaps-Pinnchen, auf denen ausgelutschte Zitronenstücke liegen.

GERD: Scheißladen! Was machen wir hier?

NORBERT: Hier sind die Chicks, Gerd! Hier macht man die klar.

GERD: Sexist!

BEATE: Nee, bloß Norbert. Der will nur spielen. Was macht Fränge, Förster?

FÖRSTER: Wie kommst du jetzt auf den?

BEATE: Nur so. Vielleicht wegen Chicks klarmachen.

FÖRSTER: Dem geht es gut. Der macht systemübergreifend klar. Ist aber geheim. Der ist so eine Art Love-Bond. Gott, was rede ich für eine Scheiße!

GERD: Du bist besoffen!

NORBERT: Das ist gut!

BEATE: Erzähl mir mehr!

FÖRSTER: Nee, dann werde ich nur ...

BEATE: Was?

FÖRSTER: Nix.

BEATE: Neidisch?

FÖRSTER: Nee.

BEATE: Warte doch mal ab!

FÖRSTER: Ich glaub, ich muss los.

NORBERT: Falsch!

Der Radiowecker neben dem Bett zeigte jetzt 07:02. Gut vier Stunden hatte er wach gelegen, jetzt musste es aber auch mal gut sein. Vorsichtig hob er die Decke und stand auf. Er warf noch einen Blick auf Beate und zog sich an. Sie drehte sich auf die andere Seite, wurde aber nicht wach.

Szene soundso. Innen. Nacht. BEATEs Zimmer. An der Wand
hängt das Plakat des japanischen Trash-Science-Fiction-Films
Roboter der Sterne. *Die Kamera fährt über den Spruch »Sie*
kamen aus dem Loch im All.« BEATE *und* FÖRSTER *liegen*
nackt im Bett.

FÖRSTER: Ich weiß nicht, was los ist. Ich kann mich nicht
konzentrieren.

BEATE: Kein Problem. Wir können auch einfach nur hier
liegen.

Förster öffnete die Tür und wäre beinahe über die Weinflasche
und die beiden Gläser gestolpert, die Beate und er gestern im
Wohnzimmer vergessen, die ihre Mitbewohnerin aber offenbar im Laufe der Nacht als stummen Vorwurf hier hingestellt
hatte. Nee, WG, das ist nichts für mich, dachte Förster.

Als er die Klinke der Wohnungstür schon in der Hand
hatte, hörte er die Klospülung im Bad, und dann stand ein
großer, nackter, sehr behaarter Mann vor ihm und fuhr sich
mit der Hand durchs Haar. Der hat sich nicht die Hände gewaschen, dachte Förster.

Der Mann sagte etwas, das russisch klang, und Förster
machte, dass er da wegkam.

26 *Männliches Selbstbewusstsein am Ende des 20. Jahrhunderts*

Das Bild von diesem nackten Russen bekam Förster erst mal nicht aus dem Kopf, während er zu Fuß nach Hause ging. Völlig ungeniert hatte er dagestanden, sehr weit weg davon, peinlich berührt zu sein. Mit Bronze übergossen oder auch nur in Gips modelliert hätte er ein tolles Standbild abgegeben für ein Werk mit dem Titel *Männliches Selbstbewusstsein am Ende des 20. Jahrhunderts.*

Die Bahn, die direkt vor dem Haus hielt, in dem Beate wohnte, hatte er knapp verpasst, also machte er sich zu Fuß auf den Weg. Besonders weit war es ja nicht, da Beate sich natürlich eine Wohnung gesucht hatte, die nicht allzu weit vom Schauspielhaus entfernt lag, damit sie nach den Alkohol- und Drogenexzessen, die den bis in die tiefe Nacht dauernden Proben bestimmt regelmäßig folgten, zu Fuß nach Hause gehen konnte. In Försters Kopf leuchtete eine Leuchtreklame mit dem Wort *Klischee* auf. Er hatte keine Ahnung, wie es da zuging, am Theater. Er fand, er hatte sowieso von nichts eine Ahnung.

Irgendwann stand er vor der/dem *Bäckerei Konditorei Café Dahlbusch*, fragte sich nicht zum ersten Mal, wieso zwischen Bäckerei und Konditorei und Café keine Kommata standen, mal abgesehen davon, dass man gar nicht wusste, welchen Artikel man da voransetzen sollte, stellte fest, dass er sehr plötzlich sehr großen Hunger hatte und trat ein.

Im Cafébereich saßen ein paar ältere Damen vor der Holzvertäfelung. Hinter Verblendungen angebrachte Leuchtstoffröhren spendeten zwar indirekt, aber doch viel zu großzügig eiskaltes Licht, und weil Förster bei seinem Eintreten einen elektronischen Gong ausgelöst hatte, kam nun Frau Dahlbusch aus der Backstube und nahm sich seiner an, während die junge Auszubildende mit den knallrot gefärbten Haaren gerade einer weiteren alten Frau dabei half, ihre zwei Brötchen vor allem in Kupfermünzen zu bezahlen. Schade, dachte Förster, denn die Auszubildende mit den knallrot gefärbten Haaren gefiel ihm. Es sprach ja auch für die Geschäftspolitik dieses alteingesessenen Betriebes und die Offenheit seiner Betreiber, dass Menschen, die von der Norm abwichen, hier eine Chance bekamen, was, wie Förster von Fränge wusste, manchen Kunden nicht passte, und auch seinem Vater nicht, aber in dieser Frage hatte sich Mutter Dahlbusch durchgesetzt, die Förster bisher auch nicht als Ausbund an Liberalität erschienen war. Am Ende wollte sie wahrscheinlich einfach nur ihren Mann ärgern.

Die junge Frau trug einen weißen Kittel, auf dem in geschwungenen blauen Buchstaben ihr Name eingestickt war, Sandra nämlich, und Förster hoffte nur, dass niemand sie Sandy nannte, denn das hätte er albern gefunden, weil es ihn an den einen Sohn aus der Fernsehserie Flipper erinnert hätte, andererseits aber auch an die Rolle von Olivia Newton-John in *Grease*, und bevor er in diesen Gedanken verloren gehen konnte, sagte Frau Dahlbusch zum Glück: »Hallo, Roland!«, wodurch er sich sofort wieder wie ein Kind fühlte, weil ihn außer seinen Eltern niemand mehr bei seinem Vornamen nannte.

»Da fehlen leider noch fünf Pfennig«, sagte Sandra zu

der alten Frau, die ihr Kleingeld auf den Glastresen gekippt hatte.

»Hallo, Frau Dahlbusch, ich soll Sie vom Fränge, also vom Frank grüßen.«

»Der braucht wahrscheinlich wieder Geld«, sagte Frau Dahlbusch. »Wenn er seine Freunde Grüße ausrichten lässt, ruft er meistens ein paar Tage später an und will irgendwas.«

»Er hat mir jedenfalls gesagt, ich soll Sie grüßen, wenn ich zufällig hier bin.«

»Ach, komm, Roland, ihr steckt doch alle unter einer Decke.«

Frau Dahlbusch war eine kleine, kräftige Person mit roten Wangen, die das Sprichwort »Ich lasse mir kein X für ein U vormachen« erfunden haben könnte, dachte Förster.

»Ich hätte gerne zwei Brötchen«, sagte er.

»Aha«, machte Frau Dahlbusch und drehte sich zu den Dingern um, die ihr Sohn in Berlin nur noch Schrippen nannte.

»Dann muss ich das jetzt doch so machen«, sagte die alte Frau neben Förster und legte einen Fünfzigmarkschein neben das Kleingeld. »Oder ich bezahle beim nächsten Mal.«

Frau Dahlbusch legte die Tüte mit den zwei Brötchen vor Förster hin und schüttelte den Kopf: »Nee, nee, Frau Michael, den Trick kennen wir schon. Wir wechseln Ihnen den Fünfziger sehr gerne, oder Sandy?«

Verdammt, dachte Förster, sie nennen sie doch Sandy – schlimm!

»Ja, ja«, sagte Frau Michael.

Auch Förster hatte das Portemonnaie voller Kleingeld, das er gern losgeworden wäre, aber das konnte er jetzt nicht bringen, nicht solange Sandra, die nichts gegen ihren blöden Spitznamen zu haben schien, dabei war. Also legte er eine Mark auf die Wechselgeldablage, auf der für die Bäckerinnung geworben wurde, und nahm seine Brötchentüte. Zu dritt sahen sie Frau Michael dabei zu, wie sie umständlich ihr Kleingeld wieder einräumte.

Als sie raus war, meinte Frau Dahlbusch, die alte Frau Michael denke, man würde die zwei Brötchen quasi unter den Tisch fallen lassen, wenn sie mit tonnenweise Kleingeld ankam, und das habe auch ein oder zwei Mal geklappt, als der Laden voll war und eine andere Verkäuferin versäumt hatte, das aufzuschreiben, aber da sei man jetzt wachsamer, denn das war keine arme Frau, die Frau Michael, schließlich habe ihr Mann ihr einen Haufen Geld hinterlassen, Schwarzgeld vor allem, das er mit seinem Installateurbetrieb gescheffelt habe, und da fiel dann auch bei Förster der Groschen, woher er die Frau kannte, von »Gas-Wasser-Scheiße-Michael«, wie Fränge den Laden zwei Straßen weiter immer genannt hatte.

Sandra lachte und wischte ein paar Krümel zusammen, was auf Förster fast ein bisschen verlegen wirkte, sodass er sich fragte, ob sie seinetwegen verlegen war, was er sich andererseits kaum vorstellen konnte, weil man seinetwegen prinzipiell nicht verlegen wurde, schon gar nicht nach einer Nacht wie der letzten, von der diese Sandra glücklicherweise nichts wissen konnte, anderenfalls hätte es Förster für angemessen gehalten, hier und jetzt tot umzufallen. Konnte es sein, dass man ihm etwas ansah?

In diesem Moment kam Herr Dahlbusch aus der Backstube, in seiner karierten Hose und seinem auf ewig mehlgestärkten weißen Oberteil. Das krause graue Haupthaar trug er etwas länger, und wie üblich grinste er unter seinem ebenfalls ergrauten Schnauzbart. Herr Dahlbusch war kaum größer als seine Frau, da verwunderte es doch, dass ihr Sohn auf immerhin einsvierundachtzig kam und ihre Tochter, die schöne Heike, mit der Förster mal kurz was gehabt hatte, eine Nacht nur, was aber Fränge nicht wusste und nie erfahren durfte, auch ihre einsfünfundsiebzig an den Türrahmen brachte.

»Der Förster«, rief Herr Dahlbusch, wobei sein Grinsen sich zu einem Lachen weitete.

»Der heißt Roland«, stellte seine Frau richtig.

»Auch«, sagte Herr Dahlbusch.

Sandra grinste, der Witz schien ihr zu gefallen.

»Was machst du hier?«

»Ich habe Brötchen gekauft. Und vom Frank gegrüßt.«

»Dann braucht er bestimmt wieder Geld«, sagte Herr Dahlbusch mit verfinsterter Miene und fuhr, an seine Frau gewandt, fort: »Hast du den Förster etwa bezahlen lassen?«

»Natürlich«, gab Frau Dahlbusch zurück. »Wir sind hier nicht die Caritas!«

»Komm, Junge, dann nimm noch zwei Berliner mit. Ist doch unmöglich, dich die Brötchen bezahlen zu lassen.«

Herr Dahlbusch packte zwei Berliner in eine Tüte und reichte sie Förster, der sich bedankte und meinte, das sei doch wirklich nicht nötig, und beinahe hätte er noch gesagt, dass er erst vorgestern Berliner hatte, aber das verkniff er sich, das hätte undankbar gewirkt.

»Mensch, Manfred!«, schimpfte seine Frau. »Berliner kommen doch nicht einfach in eine Tüte, da werden die doch nur angedötscht. Die gehören auf ein Papptablett und werden dann ordentlich eingewickelt.«

»Ach, der Förster sieht das nicht so eng«, sagte Herr Dahlbusch und hatte recht damit. Dann ging Herr Dahlbusch wieder nach hinten in die Backstube, lachend, mit sich im Reinen. Männliches Selbstbewusstsein am Ende des

20. Jahrhunderts, dachte Förster wieder, das gibt es nicht nur bei Russen.

Ein Bauarbeiter kam durch die Tür, baute sich vor Sandra auf, sagte »Hallo Sandy« und bestellte belegte Brötchen, also machte Förster, dass er weiterkam.

Er hatte kaum ein paar Meter zurückgelegt, als Vater Dahlbusch aus der Toreinfahrt neben seinem Laden trat und ihm den Weg versperrte.

»Hör mal«, sagte er und blickte erst nach unten auf den Bürgersteig, dann nach oben an den morgendlich blauen Himmel, »der Frank, ich meine, der hält da seinen Arsch in die Sonne und hat nur Halligalli im Kopf.«

Förster war nicht ganz klar, ob das eine Frage, eine Feststellung oder vielleicht sogar eine Anklage sein sollte, und weil er die ganze Aktion hier nicht einordnen konnte, hielt er den Mund.

»Der denkt, man kann immer nur Spaß haben, der Frank.«

Vater Dahlbusch sprach das Substantiv mit einem sehr kurzen a und einem ziemlich scharfen ß, das war Förster schon öfter aufgefallen. Das scharfe ß gebrauchten seine Eltern auch, aber bei ihnen war der Vokal sehr viel länger, bei ihnen hieß es immer Spahß, und Förster hatte den Eindruck, dass in dieser unterschiedlichen Betonung alles lag, was die Försters und Dahlbuschs voneinander trennte.

»Das Leben ist nicht nur Lachen«, machte Vater Dahlbusch weiter, »aber das kriegt er noch früh genug raus. Ich will nur wissen: Wie ist das mit Drogen?«

Beinahe hätte Förster gefragt: Brauchen Sie welche? Aber dann sagte er nur: »Wie meinen Sie das?«

Vater Dahlbusch wusste nicht, wohin mit seinen Augen, fiel Förster wieder auf.

»Der kann ja machen, was er will«, sagte der Vater. »Ich war ja auch mal jung. Nichts dagegen, wenn man mal einen trinkt und über die Stränge schlägt. Aber so richtige Drogen ...«

»Nein, nein«, sagte Förster, »so richtige Drogen, damit hat der Fränge nichts am Hut. Wie Sie schon sagen, der trinkt gerne mal einen und so.«

»Auch mal Schnaps?«

»Klar, auch mal Schnaps.«

»Wodka, nehme ich an? In Berlin trinken die doch bestimmt Wodka.«

»Stimmt, Wodka ist da schwer angesagt.«

»Ich bin ja mehr für Korn, aber ganz allgemein ist gegen klare Schnäpse nichts zu sagen. Schnaps ist besser als Heroin.«

»Auf jeden Fall, Herr Dahlbusch.«

»Ja, also, dann lass dir die Berliner schmecken und grüß mir den Frank und sag ihm, er soll sich mal wieder melden.«

Vater Dahlbusch verschwand in der Toreinfahrt wie der gute Geist der Bäckerinnung. Und Förster ging nach Hause und legte sich ins Bett, konnte aber auch hier nicht schlafen. Er dachte an Beate und den Russen und daran dass er am Freitag nach Berlin fahren würde, zur Eröffnung des *Café Lisboa*. Bis dahin hatte er noch zwei Schichten bei seinem Job in der Institutsbibliothek abzuleisten, vor allem Stellkontrolle, also Bücher aus den Regalen nehmen, auf einem Wagen zwischenlagern, die Regale auswischen, erst feucht, dann trocken, schließlich die Bücher wieder einräumen, die richtige Reihenfolge der Signaturen überprüfen, bei der Gelegenheit »Nester« auflösen, die Studierende sich manchmal hinter anderen Büchern einrichteten und sie so dem Zugriff anderer entzogen, weil dies eine Präsenzbibliothek war und man nichts mit rausnehmen durfte, es sei denn man war Mitarbeiter an einem Lehrstuhl oder hatte eine der

Doktorandenzellen ergattern können, die es auf der Vier und auf der Fünf im Nordteil des Gebäudes gab.

Der Fränge, der hat mit Leuten zu tun, die Pistolen auf den Tresen legten, ich bin ein akademischer Putzmann. Männliches Selbstbewusstsein am Ende des 20. Jahrhunderts. Und dann schlief er doch noch ein.

27 *Futur zwei*

Förster küsste Marissa auf die Wade und fragte sich, ob das hier die Zeit sein würde, an die er sich mal als die beste seines Lebens erinnern sollte, die Zeit, in der man einfach mal eben nach Berlin donnern konnte, weil es außer einer Vorlesung über Schnitzlers Dramen nichts zu verpassen gab die Zeit, in der man nach einer durchtanzten Nacht in einem niedrigen Kellerclub mit zu jemand Wildfremdem nach Hause ging, um die Art von Sex zu haben, die nichts forderte und zu nichts verpflichtete. Diesmal hatte er nicht nur so liegen müssen, vielleicht wegen des Alkohols und weil er irgendwann aufgehört hatte nachzudenken. Es wurde sowieso zu viel nachgedacht, und währenddessen verging die Zeit und war weg, für immer, aber wenn man aufhörte nachzudenken, blieb sie kurz stehen, diesen Eindruck hatte Förster letzte Nacht gehabt.

Wenn das hier mal die beste Zeit meines Lebens gewesen sein wird, dachte er, werde ich sagen können: Ich habe es gewusst. Ich habe eines Morgens dagelegen und es gewusst. Ob mir das helfen wird? Keine Ahnung, doch etwas wissen, ist immer eine gute Sache. Aber: Wenn das die beste Zeit meines Lebens gewesen sein wird, ist sie abgeschlossen und vorbei, so wie jede Zeit, weil es ja die Gegenwart nicht gibt, nur eine Reihung von Vergangenheiten, nicht umsonst heißt es Futur Zwei, was hier gerade sein Unwesen treibt, vollendete Zukunft, aber was kommt nach der Vollendung? Wenn die beste Zeit gewesen sein wird, kommen danach höchstens noch die zweit- und drittbeste.

Marissa winkelte ihr Bein an, und Förster küsste ihren Spann. Sie wandte sich ihm zu, streichelte seine Wange und küsste ihn auf den Mund, so zart, als wäre das hier für die Ewigkeit. Wird es aber irgendwann nicht gewesen sein. Irgendwann wird sich herausgestellt haben, dass es einfach nur schön war, so lange wie es andauerte.

In der Nacht zuvor: eine niedrige Decke, Rohre, Schweiß in der Luft. Irgendwo stehen Boxen, aus denen etwas kommt, das Förster wehtut, ihm unaufhörlich in den Magen schlägt. Keine Gitarren mehr, kein Schlagzeug, alles nur Elektronik, und doch hört es sich an, als würde jemand mit einem großen Hammer auf Stahl schlagen, eigentlich nicht sein Ding, aber er tanzt trotzdem, ganz alleine, obwohl Hunderte Leute um ihn herum sind. Die ganze Nacht fühlt er sich wie ein Gast, den niemand eingeladen hat, der nicht stört, für den sich aber auch keiner interessiert. Nicht mal Fränge, der mit Marta herumknutscht, dann aber auch mit einer anderen Frau, als Marta gerade nicht zu sehen ist. Förster entdeckt sie in einer Schlange vor dem Klo, wo sie eine Frau küsst. Fränge zeigt ihm eine Pille, die er auf der Zunge hat. Förster lehnt dankend ab. Die Wände der Toiletten sind mit Graffiti übersät, Telefonnummern, Bandnamen, Zeichnungen, manche davon richtig gut. Die ganze Nacht läuft diese Musik, zu der nie jemand singt. Förster fühlt sich zurückgeblieben, behindert, tanzt aber trotzdem, schwitzt seine Sachen durch, denkt daran, dass er unbedingt neue braucht, und ob es okay ist, wenn Fränge ihm eine Unterhose leiht, eine Unterhose, das ist schon etwas sehr Privates, man kann da nur hoffen, dass Fränge die auch wirklich gründlich gewaschen hat. Andererseits könnte man sich auch eine kaufen, bei C&A oder so, kostet ja nicht die Welt, aber seine Mutter hat immer gesagt, dass man neue Sachen erst mal waschen muss, wegen der ganzen Chemie, die da drin ist, und dann fragt sich Förster, ob hier sonst jemand an Unterwäsche denkt, an die eigene vor allem, wahrscheinlich schon, denn die meisten wollen heute noch Sex haben, werden also die Unterwäsche von jemand anderem zu sehen bekommen und sich vielleicht fragen, ob die eigene vorzeigbar ist. Vielleicht geht das aber auch nur Förster so, die anderen machen einfach, reißen sich alles vom Leib und fangen an zu vögeln. Der Rest der Welt ist ja immer zu beneiden, das Gefühl hat Förster ständig, die anderen haben die bessere Musik, die größere Ahnung von allem, den besseren Sex beziehungsweise überhaupt welchen, so wie sie auch Drogen nehmen und davon erzählen können, während er nur ab und zu besoffen ist, was nicht cool ist, nur spießig. Dann macht er sich Gedanken über das Licht hier, das ist nämlich gar kein Licht, also keines, das man in einer Disco (nennt man so einen Keller Disco?) erwarten würde, da stehen einfach ein paar Strahler am Boden und strahlen an die Decke, so riefenstahlmäßig, in Berlin muss man ja sehr schnell an den ganzen Nazischeiß denken, so wie die Musik ihn an DAF erinnert und »Tanz den Mussolini«. Das hat er ja nie begriffen, das war nicht für ihn gemacht, aber manche sind da schwer abgegangen auf den Partys an der Schule und haben besonders laut »Tanz den Adolf Hitler« gebrüllt, als sei es endlich mal erlaubt, aber Text gibt es hier und heute ja nicht, da kann also nichts anbrennen, politisch, außer dass das hier nichts für Rechtsradikale ist, denn auch Männer knutschen mit Männern, obwohl: Ernst Röhm war schwul, danach kann man also nicht gehen, und dann steht plötzlich Marissa vor

ihm, sie hat eine Flasche Eierlikör dabei, so sieht es jedenfalls aus, das Zeug, aber die Flasche hat kein Etikett, egal,
vielleicht ist der selbst gemacht, fragen kann er sie nicht,
dafür ist es zu laut. Sie nimmt einen Schluck, hält die Lippen geschlossen, stellt sich auf die Zehenspitzen und küsst
Förster, öffnet die Lippen und lässt das dicke, zähflüssige
Zeug in seinen Mund laufen, und ihm ist sofort klar, die
hat *Tampopo* gesehen, diesen japanischen Film übers Essen
und über Sex, da küssen sich zwei und lassen Eidotter zwischen ihren Mündern hin- und hergehen, genau das macht
Förster jetzt mit Marissa und dem Eierlikör, ein paarmal.
Reife Leistung denkt er. Andererseits, sie müssen ja auch
ihre Münder dabei nicht geöffnet lassen, weil keine Kamera
dabei ist, aber wie die Darsteller in dem Film müssen sie
hin und her wippen, Förster muss in die Knie gehen, weil
Marissa kleiner ist als er. Förster ist klar, dass das hier zu
den Dingen gehört, an die er sich bis an sein Lebensende
erinnern wird. Er greift nach der Flasche und trinkt, natürlich machen sie diese Übung nicht noch mal, das würde es
zerstören, Marissa trinkt auch, dann küssen sie sich, ganz
normal, beziehungsweise heftiger als normal, normal ist
hier gar nichts mehr, und dann nimmt sie ihn mit zu sich
nach Hause, die Musik dröhnt weiter in ihm, es ist nicht
weit, sie rennen fast die ganze Strecke, stürmen die drei
Stockwerke hoch, Marissa kriegt kaum den Schlüssel in die
Tür, dann fallen sie hin, noch auf der Diele, und kriechen in
ihr Zimmer, auf die Matratze, ab geht die wilde Fahrt, das
denkt er wirklich, ein Spruch von der Kirmes, den der Typ
an der Raupe immer gesagt hat, und dann hört Förster endlich auf zu denken.

Marissa legte sich auf ihn und ließ ihre Haare in sein Gesicht hängen und fragte ihn, ob er Hunger habe, aber dann

wartete sie seine Antwort gar nicht ab, sondern machte erst mal da weiter, wo sie vor dem Einschlafen aufgehört hatten, was Förster paradoxerweise sehr beruhigte, denn er hatte schon gefürchtet, sie würde die letzte Nacht als Fehler betrachten, was eindeutig nicht der Fall zu sein schien. Später dösten sie noch vor sich hin, dann sagte Förster, ja, er habe sehr wohl Hunger, also gingen sie wieder ins *Café Lisboa*, wo die dritte Schwester, Joana, hinterm Tresen stand, die größte und älteste, während ein sichtlich zerstörter Fränge mit tiefen Rändern unter den Augen neben einer auch nicht gerade taufrischen Marta an einem der Tische saß, ein tiefschwarzes Gebräu vor sich, dazu große Wassergläser, an deren Rändern die Reste von Alka Seltzer oder Aspirin hafteten. Als Förster und Marissa hereinkamen, grinste Fränge, stand auf und umarmte Förster.

»Sieht ja schon wieder ganz gut aus«, sagte Förster und meinte die Tatsache, dass der Laden nach der gestrigen Eröffnungsfeier schon wieder super hergerichtet war.

»Wir haben ja auch geackert wie die Tiere«, sagte Fränge.

»Das muss man ihm lassen«, sagte Marta, »er hat richtig mit angepackt.«

»Und nicht gekotzt!«, rief Fränge stolz. »Alles ist dringeblieben! Ich sage zwar immer, man muss alles rauslassen! Aber es gibt Dinge, die behält man besser für sich.«

Joana brachte Milchkaffee und Croissants für Förster und Marissa.

»War toll gestern«, sagte Förster. »Also die Eröffnung, meine ich. Alle waren so gut drauf. Der Laden hier ist wirklich schön. Tolles Essen!«

Plötzlich sprang Fränge auf, rannte auf die Straße und brüllte: »Um sechs haben wir wieder geöffnet, ihr Jünger der Schönheit, ihr Sklaven des Rhythmus, ihr goldenen Kinder der Liebe!«

Irgendjemand brüllte »Halt's Maul!«, und Fränge klatschte Beifall, kam wieder herein und küsste Förster auf die Stirn.

»Bleib noch ein paar Tage!«, flüsterte Fränge ihm ins Ohr. »Morgen machen wir einen schönen Ausflug.«

28 Maracuja

Rosa wohnte in der Seitenstraße einer Seitenstraße in Biesdorf, was ziemlich weit draußen lag, aber noch zu Berlin gehörte, und diese Seitenstraße, dachte Förster, als Fränge den
Golf, den er sich eigens für diesen Tag von einem Arbeits-
kollegen aus der Kneipe geliehen hatte, um die Ecke lenkte,
könnte auch in Bochum-Hiltrop sein, so vertraut kamen ihm
die kleinen Einfamilienhäuser vor, sah man mal von den am
Straßenrand geparkten Wartburgs und Trabants ab, die den
Förster bereits vertrauten Touch ärmlicher Exotik ins Bild
brachten, auch wenn das, dachte er, mal wieder ein katastro-
phal arroganter Gedanke war.

Das Haus war grau, die Stufen, die zur Tür führten, back-
steinrot. Der rechte Teil des Hauses hatte einen runden Erker, der so weit hervorragte, dass oben drauf ein Balkon Platz
hatte. Rechts und links hangelte sich toter Efeu den Erker hi-
nauf, da hat schon lange nichts mehr geblüht, dachte Förster,
als Rosas Mutter, mit unordentlichem Haar und sehr gehetzt
wirkend, die Tür aufriss, noch bevor Fränge hatte klingeln
und klopfen können.

»Wieso so früh?«, fragte sie.

»Mensch, Mama, wir wollen den Tag ausnutzen, ist
doch so schönes Wetter!«, sagte Rosa, die hinter der Mutter aufgetaucht war und Fränge und Förster hereinbat. Sie
küsste beide auf die Wange, machte also keinen Unterschied

zwischen Freund und Liebhaber, wie Förster auffiel, aber andererseits, dachte er, sollte man da jetzt nicht zu viel hineingeheimnissen. Sie trug dieselbe helle Jeans wie letztes Mal, dazu ein hellblaues Top mit einem weiten, aber nicht tiefen Ausschnitt, darunter einen roten Bikini, dessen Träger im Nacken zusammengeknotet waren.

Die Mutter, höchstens einssiebzig, trug einen blauen Rock, der sich, wie Förster fand, nicht entscheiden konnte, ob er kurz oder lang sein sollte, dazu eine weiße Bluse mit einem Stehbörtchen. Ihre Haare hatten einen leichten Blaustich, der Förster an irgendwas oder irgendwen erinnerte, er kam aber nicht drauf, an was oder an wen.

»Was wollt ihr denn machen?«, fragte die Mutter.

»An den Kauli«, erwiderte Rosa knapp.

»Da werden euch eine Menge Leute sehen!«

»Na und, Mama?«

»Sie hat Angst, dass wir als Westler erkannt werden«, sagte Fränge und fügte hinzu: »Ich habe extra meine älteste Jeans angezogen, damit wir nicht so auffallen.«

Rosa boxte ihm gegen die Schulter, musste aber lachen. »Du bist unmöglich.«

»Ich kann auch ein paar rote Lieder singen.«

»Ich habe gehört, dafür haben Sie sich neulich erst Ärger eingehandelt«, sagte die Mutter, und Fränge verging das Grinsen. Auch Förster fragte sich, woher die Mutter das wusste.

Nur Rosa musste wieder lachen. »Ich habe ihr das von der Party erzählt. Wir sind hier nicht alle bei der Stasi.«

»Du könntest auch Feier sagen«, sagte die Mutter. »Warum sagst du Party? Feier ist doch das viel schönere Wort.«

»Musst du nicht langsam mal los, Mama?«

»Ja, ich muss los. Ins Ministerium.«

»Am Sonntag?«, fragte Fränge.

»Der Sozialismus schläft nicht.«

»Schlafentzug macht krank«, stichelte Fränge, und Rosa musste wieder grinsen.

Die Mutter sah Fränge an, und Förster hatte den Eindruck, sie war kurz davor, ihm eine Ohrfeige zu verpassen. Fränge hielt ihrem Blick stand, und nach ein paar Sekunden griff die Mutter nach Jacke und Handtasche und verließ ohne ein weiteres Wort das Haus.

»Mal ernsthaft«, sagte Fränge, während sie ihr zu dritt nachsahen, »am Sonntag ins Ministerium?«

»Sie trifft sich mit einem anderen Mann«, sagte Rosa.

»Und dein Vater?«

»Der geht angeln. Wirft aber die Fische, die er fängt, wieder ins Wasser.«

»Deine Mutter arbeitet in einem Ministerium?«, fragte Förster.

»Ach, die soll sich nicht so aufspielen«, sagte Rosa. »Sie ist eine kleine Tippse im Bildungsministerium. Hat nichts zu sagen, ist aber ein Riesenfan von der lila Hexe.«

Da war Förster nicht gleich im Bilde, aber Fränge klärte ihn auf, dass damit die Ministerin Margot Honecker gemeint war, die ihrem eigentlich weißen Haupthaar gerne einen bläulich-lila Farbstich verpasste, und da wusste Förster dann auch, an wen ihn die Tönung von Rosas Mutter erinnert hatte.

Zusammen schmierten sie Brote, packten ein paar Flaschen Bier und Maracuja-Limonade ein und fuhren dann zu den Kaulsdorfer Seen, stellten den Wagen irgendwo am Straßenrand ab und gingen zu Fuß weiter, bis sie über einen schmalen, kurzen Trampelpfad tatsächlich an so etwas wie einen Strand kamen, eine sandige, teils auch grasbewachsene Fläche, die sanft zu einem nur leise sich bewegenden, praktisch stillstehenden Gewässer hin abfiel. Linker Hand wurde der See durch einen Wald begrenzt, halb rechts gelangte man durch eine Furt zu einer schilfbestandenen

Insel, Schwäne kreuzten, Menschen lagen auf Handtüchern, bekleidet und unbekleidet, ein nackter Angler stand bis zu den Knien im Wasser.

Rosa hatte große Handtücher mitgenommen, auf denen sie sich niederließen. Förster war erleichtert, dass Rosa ihren Bikini anbehielt und sich nicht, wie er befürchtet hatte, der angeblich in der DDR grassierenden Freikörperkultur hingab, was geheißen hätte, dass auch Fränge und er hätten mitmachen müssen, und das hätte Förster doch ganz klar überfordert. Es reichte ihm schon, dass er dieses Gefühl der Fremdheit und der Beklommenheit, das ihn beim Überqueren der Grenze befiel, nie ganz loswurde.

Rosa legte sich auf den Bauch und entknotete die Träger ihres Bikinioberteils, damit Fränge ihr den Rücken eincremen konnte. Förster konnte nicht anders, er starrte auf diesen schönen langen Rücken und beobachtete, wie Fränges Hände darüberfuhren, um die Creme zu verteilen, und wie dieser schöne lange Rücken dann glänzte.

Fränge bemerkte Försters Blick, eine steile Falte entstand über seiner Nasenwurzel, aber dann nickte er, wie um Förster zu versichern, dass es in Ordnung sei, sich das hier ganz genau anzuschauen, was Förster dann doch wieder unangenehm fand, so schwiemelig männerbündisch, also ließ er seinen Blick über das seichte Gewässer gleiten und über die vielen anderen halb bekleideten Leiber der unterdrückten Werktätigen, die sich hier erholten, um am nächsten Tag wieder fit für den Produktionsprozess zu sein.

Dann lagen sie herum wie Fische auf Urlaub und redeten nicht viel. Förster las *Die Aula* von Hermann Kant, das Buch, das er im Mai in der Buchhandlung am Alexanderplatz gekauft hatte, Fränge den *Störfall* von Christa Wolf, während Rosa *Fegefeuer der Eitelkeiten* von Tom Wolfe dabeihatte.

Gegen Mittag aßen sie die Brote und tranken die Maracuja-Limonade, die, wie Förster fand, etwas chemisch schmeckte, aber er sagte nichts, er wollte nicht der blöde West-Dödel sein, der sich über Ostprodukte mokierte, und aus 100 Prozent Frucht war eine Fanta ja nun auch nicht gerade.

Förster sah sich um, betrachtete die Menschen, die außer ihnen hier waren, und fragte sich, warum die ihm fremder vorkamen als zum Beispiel die Holländer, die er im letzten Jahr am Strand von Domburg gesehen hatte. Brocki hatte erst neulich gesagt, dass die Wiedervereinigung noch zu unseren Lebzeiten kommen würde, weil der Kommunismus jetzt zusammenbreche, worauf Fränge erwidert hatte, zum einen sei das kein Kommunismus, sondern erst mal Sozialismus auf dem Weg zum Kommunismus, aber auch ansonsten habe Brocki ja wohl gar nichts begriffen. Deutschland einig Vaterland würden wir nicht mehr erleben, und er, Fränge, sei da auch sehr froh drüber, denn was die Menschheit nun wirklich nicht brauche, sei ein Viertes Reich, worauf Brocki fast ausgerastet war, weil, wie er sagte, ihn dieses ewige Gelaber über den drohenden Faschismus wahnsinnig mache, die BRD sei nun wirklich nicht Hitler-Deutschland oder auch nur eine Vorstufe davon, und das hatte Fränge dann wieder großartig amüsiert, weil Brocki BRD gesagt hatte, und BRD sagte man nur in der DDR. Förster konnte sich oft nicht entscheiden, auf wessen Seite er stehen sollte, weil er fand, dass man sich im Leben viel zu oft leichtfertig und unüberlegt für oder gegen etwas oder jemanden entschied, was dann oft unabsehbare Folgen hatte. Nur führte das ewige Nachdenken und Abwägen auch nirgendwohin, Förster jedenfalls sah diese Deutschland-Sache letztlich wie Fränge, er konnte sich ein einziges Deutschland nicht vorstellen, denn die beiden, die es jetzt gab, die waren in Stein gemeißelt beziehungsweise in Beton, das musste jedem klar sein, der mal diese Grenze mitten in der Stadt überquert und dann erlebt hatte, wie absurd anders hier alles war bei den Unterdrückten und Geknechteten, wie Brocki manchmal sagte. Mit diesen fremden Menschen wie denen hier am See in einem einzigen Staat zusammenzuleben, das ist doch Science-Fiction, dachte Förster.

Fränge und Rosa hatten angefangen, leise miteinander zu reden, wurden dann aber stetig lauter, sodass er gar nicht anders konnte als zuzuhören.

Irgendwann sagte Rosa: »Ich will nicht länger mitansehen, wie meine Eltern sich gegenseitig fertigmachen. Aber dann denke ich: Was soll ich denn drüben? Ich komme da doch gar nicht zurecht. Die haben genug Friseurinnen und auch genug Schauspielerinnen, die wahrscheinlich auch alle besser sind als ich. Was weiß ich denn schon, was kann ich denn schon? Da wartet doch keiner auf mich.«

»Haare sind Haare«, sagte Fränge, was nicht nur Förster für eine merkwürdige Antwort hielt, auch Rosa schwieg erst mal.

Dann sagte sie: »Wieso sagst du Haare? Wieso sagst du nicht, dass ich eine gute Schauspielerin bin?«

»Aber das bist du.«

»Ja, aber du hast gesagt, Haare sind Haare. Du meinst, als Friseurin könnte ich es im Westen schaffen. Als Schauspielerin nicht?«

»Doch, natürlich.«

»Du hast dich nur aufs Haareschneiden bezogen.«

»Aber ich habe dich auch als Schauspielerin gemeint.«

»Du hast mich doch auf der Bühne gesehen. Und du hast gesagt, du fandest mich toll.«

»Das warst du auch.«

»Das ist es, was ich tun will, weißt du. Ich will das mehr als alles andere. Verstehst du das denn nicht?«

»Doch, das tue ich.«

»Ich wollte immer allen was vorspielen, schon als Kind.«

»Ich fand dich toll auf der Bühne.«

»Aber du hast nur gesagt, Haare sind Haare. Nicht, dass du dir vorstellen könntest, dass ich, keine Ahnung, in Hamburg ans Thalia könnte oder in Bochum ans Schauspielhaus.«

»Haare sind Haare steht für all das.«

Diesen Dialog muss ich mir merken, dachte Förster.

Fränge und Rosa schwiegen jetzt, aber Förster fand, das war kein schönes Schweigen, nicht so ein Schweigen in der Idylle, kein Schweigen wortlosen Glücks, sondern ein angespanntes, ratloses, leicht gereiztes Schweigen. Er widmete sich wieder Hermann Kant, doch das war kein Lesen, das er da betrieb, mehr so ein Sich-das-Buch-vors-Gesicht-Halten-weil-man-nicht-weiß-wo-man-hingucken-soll.

Rosa und Fränge fingen wieder an, miteinander zu reden, noch leiser diesmal, ganz offensichtlich sollte Förster jetzt wirklich nicht mitbekommen, worum es ging, also stand er auf und murmelte, er gehe sich mal die Beine vertreten, bekam keine Antwort und ging einfach los, ganz langsam, weil der Strand nicht breit war, und als er zu den Bäumen kam, die den Strand abschlossen, wie Förster es für sich in Gedanken formulierte, kam ein dicker, älterer Mann hinter einem Baum hervor, wo er offenbar gerade seine Notdurft verrichtet hatte.

Der Mann stutzte, sah Förster an und sagte: »Ich habe da nur schnell ...«

»Kein Problem«, antwortete Förster und bemühte sich, nicht auf den dunklen Fleck vorne an der hellblauen Badehose des Mannes zu blicken.

»Der kann jetzt richtig wachsen, der Baum«, sagte der Mann.

»Kann sein«, sagte Förster und wollte weiter.

»Seid ihr die mit dem Golf?«, hielt ihn der Mann auf. »Die aus dem Westen?«

»Ja, aus dem Westen«, bestätigte Förster.

»Aus welchem?«

»Wie, aus welchem?«

»Na, aus dem richtigen oder nur aus Berlin?«

»Ach so. Aus dem richtigen.«

»Von wo denn da?«

»Ruhrgebiet.«

»Hab gehört, da ist auch scheiße.«

»Nein, das würde ich so nicht sagen.«

»Hab gehört, da sieht es aus wie bei uns in Bitterfeld.«

»Ich weiß nicht, wie es bei euch in Bitterfeld aussieht, aber bei uns sieht es ganz okay aus.«

»Und ihr habt Arbeitslosigkeit und Drogen.«

Das konnte Förster nicht bestreiten. »Ja, ist aber beides nicht so schlimm.«

»Wir haben gar keine Arbeitslosigkeit.«

»Super.«

»Wir sitzen zwar manchmal herum, weil keine Rohstoffe reinkommen, aber Arbeit haben wir alle.«

»Klasse«, sagte Förster.

Er ging zurück zu Fränge und Rosa, die stumm nebeneinanderlagen, sich aber an den Händen hielten. Offensichtlich war zwischen ihnen wieder alles in Ordnung. Sie fummelten verliebt aneinander herum, küssten sich hier, betatschten sich da. Förster seufzte, aber nur innerlich.

Später tranken sie das Bier, also vor allem Rosa und Förster, Fränge hielt sich zurück, denn betrunken als Westler in der DDR Auto fahren müsse nicht sein, sagte er, und Förster fand das bemerkenswert verantwortungsvoll, das war geradezu ein Hauch Brocki im Fränge, ein Hauch, den man nur selten spürte, der einem dann aber besonders auffiel.

Gegen sechs begann der Strand sich zu leeren, und auch Förster, Fränge und Rosa beschlossen, sich auf den Weg zu machen, packten ihre Sachen zusammen und gingen zum Auto. Als sie eingestiegen waren, fragte Rosa: »Wie groß ist eigentlich der Kofferraum von so einem Golf?«

Förster registrierte, dass Fränge augenblicklich blass wurde, was Rosa wiederum zum Lachen brachte. Sie küsste ihn auf den Mund und sagte: »Niemand hat die Absicht, sich in den Kofferraum eines VW Golf zu legen.«

»Ja, nee, ist klar.«

»Aber ich frage mich«, sagte Rosa, »wieso die Vorstellung, ich könnte in den Westen kommen, dich so schockiert.«

»Das ist es nicht«, sagte Fränge. »Es ist ... Also, ich würde sagen, es ist ...«

»Gefährlich?«, half Förster.

»Ja, genau, es ist gefährlich. Also im Kofferraum gucken die doch ständig nach, das wäre einfach total riskant, das kann man also nicht riskieren, ich meine ...«

»Mensch, Fränge«, sagte Rosa, »jetzt hör doch mal auf zu stammeln! Das bringt dich ja alles völlig aus der Fassung.«

»Ach was«, sagte Fränge, »es ist nur, dass ich uns dann den Weg freischießen müsste, und dann würden Unschuldige dran glauben, und das will ich nicht.«

»Schon klar«, sagte Rosa. »Jetzt lass uns mal los. Sieht doch blöd aus, wenn wir hier im Wagen sitzen und nicht losfahren. Wir können ja bei uns zu Hause noch was trinken.«

Bloß keine Maracuja-Limonade mehr, dachte Förster.

29 Westkontakt, die Sonne trödelt

Rosas Vater hatte Ringe unter den Augen und außerdem das, was man einen Façonschnitt nannte. Sein kurzärmeliges kariertes Hemd erinnerte Förster an Brocki.

»Wir wissen doch alle Bescheid«, sagte er gerade und roch aus dem Mund nach Alkohol. Förster hatte den Eindruck, er roch überall nach Alkohol, außerdem waren seine Fingerkuppen gelb vom Rauchen, und mit diesen gelben Kuppen fingerte er die nächste *Juwel* aus der Packung, und Förster dachte, dass es doch eigentlich nicht sein konnte, dass Zigaretten genauso hießen wie Campingkocher. Hier ist doch alles zentral gesteuert, ging ihm durch den Kopf, da muss einem doch auffallen, dass zwei völlig unterschiedliche Produkte denselben Namen haben, im Westen würde das auffallen, da würde die Zigarettenfirma den Hersteller der Campingkocher verklagen (oder umgekehrt), hier aber geht das einfach so durch.

Die Sache mit der Zigarette blieb für Förster bemerkenswert, denn Rosas Vater steckte die *Juwel* mit einem Streichholz an, was Förster schon lange nicht mehr gesehen hatte, im Westen hatten die meisten Raucher diese bunten Einwegfeuerzeuge, mit oder ohne Aufdruck. Bei den Streichhölzern von Rosas Vater handelte es sich um *Sicherheitszündwaren vom VEB Zündwarenwerke Riesa* in einer rot-gelben Schachtel, und wenn Förster so etwas sah, fühlte er sich immer wie ein Kind in einem Ausflugspark, in dem es eigentlich nicht sein wollte, weil der nur für Erwachsene war. Sie saßen an einem Küchentisch, dessen abwaschbare Platte in einer für Förster nicht ganz zu definierenden Farbe zwischen Grün und Türkis changierte, die Beine waren aus braunem Holz. Draußen dämmerte es nur zögerlich, klar, dachte Förster, es ist Anfang August, ein schöner Tag geht zu Ende, die Sonne trödelt beim Abgang. Von draußen fiel allerdings wegen einiger Bäume neben dem Haus nicht viel Licht herein, deshalb hatte Rosas Vater die Lampe über dem Tisch schon eingeschaltet.

»Wir wissen doch alle Bescheid«, wiederholte Rosas Vater. Niemand fragte nach, was er meinte, aber man hörte eine Küchenuhr ticken, und wenn man eine Küchenuhr ticken hört, dachte Förster, ist das meistens nicht gut, weil die das Ticken umgebende Stille dann zu einer unangenehmen wird, die nur durch schnellen Aufbruch oder einen abrupten Themenwechsel zu brechen wäre, was aber beides nicht passierte, weshalb Rosas Vater mit dem weitermachte, was er offenbar die ganze Zeit im Kopf gehabt hatte, nämlich, dass doch allen klar sei, dass es so nicht weitergehen könne.

Vorher, am See, hatte Rosa ein wenig detaillierter erzählt, was ihr Vater beruflich machte. Er arbeite bei der Staatlichen Finanzrevision der DDR und prüfe die Bücher von Betrieben und Kombinaten. Da hatte Förster aber nicht gedacht, dass er später den halben Abend mit dem Revisor verbringen und der sie alle von einer peinlichen Situation in die andere stürzen würde. Eigentlich hatte Fränge im Auto gesagt, er müsse jetzt doch auf schnellstem Wege wieder in den Westen, weil ihm eingefallen sei, dass er noch was erledigen müsse. Förster hatte dazu nichts gesagt und kurz mit dem Gedanken gespielt, Fränge fahren zu lassen, selbst aber noch ein bisschen zu bleiben und später dann die S-Bahn zu nehmen, aber das wäre wohl doch eine Idee zu auffällig gewesen. Außerdem hatte Rosa dann gesagt, einen schönen Tag wie diesen könne man nicht so prosaisch vor der Haustür enden lassen, ein »Schlummertrunk« müsse noch sein, zumal ihre Eltern beide nicht zu Hause seien. Schlummertrunk, hatte Förster gedacht, so was sagt ja bei uns auch keiner mehr, zu Hause lebte man ja schon im Zeitalter des Absackers. Und wenn die Eltern nicht zu Hause sind, hatte er noch gedacht, dann wollen Rosa und Fränge vielleicht noch mal intensiv alleine sein, aber kein Problem, hatte Förster gedacht, sitze ich halt im Wohnzimmer, während die beiden tun, was getan werden muss, wenn man jung ist und verliebt.

Das war dann aber alles Makulatur gewesen, denn noch während sie auf dem Weg vom Auto zur Haustür waren, war diese plötzlich aufgegangen, und der Vater hatte dagestanden, das Hemd fast bis zum Bauch aufgeknöpft. Als sie zögernd an ihm vorbeigegangen waren, hatte Förster dessen Fahne gerochen. Fränge hatte dann doch wieder gleich fahren wollen, aber der Vater hatte gesagt, sie sollten nur hereinkommen. Sie waren ihm in die Küche gefolgt, wo er schon ein Glas stehen hatte, und die Küche hatte mit dieser, wie Förster meinte, ziemlich hässlichen Küchenlampe mit Keramikschirm, sehr deprimierend ausgesehen, eine Festung der Einsamkeit, durchzogen von Nikotinschwaden. Zuerst war es nur um Nettigkeiten gegangen, wie geht es euch, was habt ihr gemacht, wie war euer Tag, aber dann hatte der Vater angefangen zu fragen, wie es denn im Westen so lief, man höre ja ganz tolle Sachen, und Förster hatte sich gefragt, welche Sachen das sein mochten, aber der Vater hatte auch nicht wirklich eine Antwort erwartet, sondern einfach weitergeredet.

»Wir sind doch auch nicht anders als ihr«, sagte der Vater,

nachdem er noch mal wiederholt hatte, dass doch alle Bescheid wüssten. »Auch bei uns muss immer alles wachsen. Die Pläne werden gesteigert und müssen übertroffen werden. Und es versuchen ja auch alle mitzumachen. Das funktioniert aber nur, wenn zum Beispiel Waren untereinander verkauft und wieder zurückgekauft werden. Jetzt fragt ihr euch, wie das wohl gemeint ist, oder?«

Das hatte sich Förster tatsächlich gefragt.

Rosas Vater zog an seiner Zigarette und sagte: »Um mal das Prinzip anzudeuten: Du willst, dass ich dir einen Tisch baue, hast aber die Bretter dafür schon. Das nennen wir beigestelltes Material. Damit wir beide unsere Bruttokennziffer Industrielle Warenproduktion nach oben treiben können, um Planerfüllung melden zu können, sage ich dir: Gut, ich bau dir den Tisch, aber du verkaufst mir erst mal die Bretter. Und hinterher kaufst du den Tisch von mir. Genial, oder?«

Rosas Vater lachte bitter, um anzudeuten, dass das Ganze nicht wirklich genial war.

»Oder anderes Beispiel, ein realer Fall: Das Bau- und Montagekombinat Ingenieurhochbau Berlin baut für die HO, das steht für Handelsorganisation ...«

»Klar«, sagte Fränge.

»Papa, bitte!«, flehte Rosa.

Aber der Vater machte weiter: »Also das BMK Ingenieurhochbau Berlin baut für die HO oder die Konsumgenossenschaft, egal jetzt, sagen wir: eine Kaufhalle. Nach der Eröffnung stellt sich raus: Irgendwas funktioniert nicht. Zum Beispiel: Die Tür ist kaputt. Da sagt die HO zum BMK Ingenieurhochbau Berlin: Mach die wieder heile. Da sagt die BMK Ingenieurhochbau Berlin zur HO: Mach ich, aber du verkaufst mir erst mal die ganze Kaufhalle für, sagen wir mal eine Million Mark. Dann mache ich die Tür fertig, und du kaufst sie für eine Million zurück. Warum ist das jetzt auch genial?«

Das fragte sich Förster auch.

»Weil«, fuhr der Vater fort, »ich damit meine Bruttokennziffer Industrielle Warenproduktion um eine Million erhöht habe, was mich der hundertprozentigen Planerfüllung näherbringt, die ich sonst nicht schaffen würde. Dass sich die Konterposition Wareneinsatz oder Aufwand auch erhöht, interessiert niemanden so richtig. Alle gucken nur oben drauf und sind glücklich, weil der Plan mal wieder erfüllt wurde. DAS ist daran genial!«

»Papa, ich glaube, das führt jetzt zu weit, das interessiert doch keinen.«

Förster fand auch, dass das nicht das richtige Thema war. Nicht weil es ihn nicht interessierte, sondern weil Rosas Vater vielleicht mehr erzählte als er sollte.

»Ich bin Gruppenleiter«, machte der Vater ungerührt weiter. »Und zwar einer, der die Schnauze voll hat.«

Fränge räusperte sich. »Vielleicht sollten wir jetzt gehen.«

»Nee, nee, bleibt mal. Ihr wollt doch wissen, wie es hier zugeht, oder?«

»So genau eigentlich nicht«, sagte Fränge, und Förster gab ihm wortlos recht.

»Du musst dir ja immer überlegen: Was machst du mit dem Betriebsleiter, den du da vor dir hast? Du weißt, der hat gemauschelt bei der Planerfüllung. Da habe ich dann zwei Möglichkeiten: Ich kann den hinhängen, dann redet der nie wieder mit mir. Lass ich den leben, habe ich aber nix für den Minister. Ich muss ja auch was nach oben melden, damit die glauben, ich mache meine Arbeit gut. Ich will ja nun auch nicht, dass die im Ministerium mir auf die Finger hauen.«

Förster dachte: Der redet sich doch um Kopf und Kragen,

der Vater! Woher weiß der denn, dass wir ihn nicht verpfei-fen? Andererseits – was hätten wir davon?

»Du brauchst kleine Siege«, machte der Vater weiter. »Also so Kleinigkeiten, die du melden kannst, ohne dass der Betrieb richtigen Ärger bekommt. Ist nicht leicht. Muss man können. Ist praktisch eine Kunst. Macht aber keinen Spaß. Das Politbüro will verwöhnt werden mit Erfolgsmeldungen. Das sind alles Kinder.«

Der Vater trank die noch halb volle Flasche Bier in einem Zug aus.

»Das geht alles nicht mehr ewig«, sagte er. »Wir sind doch praktisch pleite. Irgendwann fliegt uns der ganze Scheiß um die Ohren. Die Leute lassen sich das nicht ewig gefallen. Hat man doch jetzt bei den Kommunalwahlen gesehen. Irgend-wann ist gut.«

»Ja, irgendwann ist gut, Papa«, sagte Rosa.

»Weißt du«, fuhr der Vater fort, aber Förster hatte den Ein-druck, mit du meinte er mehr sich selber als Rosa oder sonst wen, »früher war das hier mal eine gute Idee. Mein Vater war Kommunist, musst du wissen. Der war im KZ, die haben ihm beide Arme gebrochen. Den hätten keine zehn Pferde in den Westen gekriegt. Der wusste doch, dass da die alten Nazis und das Kapital immer noch den Ton angaben. Weißt du, das Schlimme ist doch, dass wir hier vor allem denen auf die Schnauze hauen, die uns eigentlich gut finden. Das be-greifen die einfach nicht!«

Jetzt kicherte der Vater, was Förster noch unangenehmer war als die unangemessene Offenheit, die der Mann hier an den Tag legte. Dann hörten sie die Haustür, und kurz danach stand die Mutter in der Küchentür.

»Was ist denn hier los?«

»Wir wollten gerade gehen«, sagte Fränge.

»Ist er wieder blau?«, regte sich die Mutter auf. »Konnte er wieder den Mund nicht halten? Du kennst diese Leute doch überhaupt nicht!«

»Das sind nicht diese Leute. Das sind Freunde von Rosa.«

»Hast du sie denn schon gemeldet?«

»Mache ich in den nächsten Tagen.«

Jetzt wurde Förster ein wenig nervös. »Was meint sie mit melden?«

»Ach nur, dass wir Westkontakte melden müssen«, sagte der Vater.

»Melden, an wen?«

»An die Stasi natürlich. Aber macht euch keine Gedanken, das ist eine reine Formsache.«

»Uns an die Stasi verpfeifen ist reine Formsache?« Ohne es zu wollen, war Förster laut geworden.

»Von verpfeifen kann keine Rede sein«, versuchte der Vater zu beschwichtigen. »Die werden euch vielleicht beim nächsten Mal ein paar Fragen stellen.«

»Macht euch mal nicht in die Hose!«, rief die Mutter. »Das wäre bei euch auch nicht anders! Da würde der BND auf der Matte stehen oder der Verfassungsschutz oder wer da zuständig ist. Ist völlig normal, dass Kontakte zum Feind gemeldet werden müssen.«

»Feind?«, sagte Rosa, »Wir sind doch nicht im Krieg!«

»Ach nein?«, sagte die Mutter. »Wie würdest du das denn sonst nennen?«

Förster blickte Fränge an. »Wusstest du das?«

Fränge zuckte mit den Schultern. »Die kochen auch nur mit Wasser.«

»Ja, aber nach allem, was man so hört, kann dieses Wasser ganz schön heiß sein! Das hättest du mir sagen müssen! Das muss einem doch gesagt werden, dass man hier verpfiffen werden kann, nur weil man mit den Leuten redet!«

»Na ja, man nennt das nicht umsonst eine Diktatur,

Förster«, sagte Fränge, was Rosas Mutter natürlich überhaupt nicht passte.

»Du weißt doch überhaupt nicht, was das ist, eine Diktatur!«, rief sie und fing vom Faschismus an und von Hitler und von Chile und welche Diktatoren der Westen so alles unterstütze. Rosas Vater schüttelte den Kopf und lachte höhnisch, die Mutter schimpfte immer weiter, auf den Westen und das Kapital und wie der amerikanische Imperialismus den Weltfrieden bedrohe, aber als sie dann auch noch dem »lieben Genossen Gorbatschow« für seine Verdienste um die Destabilisierung des Warschauer Paktes höhnisch applaudierte (»Bravo, lieber Genosse Gorbatschow, ganz toll!«), platzte dem Vater endgültig der Kragen, und er fragte seine Frau, ob es zur Stabilisierung der Weltlage beitrage, wenn sie mit dem Abteilungsleiter Müller bumse, und da war dann erst mal Stille in der Küche. Die Mutter machte große Augen, und Förster sah, dass sie schwitzte. Offensichtlich wusste sie nicht, was sie sagen sollte, war sich aber darüber im Klaren, dass sie irgendwas sagen musste, um sich zur Wehr zu setzen, aber was sie sagte, war dann schon etwas komisch.

Die Mutter sagte: »Meier. Der heißt Meier.« Pause. »Mit e-i.«

30 Ferngespräche

»Das hat der euch einfach so erzählt?« Brocki konnte es nicht fassen.

»Glaubst du, ich denke mir das aus?«, fragte Förster zurück. Der Telefonhörer fühlte sich irgendwie unangenehm klebrig an.

»Das ist doch eine Räuberpistole!«

»Wieso denn Räuberpistole, Brocki? Wieso glaubst du mir das denn nicht?«

»Ich weiß nicht, das klingt so nach Agentenklamotte.«

»Was denn jetzt? Räuberpistole oder Agentenklamotte?«

»Also, der Vater ist so eine Art Wirtschaftsprüfer und erzählt euch einfach mal so, dass die DDR-Wirtschaft den Bach runtergeht, und die Mutter ist Tippse im Bildungsministerium, färbt sich die Haare wie die Margot Honecker und hat was mit einem Typen namens Müller?«

»Meier. Der heißt Meier.«

»Mit e-i oder a-i?«

»Wieso willst du das wissen?«

»Sagst du nicht immer, Details sind wichtig für eine Geschichte?«

Förster seufzte. Jetzt wurden einem schon die eigenen Merksätze um die Ohren gehauen! Er sagte: »Mit e-i, Brocki. Und die Realität ist manchmal viel bekloppter als alles, was man sich ausdenken kann.«

Er wechselte den Hörer von einem Ohr zum anderen und wischte sich die Hand an der Hose ab.

»Ja, mag ja sein, aber der Mann bringt sich doch in Gefahr!«, sagte Brocki. »Wenn seine Frau jetzt zur Stasi rennt! Das sind Killer, Förster, vergiss das nicht.«

»Nun übertreib mal nicht, Brocki!«

»Guck dir doch die Kreuze an der Mauer an! Die sind nicht für Leute, die da einen Herzinfarkt gekriegt haben!«

»Seine Frau ist immer noch seine Frau, die wird ihn schon nicht verpfeifen.«

»Boah, Förster, du kannst manchmal unglaublich naiv sein!«

»Was ist denn hier los?«, kam es plötzlich von der Küchentür. Als Förster aufblickte, sah er Rainer da stehen, in Unterhose und einem alten roten T-Shirt mit Löchern.

»Ich telefoniere«, sagte Förster.

»Wer ist denn da?«, fragte Brocki.

»Wieso telefonierst du mitten in der Nacht?«

»Es ist zwölf Uhr mittags«, stellte Förster fest.

»Sag ich doch«, sagte Rainer.

»Mensch, Förster, mit wem redest du da?«

»Mit dem Rainer.«

»Mein Beileid.«

»Mit wem redest du da?«, wollte dann auch Rainer wissen.

»Mit Brocki.«

»Ist das ein Ferngespräch?«, fragte Rainer. »Das ist doch ein Ferngespräch! Wer bezahlt das denn?«

»Beruhige dich, Rainer. Brocki hat angerufen.«

»Dann ist ja gut. Ich dachte schon, du telefonierst hier auf meine Kosten in den Westen. Ich muss unbedingt einen Einheitenzähler anschaffen, und dann wird gnadenlos aufgeschrieben.«

»Ist bestimmt eine gute Idee«, sagte Förster.

»Der soll sich mal nicht so aufregen«, sagte Brocki.

»Wo ist denn der Fränge?«, wollte Rainer wissen.

»Der ist Brötchen holen«, sagte Förster.

»Kannst du dich jetzt mal entscheiden, mit wem du redest?«, stöhnte Brocki.

»Ich geh erst mal kacken«, nahm Rainer Förster die Entscheidung ab.

»Das habe ich gehört«, sagte Brocki. »Der hat sie doch nicht mehr alle! Wieso sagt der das an?«

»Damit man da nicht reinplatzt«, sagte Förster. »Die Tür zum Klo kann man nicht abschließen.« Das stimmte zwar nicht, aber er hatte keine Lust, Brocki in seinem Rainer-Hass noch zu bestärken. Andererseits, dachte er, ist es auch nicht gut, einen wie Rainer zu verteidigen, da muss man vorsichtig sein, das holt einen irgendwann ein.

»Ach so«, sagte Brocki und fuhr dann fort: »Wo bleibt denn der Fränge? Der ist doch schon ganz schön lange weg!«

»Das weißt du doch gar nicht, Brocki. Wir telefonieren erst seit fünf Minuten. Ist auch egal. Sag mal, weswegen du angerufen hast.«

»Ich war gestern im *Ahorn-Eck*. Mit der Silke.«

»Du wolltest doch bis zum Anfang des Semesters warten, bis du sie fragst, ob sie mit dir ins Kino geht. Bis dahin wolltest du noch an dir arbeiten!«

»Ja, aber dann habe ich sie gestern wieder im REWE getroffen.«

Ich gehe in den falschen Supermarkt, dachte Förster. In dem Plus bei mir gegenüber ist mir noch nie eine auch nur halbwegs attraktive Frau aufgefallen, aber dieser REWE bei Brocki um die Ecke scheint ja das reinste Anbahnungsinstitut zu sein.

»Es war schon kurz nach sechs, und da habe ich sie

einfach gefragt, ob wir nicht ins *Ahorn-Eck* was trinken gehen sollen. Ich meine, ich hatte keinen Durst, aber darum ging es ja auch irgendwie nicht.«

»Ist doch super!«

»Ja, es war okay, aber sonst nichts weiter. Sie hatte nicht viel Zeit, die war um acht Uhr schon wieder verabredet. Ich war der Lückenfüller, wenn man es genau nimmt.«

»Ach was! Wenn die mit dir ins *Ahorn-Eck* geht, dann kann sie dich nicht ganz so blöd finden.«

Es war echt unangenehm, diesen Hörer zu halten. Was kann denn da nur so kleben?, dachte Förster.

»Immer langsam, ich will da nichts überstürzen, dieses Projekt ist langfristig angelegt. Und außerdem rufe ich nicht wegen der Silke an.«

»Sondern?«

»Ich habe im *Ahorn-Eck* die Beate getroffen.«

Förster wurde es ein bisschen komisch. »Ja und?«

»Die hat nach dir gefragt, Förster. Du sollst sie unbedingt mal anrufen. Ist wichtig.«

»Hat sie gesagt, worum es geht?«

»Ihr wollt einen Film machen, hat sie gesagt. Ich hab noch gelacht und gesagt: Wie, Film? Aber sie meinte das ernst.«

»Ja, natürlich, wieso auch nicht, Brocki?«

»Klar, ihr macht einen Film und kommt ganz groß raus, ich lach mich tot.«

Förster spürte, wie Zorn in ihm aufstieg. Es mochte ja nicht so fürchterlich wahrscheinlich sein, dass es mit dem Film was wurde, aber dass Brocki sich darüber lustig machte, weil er es für komplett unmöglich hielt, das ärgerte Förster schon sehr.

»Also ruf die mal an, die Beate, und dann macht ihr euren Film. Mit Harald Juhnke oder so. Mit Götz George.«

Brocki lachte immer weiter. Förster sagte: »Lach ruhig,

aber an dem Götz George ist die Beate tatsächlich dran. Die kennt den. Und der macht oft solche Sachen, also in Debütfilmen ohne Geld mitspielen.«

Beate hatte nie was von Götz George gesagt, aber das wusste Brocki nicht. Er klang allerdings auch nicht so, als würde er es glauben.

»Meine Tante hat ein Autogramm von Theo Lingen. Vielleicht macht der auch noch mit.«

»Ist noch was?«

»Nee, Förster, ich wollte dir nur das mit der Beate sagen, weil sie gesagt hat, es sei wichtig.«

Sie legten auf, und Förster ging erst mal zur Spüle und wusch sich die Hände. Das Geschirrtuch, das an einem Haken an der Wand hing, sah aber ziemlich versifft aus, also wischte er sich die Hände an der Hose ab. Kurz darauf kam Fränge zurück, allerdings ohne Brötchen

»Kleine Planänderung«, sagte er. »Wir frühstücken auswärts.«

»Schöne Grüße von Brocki«, sagte Förster. »Wir haben telefoniert.«

»Lass das bloß den Rainer nicht wissen«, sagte Fränge. »Der dreht durch, wenn hier einer Ferngespräche führt. Also ein Fremder.«

»Brocki hatte angerufen.«

»Ach so, dann ist gut. Der geht mir auf die Nerven, der Rainer. Jeden Monat diskutiere ich mit dem über die Telefonrechnung.«

WG, dachte Förster. Nichts für mich.

»Ihr müsst den Apparat mal sauber machen! Der Hörer klebt, das ist ekelhaft!«

»Telefon ist überhaupt ein blödes Thema«, sagte Fränge. »Neulich hat die Rosa angerufen, und die Marta ist rangegangen. Das war nicht gut.«

»Und was ist passiert?«

»Die Rosa hat gesagt, sie will mich sprechen. Mehr nicht, Gott sei Dank. Man kann ja mal von einer Frau angerufen werden, ist doch kein Problem.«

»Und du musstest nichts erklären?«

»Marta habe ich gesagt, dass es eine Frau aus der Kneipe war, die die Schicht mit mir tauschen wollte, und Rosa habe ich gesagt, dass Marta die Freundin von Rainer ist, aber so, dass Marta es nicht mitbekommen hat. Ich meine, wieso geht die hier überhaupt ans Telefon? Damit hat sie doch gar nichts zu tun. Ist ja nicht ihre Wohnung oder so.«

»Du hörst dich schon an wie Rainer.«

»Willst du mich beleidigen?«

»Knackt es eigentlich in der Leitung, wenn der Osten anruft?«, wollte Förster wissen.

»Du meinst, ob Onkel Erich mithört? Kann schon sein, ist aber egal. Obwohl, neulich, also, wenn die Stasi Donnerstag vor zwei Wochen mitgehört hat, dann haben die rote Ohren gekriegt.«

»Wieso das denn? Habt ihr Fluchtpläne besprochen? Ein Attentat geplant?«

Fränge lachte. »Gibt noch andere Sachen, die man am Telefon machen kann. Weißt du noch, wie in *Barbarella* Jane Fonda und dieser Typ eine Pille nehmen und dann nur die Handflächen aneinanderlegen, um Sex zu haben? Wir sind schon einen Schritt weiter, wir müssen uns nicht mal mehr sehen.«

Förster fragte sich, wo da der Reiz lag, beschloss aber, nicht nachzuhaken, obwohl es ihn schon interessiert hätte, wie so etwas funktionieren sollte, weil das ja nur verbal laufen konnte, und alles, was er sich da vorstellen konnte, kam ihm lächerlich vor.

Plötzlich sprang Fränge auf, ging in die Diele und rief

dann: »Mensch, Förster, wir müssen noch den Lars in Stockholm anrufen! Das haben wir ja ganz vergessen!«

»Aber nicht von meinem Telefon!«, brüllte Rainer, der noch immer auf der Toilette saß. »Und morgen besorge ich einen Einheitenzähler! Dann wird aufgeschrieben, Dahlbusch!«

31 Lee Remick

Als sie den Laden betraten, sah Förster sofort, wieso das hier *Kaffee Müller* hieß, also mit K und Doppel-f und Doppel-e und nicht *Café Müller* mit C und Accent aigu, denn in erster Linie wurde hier Kaffee verkauft, in Bohnen oder gemahlen, dazu hatte man ein paar Tische und Stühle gestellt, was den schmalen, engen Raum noch schmaler und enger erscheinen ließ, als er ohnehin schon war, und ganz hinten, am letzten Tisch saßen Marta und Marissa, die ihnen gleich zuwinkten, beziehungsweise winkte Marta, während Marissa nur die Hand hob, wie Förster gleich auffiel. Zusammen mit Fränge bahnte er sich einen Weg durch die Leute, denn es saßen nicht nur Gäste an den Tischen, es standen auch Kunden am Verkaufstresen und bestellten Kaffeebohnen oder fertige Kaffees zum Mitnehmen, und während er sich so drängelte, immer hinter Fränge her, sah er, dass Marissa die Haare offen trug und dass sie ihn die ganze Zeit ansah, wie er sich da den Weg durch den See aus Leibern bahnte, nein, dachte Förster, das ist mehr ein Sumpf, in dem man versinken kann, wenn man nicht aufpasst, denn wenn es ein See wäre, könnte die Frau, die am Ufer saß und ihn irgendwie sorgenvoll ansah, ins Wasser springen, um ihn zu retten, aber in einem Sumpf, einem Morast, einem Treibsand wäre er verloren, da könnte sie nur zugucken, wie er für immer versank, wie die Whiskeyfässer am Ende von *Vierzig Wagen westwärts*, den man auch mal wieder gucken könnte, dachte Förster, das ist nun wirklich ein ziemlich witziger Film, mit Burt Lancaster, Donald Pleasence und nicht zuletzt Lee Remick, der amerikanischen Schauspielerin mit dem wahrscheinlich coolsten Namen der Filmgeschichte, von diesen unglaublichen blauen Augen mal ganz abgesehen. Und Augen, dachte Förster, das ist ja jetzt genau das richtige Stichwort, also Marissas Augen jetzt, denn sie waren endlich bei den beiden Schwestern angekommen. Marta stand auf, um Fränge zu begrüßen, Marissa blieb sitzen. Förster musste sich zu ihr hinunterbeugen, um sie auf die Wange zu küssen.

Das Frühstück stand schon auf dem Tisch, Croissants, Brötchen und Marmelade. Fränge und Förster mussten nur noch Kaffee bestellen, der von dem hochgewachsenen blonden Kellner in Anbetracht des Gedränges erstaunlich schnell geliefert wurde.

»Montagmittag, Förster, die anderen quälen sich, und wir sitzen ganz gemütlich und frühstücken erst mal. Wenn das der Brocki mitbekommt, dreht der durch«, sagte Fränge.

»Na ja, für uns«, sagte Marta, »ist es schon das zweite Frühstück. Wir sind schon ziemlich lange auf.«

»Arbeitende Bevölkerung«, sagte Fränge, »ich liebe sie! Allerdings arbeite ich auch, das darfst du nicht vergessen.«

»Bierflaschen öffnen, auf den Tresen stellen und später wieder abräumen – klingt nicht so schwer«, sagte Marta.

»Ich muss auch Nüsschen auf den Tresen stellen, damit mehr gesoffen wird. Findest du die Croissants nicht großartig, Förster? Hast du außerhalb von Paris schon mal solche Croissants gegessen?«

»Ich habe ja nicht mal innerhalb von Paris Croissants gegessen.«

»Du warst noch nie in Paris?«, fragte Marta entgeistert.

»Doch, aber ich habe da keine Croissants gegessen.«

»Und in Lissabon?«

»Da habe ich auch noch keine Croissants gegessen.«

»Aber du warst schon mal da?«

»Vor fünf Jahren«, antwortete Fränge für Förster. »Interrail. Wir haben vor dem Bahnhof geschlafen, bis die Bullen uns in die Rippen getreten haben.«

»Man schläft ja auch nicht auf der Straße«, sagte Marta. »Das ist asozial.«

Förster fragte sich, wieso Marissa nichts sagte. Die arbeitete sich mit einem Ernst durch ihr Marmeladenbrötchen, als hätte sie Angst, es könnte sich wehren.

»Hör mal«, sagte Marta plötzlich zu Fränge, »ich wohne jetzt schon so lange in Berlin, war aber noch nie im Osten. Lass uns heute einen Ausflug machen!«

Fränge, der gerade ein Stück Croissant im Mund hatte, hielt im Kauen inne. »Ausflug? Wieso denn Ausflug? Das ist doch nichts, wo man einen Ausflug hin macht. Du hast doch selber immer gesagt, dass dir der Osten unheimlich ist!«

»Ich bin aber auch schon Geisterbahn gefahren. Ich will mir das einfach mal ansehen. Und heute passt es so gut.«

»Da gibt es nicht viel zu sehen«, behauptete Fränge.

»Ach komm, du musst doch bestimmt mal wieder ein paar von diesen Campingkochern rüberschmuggeln.«

»Das ist kein Schmuggel. Die kaufe ich ganz normal. Aber ich habe zur Zeit keine Bestellungen vorliegen. Wenn du so scharf auf den Osten bist, dann fahr doch alleine rüber. Oder mit deiner Schwester.«

»Aber du kennst dich doch da aus«, beharrte Marta. »Es wäre viel schöner, wenn du uns alles zeigst.«

»Das ist teuer, das kostet Eintritt, fünfundzwanzig Mark, das bringt doch nichts.«

»Ich lade dich ein.«

»Darum geht es doch gar nicht.«

Förster sah, dass Fränge die Argumente ausgingen.

»Wir fahren alle vier rüber«, sagte Marta.

»Nee, Förster kann nicht«, sagte Fränge.

»Förster kann nicht?«, fragte Förster.

»Du musst doch wieder zurück nach Bochum. Hast doch schon die Fahrkarte und alles.«

Förster verstand nicht, was das sollte, sagte dann aber: »Ach ja, stimmt, hatte ich ganz vergessen.«

»Ich kann auch nicht«, sagte Marissa. »Bin im *Lisboa* eingeteilt.«

Fränge schien angestrengt nachzudenken. War ja klar, dass so eine Situation mal kommen würde, dachte Förster. Er war gespannt, wie Fränge sich da herauswinden wollte.

»Also gut, passt auf«, sagte Fränge. »Förster und ich, wir gehen noch mal zu mir nach Hause, weil Förster seine Sachen holen muss, und dann komme ich wieder her, und wir machen meinetwegen rüber.«

Fränge trank seinen Kaffee aus und stand auf, Marissa blieb sitzen, und Förster dachte darüber nach, sich zu ihr hinunterzubeugen und sie auf die Wange zu küssen, aber dann gab er ihr einfach nur die Hand. Sie drängelten sich in entgegengesetzter Richtung durch den Treibsand aus Fremden, und Förster hatte den Eindruck, raus aus dem Kaffee Müller ging es schneller als hinein.

»So«, sagte Fränge, als sie draußen waren, »und jetzt erkläre ich dir, wie das läuft.«

Draußen erklärte Fränge Förster, was er vorhatte.

»Fränge, ganz im Ernst, das ist totaler Schwachsinn!«, sagte Förster.

»Sag mal, fängt das jetzt an zu regnen?«

»Paar Tropfen, aber das ist doch egal.«

»August in Berlin, der Himmel weint. Na, Prost Mahlzeit.«

»Sag nicht Prost Mahlzeit«, sagte Förster, »das ist Brocki-Sprech.«

»August in Berlin, der Himmel weint. Verdammte Kacke! Besser?«

»Lenk nicht vom Thema ab.«

»Wer lenkt denn hier ab?«

»Das da drüben ist auch eine Millionenstadt. Die Gefahr, dass du der Rosa über den Weg läufst, wenn du mit der Marta Unter den Linden flanierst, ist eins zu – was weiß ich, eins Komma drei Millionen.«

»Solange da eine Eins vor dem Doppelpunkt steht, ist die Gefahr real.«

»Und ich soll jetzt die Kohlen für dich aus dem Feuer holen.«

»Du sollst einen netten Nachmittag mit einer schönen Frau verbringen. Das ist doch nicht gerade gegen die Menschenrechte.«

»Aber es ist unehrlich. Ich helfe dir, gleich zwei Frauen zu hintergehen.«

»Guck mal den Himmel an! Sieht aus, als würde da gleich noch ganz schön was runterkommen«, sagte Fränge. »Vielleicht komme ich ja um die Sache rum, wenn es regnet.«

Über den Häusern von Kreuzberg hatte es sich tatsächlich zugezogen. Auch ein Punk, der an ihnen vorbeiging, warf einen skeptischen Blick zum Himmel.

»Andererseits sieht man da drüben schon wieder blaue Stellen«, stellte Fränge fest. »Und die Marta lässt sich von ein bisschen Regen nicht abhalten. Die ist stur, sage ich dir!«

Sie kamen an einem im Souterrain untergebrachten Secondhandladen vorbei, wo ein Glatzkopf mit großen Ohrringen damit beschäftigt war, seine auf dem Bürgersteig zur Ansicht ausgestellten Möbel vor dem drohenden Regen in Sicherheit zu bringen.

»Vielleicht solltest du aber auch mal drüber nachdenken, ob das alles so richtig ist, was du hier treibst«, sagte Förster. »Dieses ganze Weltenwanderer-der-Liebe-Ding muss doch unheimlich anstrengend sein.«

»Aber es ist spannend, Förster! Spannender als alles, was Brocki und du zu Hause so erlebt.«

Förster wurde langsam sauer. »Wenn man jemanden um einen absolut beknackten Gefallen bittet, sollte man ihn nicht im nächsten Moment beleidigen, Fränge, das ist taktisch nicht besonders klug.«

»Der Gefallen ist nicht beknackt«, protestierte Fränge. »Ständig passieren auf der Welt Dinge, die man nicht für möglich hält. Da sollte man lieber auf Nummer sicher gehen. Also, machst du es oder nicht?«

»Muss ich mir noch überlegen.«

Förster bekam jetzt auch ein paar Tropfen ab, er blickte zum Himmel, weil er nicht wusste, wo er sonst hingucken sollte, und sie beide sagten nichts, bis sie wieder bei Fränge in der Wohnung waren und Förster anfing, seine Sachen zu packen.

»Wieso packst du denn jetzt?«, wollte Fränge wissen.

»Weil du Marta gesagt hast, dass ich heute noch nach Hause fahre. Das muss ich dann wohl machen, wenn ich kein Lügner sein will.«

»Ach komm, sei mal nicht so. Du machst dir einen netten Nachmittag im Osten mit Rosa, und wenn du zurückkommst, führe ich dich groß zum Essen aus.«

»Was heißt das? McDonald's statt Döner oder was?«

»Wieso nicht mal Pizza?«

»Seid ihr schon wieder am Telefonieren?«, brüllte Rainer aus seinem Zimmer.

»Halt die Klappe!«, brüllte Fränge zurück. »Ich habe gerade New York am Rohr!«

»Verarschen kann ich mich alleine!«

»Dann mach das auch!«

»Sag mal«, sagte Förster, »wieso ist deine Mitbewohnerin, diese Martina, eigentlich nie hier?«

»Die ist eigentlich immer hier«, sagte Fränge. »Nur eben nicht, wenn du hier bist. Als du am Freitag angekommen bist, war sie gerade zur Tür raus.«

»Die ist das reinste Phantom.«

»Die ist in Hamburg. Hat da irgendein Vorsprechen. Für einen Film oder Fernsehen oder so. Und Freunde besuchen. Die hat ja überall Freunde, die Martina, Hamburg, München, Braunschweig, ich weiß nicht wo überall.«

»Und du hattest immer noch nichts mit ihr?«

»Ich habe doch schon gesagt, die ist nichts für mich. Und ich bin nichts für sie. Vielleicht die einzige Frau, mit der ich einfach nur befreundet sein will. Die wäre was für dich, die ist auch so durchgeistigt und denkt viel zu viel nach.«

»Sollte das ein Kompliment sein?«

»Unbedingt! Für euch beide!«

Förster hatte seine Tasche fertig gepackt und drängte sich an dem in der Tür zu Martinas Zimmer stehenden Fränge vorbei in die Küche. Eigentlich sollte ich mir von dem schön einen Kaffee kochen lassen, dachte er, der macht mir doch jetzt alles, damit ich nachher den Babysitter für Rosa spiele. Also sagte er: »Ich könnte noch einen Kaffee vertragen.«

»Kein Problem, bedien dich!«, sagte Fränge.

Das ist so typisch, dachte Förster. Eigentlich war ihm gar nicht nach Kaffee, er hatte Fränge nur ein bisschen durch die Gegend scheuchen wollen, aber aus der Nummer kam er jetzt nicht mehr raus.

Während Förster Wasser in die Kaffeemaschine füllte, sagte Fränge: »Ach, weißt du was, mach einen für mich mit!«

Der ist unglaublich, der Dahlbusch!, dachte Förster, seufzte und machte eine Tasse mehr.

Sie hörten der Maschine bei der Arbeit zu, und Förster wartete darauf, dass Fränge wieder anfing zu betteln. Er holte aber nur sein Portemonnaie aus der Gesäßtasche seiner Jeans und legte fünfundzwanzig Mark vor Förster auf den Küchentisch.

»Bitte!«, sagte Fränge dann doch noch.

»Darauf habe ich gewartet!«, behauptete Förster.

»Worauf? Dass ich Bitte sage?«

»Ist nicht das Verkehrteste, Bitte zu sagen, wenn man was von jemandem will.«

»Ach komm, Förster. Lass uns nicht verspießen. Bitte, Danke, Meins, Deins, Nimm doch Platz, Nach dir, Alter vor Schönheit, ich freue mich, dich zu sehen – der ganze Scheiß. Lass uns nicht so reden. Das haben wir nie gemacht.«

Die Kaffeemaschine gab jetzt alles.

»Ganz schön laut, das Ding«, sagte Förster.

»Die gibt sich Mühe«, bestätigte Fränge.

Draußen regnete es mittlerweile.

»Es regnet«, sagte Förster.

»Aber im Osten geht die Sonne auf!«, sagte Fränge.

»Was soll ich denn sagen, wenn ich vor ihr stehe? Die denkt doch, ich will was von ihr, wenn ich da ohne dich auftauche!«

»Ach was, du bist ein guter Kumpel, der einfach mal Hallo sagen will. Die weiß, dass du nichts von ihr willst.«

»Wieso weiß die das? Wie kann die das wissen?« Irgendwas an Fränges Satz machte Förster sauer. »Ich meine, es könnte doch sein, dass ich was von ihr will. Das müsstest du dir eigentlich auch sagen. Vielleicht bringst du Rosa und mich in eine ganz unangenehme kompromittierende Situation.«

»Du bist nicht gerade ein Frauenheld, Förster. Ich mache mir da keine Sorgen. Ich vertraue dir voll und ganz.«

»Du vertraust mir, traust mir aber nichts zu«, stellte Förster fest. »Das ist nur so halbcharmant, würde ich sagen.«

»Wortklauberei«, brummte Fränge, stand auf, holte zwei Tassen aus dem Schrank und goss den Kaffee ein.

»Und wie lange soll das eigentlich gehen?«, setzte Förster nach. »Wie lange soll ich ihr auf die Pelle rücken? Bis Mitternacht, oder was? Die wird hinterher nie wieder ein Wort mit mir reden.«

»Nee, nee, Förster. Bis sieben oder so, das reicht. Ich krieg die Marta dazu, dann wieder nach Hause zu fahren. Nur bis sieben, vielleicht halb acht.«

»Oder bis acht oder neun?«

»Halb acht, nicht länger, versprochen. Ab halb acht ist Ostberlin wieder martafrei, und du hast deine Mission erfüllt.«

»Das alles ist falsch, das weißt du, oder? Es ist moralisch verwerflich, eine Sauerei.«

»Wir sind jung, Förster.«

»Und das rechtfertigt alles?«

Fränge stöhnte auf. »Komm mir doch nicht so moralisch. Das wird nicht ewig so gehen, aber für jetzt ist es wunderbar.«

Förster seufzte. »Du wusstest, dass ich es machen würde, oder?«

»Ich nehme es nicht als selbstverständlich, das musst du mir glauben!«, sagte Fränge. Dann grinste er und fuhr fort: »Aber ich habe keine Sekunde daran gezweifelt.«

»Ich mache es nur, weil du Bitte gesagt hast. Umgangsformen sind wichtig.«

»Dafür gebe ich zu, dass es eine beknackte Idee ist.«

»Okay«, sagte Förster.

»Die Rosa arbeitet heute im Kino, aber nur, bis die Nachmittagsvorstellung angefangen hat.«

Sie starrten ein paar Minuten vor sich hin, wobei Förster sich ausmalte, wie es werden würde mit Rosa, schön oder blöd oder sogar gefährlich, dann sagte er sich: Nimm es wie Rudi Carell, lass dich überraschen.

33 *Mokke*

Als Förster, vom Alexanderplatz kommend, die Karl-Marx-Allee Richtung *Kino International* entlangging, musste er daran denken, dass das hier nichts anderes war als die alte Bundesstraße 1, die zu Hause Ruhrschnellweg hieß und letztlich Aachen mit Königsberg verband, und das war ja mal wieder ein ganz frappierender Beweis, dass alles mit allem und damit jeder mit jedem zusammenhing. Auf drei Spuren in jede Richtung fuhren hier die Autos, darunter erstaunlich viele Westmodelle, einige sogar mit Ostnummernschildern, vor allem I für Berlin, weil, wie Rosa am Sonntag beim Ausflug an die Kaulsdorfer Seen erklärt hatte, in der DDR die Nummernschilder von Nord nach Süd geordnet wurden, beginnend mit A in Rostock. Brocki verachtete diese ganze Sache hier ja zutiefst, also diese Straße, die auch als Aufmarschfläche für Paraden genutzt wurde, aber Förster mochte das Großzügige, Weite. Und auch die Architektur des Sozialistischen Klassizismus, der Moskauer Zuckerbäckerstil, wie er am Strausberger Platz und weiter die Allee hinunter gepflegt wurde, schreckte ihn nicht ab, er fand, das hatte was, auch wenn das vielleicht keine populäre Meinung war, die noch dazu leichter zu vertreten war, wenn einem diese Häuser nur als Tourist unterkamen und nicht so sehr als selbstverherrlichendes Symbol eines Unterdrückungsstaates. Vielleicht, dachte Förster, ist es dieser

Agentenfilmkitzel, der mich an der ganzen Sache interessiert.

Den Plattenbauten vorgelagert waren pavillonartige Flachdachbauten mit Geschäften und Cafés. Förster war auf der dem Kino gegenüberliegenden Straßenseite vom Alex gekommen und passierte ein Schuhgeschäft. Rechts um die Ecke waren der Eingang zur U-Bahn und ein Laden namens *Exquisit*, in dem es Kleidung zu kaufen gab.

Rosa saß an der Kinokasse und las in einem Buch. Als sie aufsah und Förster ins Gesicht blickte, wirkte es zuerst so, als erkenne sie ihn gar nicht, aber Förster war dieser Effekt vertraut: Man trifft jemanden, den man von ganz woanders her kennt, in einem Zusammenhang, in dem man nicht mit ihm rechnet, da braucht das Hirn ein paar Sekunden, um das zu synchronisieren.

»Förster!«, sagte Rosa, und es war für ihn nicht ganz klar, ob sie freudig überrascht oder schockiert war. »Was machst du denn hier?« Dann lächelte sie, und Förster dachte: Das ist gut.

»Ich war gerade in der Nähe«, sagte er, was natürlich der absolute Schwachsinn war. Wenn man aus dem Westen kam, dann kam man auf einem Montagnachmittagsspaziergang nicht zufällig die Karl-Marx-Allee heruntergeschlendert.

»Braucht ihr wieder Campingkocher und Mathebücher?«

»Ja, genau, also, da gibt es einen unheimlichen Bedarf, also eine Nachfrage, die befriedigt werden will, aber das Angebot, also, das ist, na ja, ich dachte, wir könnten bei der Gelegenheit ja, keine Ahnung, einen Kaffee zusammen trinken oder so, ich meine, es kam mir blöd vor, hier rüberzukommen und nicht Hallo zu sagen.«

Was für ein Gestammel, dachte Förster.

»Ist Fränge nicht dabei?«, fragte Rosa.

»Fränge? Nein, der konnte nicht. Der muss was für seinen

Chef erledigen, also für die Kneipe, in der er arbeitet, irgend-was mit einem Kühlschrank, den sie transportieren müssen, aus Spandau oder so, keine Ahnung, deshalb konnte der nicht mitkommen.«

Sie sah ihn an und schien nachzudenken. Die weiß Be-scheid, dachte Förster, die durchschaut mich! Zumindest weiß sie, dass ich heute nicht für die Mathebücher und die Campingkocher hergekommen bin. Also wird sie sich jetzt was überlegen, wieso sie direkt nach der Arbeit wegmuss. Sie wird sagen, dass es ihr leidtut, und dass man sich ja mal wiedersehen kann, wenn ich mit Fränge mal wieder rüber-komme.

Rosa lächelte und sagte: »In einer Viertelstunde fängt die Nachmittagsvorstellung an, dann habe ich Feierabend. Geh doch schon mal nach nebenan in die Mokke, ich komme dann nach.«

Die Mokka-Milch-Eis-Bar befand sich in einem dieser gelb und hellblau geklinkerten Flachbauten. Ein Außenbereich wurde durch Blumenkübel vom Rest des Gehwegs abgeteilt, am Fenster hatte man große Waffeln mit farbigen Eiskugeln aufgemalt. Hier draußen waren alle Tische besetzt. Drinnen erkannte er linker Hand einen bis fast ans Fenster reichen-den Tresen, an dem ein paar Jugendliche saßen und Eis aus hohen Gläsern löffelten, wobei vor ihnen auch noch eine Tüte Kartoffelchips lag. So was fiel Förster immer gleich auf, denn das passte ja wieder mal gar nicht, Eis und Kartoffelchips.

Rechts standen einfache rechteckige Tische, Kellnerin-nen in weißen Blusen und schwarzen Röcken trugen Kaf-fee, Kuchen und Eisbecher. Genau ein Tisch war noch frei, Förster setzte sich und sah sich um. Die Stimmung war dem Wetter angemessen, nach dem Schauer, den Fränge vorhin beklagt hatte, war es wieder aufgeklart, der Himmel zeigte sich blau.

Während Förster wartete, dass eine Kellnerin sich seiner annahm, blickte er zu den Jugendlichen am Tresen hinüber, die mit ihrem Eis durch waren und sich jetzt über die Kartoffelchips hermachten. Die Tüte wanderte zwischen ihnen hin und her, sie erzählten sich irgendwelche Dinge, die sie sichtlich amüsierten.

»Watt darf et denn sein, der Herr?«, fragte ihn eine etwa fünfzigjährige Kellnerin, deren mit Haarspray fixierte Frisur so wirkte, als könnte man eine Tasse darauf abstellen.

»Ich warte noch auf eine Freundin«, sagte Förster.

»Na, dit is aber schön. Ick sare ma, bei einem Jetränk oder einem Becher Eis wartet es sich doch gleich viel anjenehmer. Müssen sich nur entscheiden.«

»Kaffee«, sagte Förster. »Ich hätte gerne Kaffee.«

»Na, dit jing schnell«, sagte die Kellnerin und verschwand.

Förster schaute wieder zu den Jugendlichen hinüber, von denen einer jetzt ein Feuerzeug in der Hand hielt, das er an und aus knipste.

»So, der Herr, 'ne Tasse Kaffe.«

»Das ging aber auch schnell«, sagte Förster, dem es gefiel, dass sie Kaffe sagte, mit sehr kurzem e.

»Na, wie du mir, so ick dir, sare ick imma«, meinte die Kellnerin im Weggehen, als habe sie den Spruch gerade erst erfunden.

Der Jugendliche mit dem Feuerzeug hielt dieses jetzt an die Chipstüte, die einer seiner Freunde ihm hinhielt. Die Tüte ging augenblicklich in Flammen auf, ein dritter Jugendlicher versuchte, das Feuer durch Pusten zu löschen, die brennende Chipstüte stieg nach oben und segelte hinter den Tresen, was die Jungs maximal begeisterte.

»Mitten in die Sahne!«, schrie einer.

Eine der Kellnerinnen eilte herbei, stellte die Überreste

der Tüte sicher und meckerte auf die Jungs ein, die sich davon aber nicht beeindrucken ließen.

Als Rosa hereinkam, trug sie wieder das Sakko mit den hochgekrempelten Ärmeln. Ihr Haar hatte sie zurückgekämmt, sodass ihre Stirn freilag, was, wie Förster fand, sensationell aussah und ihm vorhin, als sie an der Kasse gesessen hatte, gar nicht aufgefallen war. Die Männer im Raum merkten auf, auch die Jugendlichen folgten ihr mit Blicken und schienen leicht angewidert zu registrieren, dass diese schöne Frau sich ausgerechnet zu dem Westler an den Tisch setzte, aber Förster war sich nicht sicher, ob da nicht die Paranoia mit ihm durchging.

»Ganz schön was los hier«, sagte er.

»Hier ist immer was los«, antwortete Rosa.

»Na, da is sie ja, die Freundin«, stellte die Kellnerin fest, die wie aus dem Nichts aufgetaucht war. »Der hat schon jewartet, der jute Mann. Watt darf ick Ihnen denn bringen müssen?«

»Ich hätte gerne einen Eisbecher Türkisch«, sagte Rosa.

»Na, immer doch«, sagte die Kellnerin und wollte schon wieder gehen, aber Förster sagte, den Türkisch nehme er auch.

»Na, ob sich ditte aber mit dem Kaffe verträgt?«

»Die da hinten haben Eis und Kartoffelchips zusammen verdrückt!«

»Na, dit is ooch wieder wahr.«

»Die beginnt praktisch jeden Satz mit Na«, sagte Förster, als die Kellnerin außer Hörweite war.

»Na, dit ist mir ooch uffjefallen«, antwortete Rosa lachend.

Förster erwiderte das Lachen und fragte sich, welches Thema er anschneiden konnte, damit sie nicht über Fränge redeten und er, Förster, nicht noch mehr lügen musste, als er es bisher schon getan hatte, dieser ganze Nachmittag war ja eine Lüge, du tust unrecht, dachte er, sag ihr, weswegen du wirklich hier bist, das wäre richtig, denn das, was Fränge tut, ist falsch, aber das bringe ich jetzt nicht, dachte er, und zwar in doppelter Hinsicht, Fränge zu verraten und Rosa zu deprimieren, also sagte er: »Wie geht es deinen Eltern?«

»Das war komisch, oder?«, fragte Rosa zurück. »Ich meine gestern, bei uns.«

»Ja, aber es war auch interessant.«

Sie lächelte. »Ich weiß, was du meinst.«

»Wie geht es dir damit?«, fragte Förster und fand, das hörte sich dämlich an, so bemüht therapeutenhaft, doch Rosa schien das nichts auszumachen.

»Meine Mutter weiß jetzt nur, dass mein Vater Bescheid weiß. Aber andererseits muss es ihr vorher schon klar gewesen sein.« Sie musste grinsen. »Aber dass der Meier heißt!«

»Mit e-i!«, sagte Förster.

»Meine Mutter bumst einen Meier. Ich finde, Meiers sollten keinen Sex haben.«

»Das werden die meisten Meiers anders sehen.«

»Aber irgendwie fällt es mir leichter, mir vorzustellen, wie meine Mutter es mit diesem Meier treibt als mit meinem Vater. Komisch, oder?«

Die Eisbecher kamen, von der »Na«-Kellnerin diesmal kommentarlos abgestellt.

»Sieht gut aus«, sagte Förster.

»Traut ihr uns nicht zu, was? Das ist Kaffee- und Schoko-eis und darüber eine ganze Menge Krokant.«

»Und es schmeckt.«

»Ja, das ist das Merkwürdigste daran. Mein Vater will übrigens weg. Freunde von ihm sind über eure Botschaft in Prag rausgekommen, das will er auch machen. Es sitzen ja auch viele in eurer Ständigen Vertretung hier in Berlin, aber mein Vater sagt, über Prag, das sei besser, die Ständige Vertretung ist so klein, die ist bald voll, und wer weiß, was dann passiert. Er hat mich gefragt, ob ich mitkomme. Ist mit mir spazieren gegangen und hat sich tausendmal umgeschaut, ob wir verfolgt und belauscht werden. Er geht davon aus, dass bei uns zu Hause alles verwanzt ist, aber ich glaube, das ist Quatsch.«

»Und was hast du ihm gesagt?«

»Ach, der haut nicht ernsthaft ab! Der setzt sich in die Küche und säuft und heult, aber der haut doch nicht ab.«

Förster beobachtete, wie sie den Eislöffel ableckte, als wäre sie kurz mit den Gedanken ganz woanders.

»Na ja, egal«, sagte sie schließlich. »Es ist ein schöner Tag, ich habe netten Besuch und mit dem esse ich jetzt meinen Eisbecher Türkisch.«

Ich habe netten Besuch, dachte Förster, was bedeutet das? Heißt das nur, dass sie netten Besuch hat, oder ist es ein Besuch, der ihr besonders lieb ist, was sie aber nicht zugeben will? Sie schwiegen lange, während sie das Eis löffelten, aber von Stille konnte keine Rede sein, denn in dem hohen Raum brach sich der Schall an den Wänden und wurde vervielfacht zurückgeworfen, außerdem lief im Hintergrund Musik, irgendwas mit einem deutschen Text, den Förster nicht verstehen konnte.

»Die Jungs da hinten an der Theke«, sagte er irgendwann, »haben vorhin eine Chipstüte in Brand gesetzt.«

Rosa lachte. »Ja, die Dinger brennen ziemlich gut.«

»Der eine hat dann draufgepustet, und dann ist das Ding hochgeflogen und in der Sahne gelandet.«

»Der hat in der Schule nicht aufgepasst. Man pustet nicht in ein Feuer. Hörst du das?«

»Was denn?«, fragte Förster.

»Die Mokke hat ihren eigenen Schlager«, sagte Rosa. Sie fing an zu singen: »*In der Mokka-Milch-Eis-Bar, da ist es gescheh'n, in der Mokka-Milch-Eis-Bar hat sie mich geseh'n.*«

Himbeereis zum Frühstück, Rock 'n' Roll im Fahrstuhl, dachte Förster.

Rosa sang weiter: »*Als ich bei einem Türkischen saß, und irgendwie das Trinken vergaß, ich streich mir das Kinn, und mein Lächeln schwebt hin.*«

Den Tempuswechsel fand Förster recht gewagt, sagte das aber nicht, weil er nicht klugscheißen wollte. Und wieso geht es ums Trinken, wenn er Eis löffelt?

»Wir haben auf jeden Fall den richtigen Eisbecher bestellt«, hielt er mal fest.

»Das Interessante an dem Lied«, sagte Rosa, »ist doch, dass die Initiative von ihr ausgeht. In der ersten Strophe ist sie es, die ihn anlächelt. *Als sie bei einem Honigflip saß und mich mit ihren Augen maß.* Also die mustert und bewertet ihn, wie es sonst die Jungs bei den Mädchen machen. Und am Ende zahlen sie auch noch getrennt. *Ich zahl, sie zahlt, ich geh, sie geht, beide gehen wir bis zu ihrer Tür.* Ganz schön emanzipiert, was?«

»Und er bringt sie nur bis zur Tür?«

»Natürlich nicht. Der kommt mit hoch, und dann legen sie richtig los. In ihrer Wohnung, zu ihren Bedingungen, das ist klar.«

»Aber wenn es in ihrer Wohnung ist, kann sie nicht abhauen, wann es ihr passt.«

Rosa dachte nach und behielt ihren Löffel dabei ein paar Sekunden im Mund. »Das stimmt«, gab sie zu. »Aber wenn sie genug von ihm hat, dann wird sie ihn schon los, da mache ich mir keine Sorgen.«

Guckt die mir jetzt in die Augen oder nur in meine Richtung?, fragte sich Förster.

»Du darfst übrigens gerne für mich zahlen«, sagte sie. »Du musst doch deinen Mindestumtausch irgendwie loswerden.«

»Dann wird halt mal ein Campingkocher weniger gekauft, was?«

»Oder gar keiner.«

»Oder gar keiner«, bestätigte Förster, weil er ihr jetzt bei nichts, was sie sagte, widersprechen wollte oder konnte.

»Dann wink mal der frechen Serviererin. Wir gehen noch woanders hin.«

»Reimt sich. Könnte man so in den Song einbauen.«

Und wieder lachte Rosa. »Klar, wir schreiben dem Natschinski 'ne neue Strophe und werden reich.«

Förster hob die Hand, und die Kellnerin kam herüber.

»Na, wat is'n mit Ihrem Kaffe, der is ja noch halb voll!«

»Oh, ich saß zwar nicht bei einem Honigflip, aber ich habe trotzdem das Trinken vergessen«, sagte Förster.

Er griff nach der Tasse, aber die Kellnerin war schneller. »Na, nu isser kalt, nu schmeckter nich mehr. Hättense früher dran denken müssen.«

34 Der Löwenpark des Grafen Westerholt

Im Hof standen viele kleine Skulpturen aus Stahl herum, umgeben von pinkfarbenem Knöterich.

»Mensch, Bernd«, sagte Rosa, »lass das nicht den ABV sehen. In der Oderberger haben sie denen den ganzen Knöterich weggehauen.«

»Ja«, sagte Bernd, »aber den Hirsch haben sie stehen lassen.«

»Was für einen Hirsch?«, fragte Förster.

»Die haben da im Hinterhof einen Hirsch aus Stahlschrott zusammengeschweißt, der ist bestimmt drei Meter hoch«, sagte Rosa. »Den kriegt da keiner weg. Die machen was, die in der Oderberger! Die haben den Abriss ihrer Häuser verhindert. Vielleicht kann man ja doch was bewegen.«

»Das geht aber nicht, wenn alle abhauen«, sagte Bernd.

»Sind denn hier schon so viele weg?«, fragte Förster.

»Das halbe Haus steht leer«, sagte Bernd. »Aber nicht alle sind so blöd. Manche sind noch blöder. Die bleiben hier, saufen sich jeden Abend einen an und schreiben traurige Musik. Ich sage euch, das werden die sein, die am Ende die Idioten sind.«

»An welchem Ende?«, fragte Förster.

Bernd strich sich über den Bart. »Zu irgendeinem Ende wird das schon führen. Plötzlich ist Ungarn als Urlaubsland ganz besonders interessant. Und alle nehmen einen ziemlich langen Urlaub. Du hast den Eindruck, in Ungarn, da ist ein Loch in der Welt, und in dieses Loch fallen sie alle hinein. Oder heraus. Sie fallen aus der einen Welt heraus, aus der, die sie kennen, aber wo fallen sie hin?«

Hm, dachte Förster.

»Versteh mich nicht falsch«, sagte Bernd. »Die Leute sollen fahren können, wohin sie wollen. Aber es ist, als würden sie ein brennendes Haus verlassen. Sie sind froh, dass sie sich retten konnten, nur irgendwann werden sie feststellen, was sie alles im Feuer verloren haben.«

Bernd machte eine Pause und sagte dann: »Blöd, wa?«

»Nee«, sagte Förster.

»Doch«, sagte Bernd. »Du denkst: Was kann man denn hier verlieren? Ist doch alles grau und dunkel, und die Waren sind knapp, immer diese blöden Witze: *Gibt es hier keine Möbel? – Nee, hier gibt es keine Schuhe. Keine Möbel gibt es nebenan.* Das ist doch Dritte Welt für euch. Ich habe gehört, bei dir in der Nähe, da gibt es frei laufende Löwen.«

»Bei mir?«, entfuhr es Förster etwas zu schrill, da er irritiert war über diesen plötzlichen Gedankensprung.

»In Gelsenkirchen. Das ist doch bei dir in der Nähe, oder?«

»Stimmt, der Löwenpark des Grafen Westerholt. Da streiften früher Löwen und Tiger durch den Wald in Buer, und man fuhr mit dem Auto durch, um sie sich anzugucken. Also, da war eine Straße, man musste da nicht durchs Unterholz gurken. Hat aber letztes Jahr zugemacht. Und so richtig frei laufend waren die auch nicht. War ja ein Zaun um den Wald.«

»So geht es euch doch, wenn ihr hier unterwegs seid«, sagte Bernd. »Ihr guckt euch das alles an und denkt: Hoffentlich springt mir keiner auf mein neues Auto. Wir sind doch ein Zoo für euch.«

»Nu hör aber mal auf, Bernd«, sagte Rosa. »Der Förster ist einer von den Guten. Und er ist unser Gast. Biete ihm doch wenigstens mal was zu trinken an.«

»Bier?«, fragte Bernd.

»Klar«, sagte Förster, obwohl er nicht sicher war, ob sich die Hefe mit dem Türkischen vertrug, den er noch nicht verdaut hatte.

Bernd ging zu einer Zinkwanne, die Förster bisher übersehen hatte, und in der Bierflaschen in Eiswasser lagerten.

»Heute Abend ist Hoffest«, sagte Rosa.

Die feiern oft Hoffeste, dachte Förster, nutzen das gute Wetter aus oder so.

»Ständig diese Hoffeste, was?«, erriet Rosa seine Gedanken.

»Ist doch super«, sagte Förster etwas hilflos.

»Du musst bedenken, die meisten hier haben kein Telefon. Wir müssen uns schon treffen, wenn wir was voneinander wollen.«

»Aber du hast Telefon, oder?«

»Klar. Beide Eltern arbeiten in Ministerien.«

»Ich weiß, du hast ja neulich auch bei Fränge angerufen.«

»Ja«, sagte Rosa. »Da war die Freundin von seinem Mitbewohner dran.«

Hatte er da einen Hauch von Ironie oder Sarkasmus wahrgenommen? Bevor er weiter darüber nachdenken konnte, drückte Bernd ihm ein Bier in die Hand.

»Was feiert ihr denn heute Abend?«, fragte Förster.

»Die fünfzigtausendste Republikflucht über Ungarn.«

Bernd war dabei so ernst geblieben, dass Förster ihm beinahe geglaubt hätte.

»War ein Witz«, sagte Bernd sicherheitshalber.

»Wir lachen später«, stöhnte Rosa. »Hast du eigentlich die Lieder für unseren Abend fertig?«

»Die Lieder für unseren Abend, klar! Lieder für den Tanz um den Sarg, aber der Sarg ist leer. Kannst du dir das vorstellen, Förster? Alles tanzt und lacht, aber der Sarg ist leer? Wie heißt du eigentlich mit Vornamen?«

»Roland. Und welcher Sarg?«

»Wir holen jetzt erst mal die Stühle aus den Wohnungen. Wenn du schon unser Bier trinkst, kannst du auch mit anpacken.«

Förster folgte Rosa und Bernd ins Haus. Im Parterre schloss der gleich die erste Wohnung auf und ging hinein. Ziemlich langer Korridor, dachte Förster. Außerdem ging ihm durch den Kopf, dass das hier meistens Flur hieß. Zu Hause in Bochum hieß das Korridor, und der Begriff Flur war reserviert für den Hausflur.

»Hier wohnst du also?«, fragte Förster, um Interesse zu zeigen.

»Nee. Das ist die Wohnung von Bekannten. Die haben mir einen Ersatzschlüssel gegeben. Früher habe ich mich um deren Pflanzen und um die Katze gekümmert, wenn die im Urlaub waren. Die Pflanzen sind noch da, aber die Katze haben sie mitgenommen.«

Es roch ein wenig muffig in der Wohnung, fand Förster, man müsste mal ein Fenster öffnen. Es gab drei Zimmer, eines davon war ein Kinderzimmer mit einem Doppelstockbett, eines das Schlafzimmer mit einem ungemachten Doppelbett und das dritte das Wohnzimmer, in dem noch ein halb voller Aschenbecher auf dem Couchtisch stand, überhaupt wirkte alles so, als würden ihre Bewohner jeden Moment zurückkommen.

Bernd und Rosa nahmen je zwei Küchenstühle, Förster den Rattanschaukelstuhl, der im Wohnzimmer neben dem Fenster stand. Sie trugen alles nach draußen und gingen dann hoch in den ersten Stock. Bernd klingelte an der

Wohnungstür auf der linken Seite, und kurz darauf öffnete eine Frau in Jogginghosen und T-Shirt, ihre dunklen Haare waren nass, offenbar hatte sie gerade geduscht. Sie schien verwirrt.

»Bernd?«

»Die Stühle. Für das Hoffest«, sagte Bernd.

»Heute? Ist das heute?«

»Ja, Kerstin, das ist heute. Habe ich dir doch heute Morgen noch gesagt.«

»Das war heute? Also dass du mir das gesagt hast? Ja, stimmt, das war heute. Ihr könnt die Lehnstühle haben, aber wartet hier, also ich hole euch die, bei mir ist absolutes Chaos. Ich bin noch nicht dazu gekommen ... Wartet einfach hier.«

Kerstin lehnte die Tür an, man hörte sie Dinge beiseiteräumen und mit irgendetwas hantieren. Bernd verdrehte die Augen und sagte, bei Kerstin sei nur der Mann rüber, sie habe nicht mitgewollt, und jetzt bereue sie es, deshalb komme sie mit dem Alltag nicht mehr ganz klar, und dann ging die Tür auch schon wieder auf, und Kerstin stellte zwei Stühle mit hoher Lehne vor sie hin und schloss die Tür ohne ein weiteres Wort, rief dann aber von drinnen »Entschuldigung!«. Und: »Auf Wiedersehen!«

»Bis später, Kerstin!«, rief Bernd.

Die Tür ging wieder auf, und Kerstin fragte: »Wieso bis später?«

»Das Hoffest!«, sagte diesmal Rosa.

»Das ist heute? Ja, ja, natürlich, das ist heute.«

Die Wohnungen im zweiten Stock waren beide bewohnt, aber es war niemand zu Hause Bernd sagte, die bringen ihre Stühle später selber mit. In der dritten Etage stand die linke Wohnung wieder leer, aber da gab es, sagte Bernd, keine Stühle mehr, die Bewohner hätten vor ihrer Flucht das meiste verschenkt, und trotzdem sei ihnen die Stasi nicht auf die Schliche gekommen, man könne sich auf wirklich gar nichts mehr verlassen. Ganz nach oben gingen sie nicht, weil da nur eine Mansarde war, die laut Bernd komplett leer stand, die aber ein Fenster hatte, durch das man auf den flachen Teil des Daches hinauskonnte. Wer Lust hatte, im Freien zu sitzen, und wem der Hof zu eng war, der konnte sich da oben hinhocken, man bekomme sogar einen kleinen Tisch durch die Luke, dann habe man von da oben einen ganz famosen Blick, er sagte wirklich famos, das fiel Förster besonders auf, der kann, dachte er, sich mit dem Brocki zusammentun, dem gefallen solche Wörter auch.

Zurück im Hof verteilten sie die erbeuteten Stühle, Bernd hatte plötzlich eine Flasche Rotwein in der Hand, aus der er einen tiefen Schluck nahm. Kurz darauf tauchte Inge auf, Rosas Freundin und Regisseurin.

»Förster!«, sagte Inge, die sich offenbar seinen Namen gemerkt hatte, was ihn sehr freute. »Du hier?«

»Und nicht in Hollywood?«

»Verstehe ich nicht.«

»Sagt man bei uns so: Du hier und nicht in Hollywood. War vielleicht blöd.«

»Schon okay«, sagte Inge, aber Förster hatte das Gefühl, sie meinte das Gegenteil.

»Du bist ohne diesen Frank hier?«, fuhr sie fort.

»Ja, ganz alleine.«

Sie schien Fränge nicht zu vermissen. Allein, dass sie ihn bei seinem richtigen Vornamen nannte, verriet Förster, dass Fränge hier offenbar nicht nur Fans hatte.

Inge sah ihn an, als überlegte sie, was das zu bedeuten habe, dass Förster hier alleine auftauchte. Ob Inge gegen ihn ähnliche Vorbehalte wie gegen Fränge hatte, konnte Förster nicht einschätzen. Also sagte er nichts weiter. So ein

Schweigen musste man auch mal aushalten können. Dann wurde Inge von einer Frau, die gerade erst gekommen war, begrüßt und ließ Förster vom Haken.

Rosa war in Gespräche verstrickt, und Förster setzte sich in den Rattanschaukelstuhl, um beim Biertrinken ein wenig nachzudenken, darüber, was hier eigentlich seine Mission war, Rosa von den Straßen Ostberlins fernzuhalten, auf dass sein bester Freund diese mit einer anderen unsicher machen konnte. Über diesen Gedanken wurde es neunzehn Uhr, Förster stellte fest, dass seine Mission ein voller Erfolg war und dass er eigentlich jetzt wieder zurückkonnte, aber er wollte nicht, er wollte hier sitzen bleiben und sich diese Leute ansehen, weil ihm gerade klar geworden war, was denen hier fehlte, was sie von ähnlichen Leuten im Westen unterschied, und das war das weitgehende Fehlen von Ironie, die meinen sich selber ernst, dachte Förster, die sprechen nicht durch den Filter des Gegenteilmeinens, weil das, was man eigentlich sagen will, sich besser oder cooler oder wichtiger anhört, wenn man es über Umwege anspricht, und das soll, dachte Förster, einen ja vor allem ein bisschen weniger verwundbar machen, und die Leute hier, die waren verwundbar wie nur was, die flüchteten entweder in den Westen oder in den unterdrückten Zorn wie der Bernd, der die Lieder für den Abend mit der Rosa vielleicht schon fertig hat, vielleicht aber auch nicht, und der sich nicht entscheiden kann, was schlimmer ist, funktionieren oder nicht funktionieren, wenn um einen herum das, was man kennt, langsam zerfällt. So musste es auch Rosa gehen, deren Familie zerfiel, langsam zerbröselte wie dieser Staat hier, und dann stand Rosa vor ihm und sagte, sie gehe jetzt mit ihm aufs Dach, und absurderweise dachte Förster: Mann, wie lange habe ich schon nicht mehr an den Löwenpark des Grafen Westerholt gedacht.

35 Kessel Buntes oder:
Heimat is a four letter word

Sie saßen auf dem Dach, zwischen sich eine Flasche Rotwein. Da hinten, hatte Rosa gerade gesagt, da ist irgendwo New York, und genau da geht jetzt die Sonne unter, die heute früh in Moskau aufgegangen ist. So kann man es natürlich auch sehen, hatte Förster gedacht, man kann überhaupt vieles immer wieder völlig unterschiedlich sehen, zum Beispiel Birken, manche wachsen entlang von Bahnlinien, manche stellen sich zu endlosen russischen Wäldern auf, anderen hingegen reicht eine Dachrinne, denn das war tatsächlich eine kleine Birke, die da vor ihnen wuchs, zu klein allerdings, um was in den Stamm zu ritzen.

»Loch in der Welt ist gut, oder?«, fragte Rosa.

»Klar«, sagte Förster, obwohl er sich nicht ganz sicher war.

»Der Bernd schreibt nur noch so trauriges Zeug. Na gut, Partylieder hat der auch früher schon nicht geschrieben.«

»Jetzt muss er aber, wegen eures gemeinsamen Abends.«

»Ich weiß gar nicht, ob daraus noch was wird. Der Bernd hat kaum noch Lust dazu, und ich bin mir auch nicht so sicher. Es passiert so viel. Und gleichzeitig nichts.«

»Guck mal da drüben!«

Auf einem der anderen Dächer standen drei Leute und winkten ihnen zu.

»Ja, die Dächer sind hier sehr beliebt«, sagte Rosa und

winkte zurück. »Von oben sieht das doch alles ganz schön aus.«

Die drei auf dem anderen Dach setzten sich hin, eine Flasche wurde hin und her gereicht.

»Hast du eigentlich ein Auto?«, fragte Rosa unvermittelt.

»Ich? Nein.«

»Aber einen Führerschein.«

»Schon. Aber ich fahre nicht gerne.«

»Wieso? Du könntest dich in dein Auto setzen und fahren, wohin du willst. Ist doch toll!«

»Dafür müsste man erst mal wo hinwollen.«

»Du willst nirgendwo hin?«

»Och, wo ich jetzt bin, ist es gerade ziemlich gut. Und da bin ich ohne Auto hingekommen.«

Rosa sah ihn an, und Förster fragte sich, was da jetzt wieder in ihrem Blick war, Verwunderung, Misstrauen, Neugier – zwei Augen nur, und dann so viele unterschiedliche Arten von Blicken, das muss man auch erst mal können, das ist ein echtes Talent.

»Sag mal, Roland, flirtest du mit mir?«

»Nicht, wenn du mich Roland nennst. So nennt mich sonst nur meine Mutter.«

»Aua.«

»Guck mal da hinten«, sagte Förster, »da sitzen noch welche.«

Sie winkten hinüber, die anderen winkten zurück.

»Ich glaube, ich ziehe hier in eine der Wohnungen ein«, sagte Rosa. »Zu Hause halte ich das nicht mehr aus.«

»Kann ich verstehen«, sagte Förster.

»Ich frage mich manchmal, was von dem, das jetzt passiert oder nicht passiert, ich später mit mir herumschleppen werde. So wie meine Eltern alle möglichen Sachen mit sich herumschleppen. Du hast doch meinen Vater gehört, wie er von meinem Großvater gesprochen hat, dem sie im KZ beide Arme gebrochen haben, und wie mein Vater in dem Bollerwagen saß, den mein Großvater mit seinen krummen Armen hinter sich hergezogen hat! Wenn du dir das anhörst, dann weißt du, dass der nie in den Westen geht. Der hat doch viel mehr an diesen Staat geglaubt als jemals meine Mutter. Sie verteidigt den doch nur so vehement, weil es mein Vater nicht mehr tut. Sie findet, sie muss das ausgleichen. Ihre Eltern waren in der Bekennenden Kirche, die wussten nach fünfundvierzig überhaupt nicht, was sie machen sollten. Die wollten nicht in den Westen. Aber hier hatten sie es auch nicht gerade leicht. Sind dann halt Einundfünfzig der Einfachheit halber gestorben, beide kurz hintereinander. Das schleppen die alles mit sich herum, meine Eltern, diesen ganzen deutschen Scheiß. Entschuldige den Kraftausdruck.«

»Manchmal geht es nicht anders.« Förster schaute über die Dächer hinweg und fragte sich, welche davon noch alles mit Leuten besetzt waren, die sich zuwinkten. Endet das Bedürfnis, auf dem Dach zu sitzen und in die Ferne zu schauen, an der Stadtgrenze, weil auf dem Land die Ferne praktisch frei Haus geliefert wird, zumal in einer Gegend wie dem Brandenburgischen, das nicht gerade für seine Berggipfel berühmt ist?

»Ich würde gerne mal eure Eltern kennenlernen«, sagte Rosa.

Er sah sie an, und von den Dächern der Stadt direkt in diese Augen gezogen zu werden, hatte für ihn was Schockhaftes. »Wieso das denn?«, fragte er und klang für seinen Geschmack viel zu schroff.

»Na ja, ihr habt meine in einem sehr komischen Moment getroffen, ihr wisst sehr viel über die beiden. Zum Beispiel die Sache mit dem Meier. Über euch weiß ich gar nichts. Was ist mit Fränges Eltern?«

»Ehrbare, rechtschaffene Bäckersleut.«

»Also Kleinunternehmer. Haben die Angestellte?«

»Klar. Zum Beispiel eine Sandra, die alle Sandy nennen.«

»Oh Gott, ich habe was mit einem Ausbeutersohn!«, stöhnte Rosa. »Und Brocki? Aus was für einem Stall kommt der?«

»Brockis Vater ist ein bisschen älter. Brocki ist der jüngste von drei Brüdern. Der Vater war vierzig Jahre auf Stahlwerke.«

»Auf Stahlwerke?«

»So sagt er das immer, der Herr Brock. Der sagt nicht: Ich habe bei oder in den Stahlwerken gearbeitet, sondern nur: Ich war auf Stahlwerke. Ich weiß gar nicht, wie die korrekte Firmenbezeichnung ist.«

»Na ja, jedenfalls gutes rotes Proletarierblut. Das würde meiner Mutter gefallen. Und jetzt zu dir.«

»Mein Vater schließt sich manchmal ein und tut so, als wäre er depressiv.«

»Wie?«, sagte Rosa. »Der macht das beruflich?«

»Nein, nein.«

»War mir schon klar. Ich habe nicht gedacht, dass man im Westen Geld bekommt, wenn man Schwermütigkeit vortäuscht. Aber interessant, dass du als Erstes genau darauf kommst, wenn du von deinen Eltern erzählst.«

Förster erzählte ihr, womit seine Eltern ihr Geld verdienten.

»Ein Kleinunternehmer, ein Proletarier und ein Angehöriger der Intelligenzija. Ihr seid mir vielleicht ein Kessel Buntes!«

Intelligenzija, so hatte Förster seinen Vater nie gesehen. Sein Vater war nicht Teil einer Szene, einer Kaste oder wie immer man das nennen wollte, er nahm nicht an öffentlichen Debatten teil, sondern hielt sich lieber an die Rolling

Stones. Seine Mutter mischte sich an ihrer Schule schon ein bisschen mehr ein, war Vertrauenslehrerin, saß in der Schulkonferenz und in der Fachkonferenz Französisch, schrieb auch hin und wieder Gastbeiträge für die Schülerzeitung und hatte mal einen Artikel in der Zeit veröffentlicht, über eine Klassenfahrt, die sie gemacht hatte und in dem es um die Begegnung zwischen deutschen und französischen Jugendlichen ging, wobei die Franzosen die Deutschen, wenn kein Lehrpersonal dabei war, gerne mal mit Heil Hitler gegrüßt hatten.

»Kessel Buntes – ist das nicht diese Fernsehsendung?«, fragte Förster.

Rosa nickte. »Die müssen so etwas machen, weil es rundherum so grau und so dreckig ist. Oder findest du das nicht? Du sagst gar nichts dazu. Normalerweise ist das das Erste, das Leute aus dem Westen sagen: alles so grau und farblos hier.«

»Ich komme aus Bochum, so richtig bunt ist es da auch nicht.«

»Aber ihr habt all die Geschäfte, die Supermärkte und die Modegeschäfte. Und wenn ich *Formel 1* gucke, also die Musiksendung, dann hat man den Eindruck, ihr lauft alle herum wie die Farbeimer.«

»Das täuscht. Und es ist doch ätzend, wenn einer irgendwo zu Gast ist und erst mal sagt, wie öde und hässlich alles ist. Ich kann doch nicht einfach so über deine ... über dein Zuhause herziehen.«

»Wolltest du Heimat sagen? Wieso hast du nicht Heimat gesagt?«

»Nee, nicht Heimat. Heimat is a four letter word.«

»Stimmt doch gar nicht.«

»Also ein four letter word, das ist ...«

»Ich weiß, was das ist! Ich musste in der Schule zwar

Russisch lernen, aber ich bin nicht hinterm Ural groß geworden. Joan Baez sagt, *Love is just a four letter word.*«

»Na ja, sagen tut es quasi Bob Dylan, der hat das ja geschrieben, aber Joan Baez singt das.«

Rosa lachte. »Du bist ein kleiner Klugscheißer, Förster.«

»Ich weiß, tut mir leid. Mein Kopf stellt immer gleich diese Verbindungen her, und die muss ich dann auch äußern, es ist ein Fluch. Ich muss auch gleich an diese andere Nummer von Joan Baez denken, *Diamonds and Rust,* das hat sie selber geschrieben, über ihre Sache mit Bob Dylan. Ich weiß gar nicht, ob er mal über sie geschrieben hat, bei dem weiß man ja nie, über was oder wen der gerade schreibt, das singt Joan Baez ja auch in *Diamonds and Rust: You who are so good with words and at keeping things vague,* die Dinge müssen immer vage bleiben bei Dylan, unerklärlich, außer in *Blowin' in the wind,* aber das ist ja auch der reinste Kitsch, und dann frage ich mich, wieso es im Deutschen kein gutes Substantiv zu vage gibt, bei Joan Baez kommt ja *Vagueness* vor, aber Vagheit, das ist ganz schlecht, finde ich. Du musst mich stoppen, wenn ich zu viel Unsinn rede.«

»Stopp«, sagte Rosa.

»Das war schon zu viel?«

»Es war kein Unsinn, aber es war genug.«

Und dann beugte sie sich vor und küsste ihn, und zwar tief und lange.

»Oha«, sagte er, als ihre Lippen sich wieder getrennt hatten.

»Ich bin das Mädchen aus der Mokka-Milch-Eis-Bar, schon vergessen?«

Förster konnte nur nicken.

»Ich weiß, dass der Fränge nicht gut für mich ist«, sagte Rosa. »Aber er bringt mich zum Lachen. Du kannst besser küssen, aber du bist nicht so witzig.«

Förster blickte wieder über die Dächer, langsam dämmerte es, manchmal sah man die Glut von Zigaretten aufleuchten, in den Mündern von bald nur noch schemenhaft erkennbaren Leuten, die auf den Dächern saßen und überallhin schauten.

Fränge war in der nur mäßig beleuchteten Küche kaum zu erkennen. Er saß fast komplett außerhalb des Lichtkegels der Lampe über dem Tisch, und Förster musste gleich an eine Verhörsituation in einem Schwarz-Weiß-Film denken.

»Hast du mal auf die Uhr geguckt?«, sagte der Schemen im Dunkeln.

»Tut mir leid, Papa.«

»Jetzt werd nicht auch noch frech! Ich habe mir Sorgen gemacht.«

»Das war doch nicht nötig.«

Fränge beugte sich vor und wurde plötzlich sichtbar, sein Gesicht blass im autoritären Licht der Sechzig-Watt-Lampe.

»Ich dachte, du kommst da nicht mehr rechtzeitig raus, und die behalten dich da. Wenn du an einen gerätst, der gerade schlecht drauf ist, dann sackt er dich ein und steckt dich in eine Zelle oder so, und dann wirst du verhört, oder was weiß ich.«

»So weit ist es ja nicht gekommen.«

»Noch einen Absacker?«

»Ja, sicher, wieso nicht.«

Förster setzte sich auf den Platz gegenüber von Fränge. Der nahm zwei Flaschen Bier aus dem Kühlschrank, reichte Förster eine und sagte: »Prost!«

»Selber!«

Von seinem Platz hier am Tisch aus fiel noch genug Restlicht in Fränges Gesicht, sodass Förster seine Mimik erkennen konnte. Trotzdem war es immer ein heftiger Wechsel, wenn Fränge sich vorbeugte.

»Wie war es denn so?«, wollte Fränge wissen.

»Nett, wirklich.«

»Nett? Was soll das heißen, nett?«

»Nett heißt nett. Was soll es denn sonst heißen? Wenn es scheiße gewesen wäre, dann hätte ich gesagt, es ist scheiße gewesen, aber es war nett, also habe ich gesagt, dass es nett war.«

Fränge beugte sich vor. »Mensch, Förster, sei doch nicht so gereizt!«

Förster dachte: Das mit dem dramatischen Lichtwechsel, das funktioniert auch auf meiner Seite des Tisches. Er beugte sich vor und sagte: »Ich bin nicht gereizt, ich frage mich nur, wieso du mich fragst, was nett heißt. Bin ich hier das etymologische Wörterbuch oder was?«

Fränge lehnte sich wieder zurück. »Ja, ja, komm mal runter, so kennt man dich ja gar nicht.«

»Dann wird es aber mal Zeit.«

»Was habt ihr denn so gemacht?«

Jetzt war es an Förster, sich wieder zurückzulehnen. »Wir haben erst ein Eis gegessen, beziehungsweise ich habe erst einen Kaffee bestellt, und als der am Ende kalt war, durfte ich den nicht austrinken, aber das ist jetzt nicht so wichtig.«

»Das interessiert mich aber! Wieso durftest du deinen Kaffee nicht austrinken?«

Förster dachte, vielleicht sollte man sich mal wieder vorbeugen, immerhin redeten sie jetzt die ganze Zeit aus dem Dunkel heraus. Nur ihre Hände wurden sichtbar, wenn sie nach ihren Bierflaschen griffen. Ihm war aber nicht nach Licht.

»Weil der kalt geworden war«, sagte er.

»Ja und? Ist doch deine Sache, ob du den kalt oder heiß trinkst.«

»Das hat die Kellnerin aber ganz anders gesehen.«

»Wahnsinn!«

»Ja, ist aber auch nicht so wichtig.«

»Wieso erzählst du es dann?«

»Habe mich da gerade noch mal dran erinnert, und dann habe ich es eben erzählt.«

»Man muss nicht immer alles erzählen.«

»Ich weiß, Fränge, ist doch jetzt auch egal.«

»Also, ihr habt Eis gegessen. Wo denn?«

»In diesem Café neben dem Kino.«

»Ach so, ja, die *Mokka-Milch-Eis-Bar*. Da gibt es einen Schlager drüber.«

»Musst du mir nicht sagen.«

»Bitte entschuldige, ich wusste nicht, dass du mit der ostdeutschen Schlagerszene so vertraut bist.«

»Bin ich nicht, aber den Song über die *Mokka-Milch-Eis-Bar* von Thomas Natschinski, den kennt man doch!«

Fränge legte erst die Unterarme auf den Tisch und dann den Kopf schräg. »Verarschst du mich jetzt, Förster?«

Förster grinste im Schatten. »Könnte sein, Fränge.«

»Okay, also Eis gegessen. Was denn für welches?«

»Ist das wichtig?«

»Nee, interessiert mich aber.«

»Wir hatten zwei Türkische.«

»Ach so.«

»Kaffee- und Schokoeis und darüber eine ganze Menge Krokant.«

»Ich weiß.«

»Bitte entschuldige, ich wusste nicht, dass du mit der ostdeutschen Speiseeisszene so vertraut bist.«

»Der Türkische in der Mokke, Förster, den kennt jeder. Was habt ihr dann gemacht?«

Fränge hatte sich die ganze Zeit nicht mehr aus dem Lichtkegel herausbewegt. Förster gefiel es, dass er selber weiter ganz locker im Dunkeln saß. Er sagte: »Dann bin ich noch mit auf so ein Hoffest.«

»Schon wieder Hoffest? Was haben die denn da ständig zu feiern?«

»Die fünfzigtausendste Republikflucht über Ungarn.«

»Echt?«

»Nee, ich glaube, das hat der Bernd nicht ernst gemeint.«

»Bernd? Welcher Bernd?«

»Einer von den drei Bärten aus dem Mai.«

»Ach so. Aber wieso bist du denn jetzt so lange geblieben? Ich meine, ich hatte gesagt, bis sieben, höchstens halb acht, und dann ist gut. Ich war mit der Marta pünktlich wieder hier.«

»Hat sich so ergeben. War nett auf dem Hoffest.«

»Schon wieder nett. Du inflationierst diesen Begriff, Förster!«

»Und du inflationierst den Widerspruch dagegen.«

»Egal. Und dann?«

»Nichts und dann. Ich habe bisschen Wein getrunken, und dann waren wir noch auf dem Dach.«

Jetzt wirkte es fast, als wollte Fränge auf den Tisch kriechen. »Auf dem Dach?«

»Wir haben ein bisschen auf dem Dach gesessen. Das machen da viele.«

»Ihr habt auf dem Dach gesessen und euch den Sonnenuntergang angesehen oder was?«

»Es wurde langsam immer dunkler, das stimmt.«

Und die im Dunkeln sieht man nicht, dachte Förster, der jetzt richtig gute Laune hatte.

»Förster, das lappt aber schon fast ins Romantische.«

Über dich wird gelacht, aber ich kann besser küssen, dachte Förster.

»Wie gesagt«, sagte Förster, »das machen da viele, auf dem Dach sitzen, meine ich. Manche stellen Stühle und Tische raus, und dann winken sie sich von Dach zu Dach zu.«

»Ja, ja, das hörst sich alles ganz toll an.«

»Hast du noch nie mit Rosa auf dem Dach gesessen?«

Sieht er, wie ich grinse?, dachte Förster. Ich gewinne das hier, das tut gut.

Fränge sackte endlich in die Dunkelheit zurück. Auf Förster wirkte er müde, geschafft, geschlagen. »Nein, Förster, ich habe noch nie mit der Rosa auf dem Dach gesessen. Ich habe auch nicht Leuten zugewunken, die auf anderen Dächern saßen. Da hast du mir jetzt echt was voraus.«

»Du bist süß, wenn du eifersüchtig bist.«

»Ich bin nicht eifersüchtig. Ich weiß gar nicht, wie das geschrieben wird. Ich weiß gar nicht, was das ist. Hat das was mit dem Eiferturm in Paris zu tun?«

Peinlich, dachte Förster. »Eiferturm? Der ist sogar für dich zu platt!«

»Finde ich nicht. Moderne Männer sind nicht so besitzergreifend, und ich bin ein moderner Mann, das weißt du doch. Aber wieso hast du diesen aufgekratzten Ton, den kennt man gar nicht von dir. Wenn ich es nicht besser wüsste, würde ich sagen, du hattest gerade Sex und bist deshalb so gut drauf.«

Es gefiel Förster, dass Fränge jetzt in diese Richtung dachte. Bestätigen sollte man ihn da nicht, aber dass er sich Gedanken macht, ist gut. Er sagte: »Oh Mann, Fränge, du bist echt eingeschränkt in deiner Weltsicht. Immer diese Fixiertheit aufs Fleischliche. Das kann ganz schön anstrengend sein. Wie hat Marta denn der Osten gefallen?«

Fränge stöhnte. »Hör bloß auf! Die konnte sich gar nicht

mehr einkriegen! Die fand das alles toll, das Herunterge-kommene, das Einfache, und dass es kaum Werbung gibt und keine Coca Cola oder Marlboro! Die ist mir ganz schön auf den Zwirn gegangen damit. Darüber haben wir uns in die Wolle gekriegt und deshalb liege ich nicht bei ihr im Bett, sondern sitze mit dir hier am Küchentisch.«

»Ist doch auch ganz nett, oder?«

»Sag noch einmal nett, und ich schmeiß dich über die Mauer in den Osten zurück!«

Dünn, dachte Förster, das ist eine ganz dünne Replik.

»Ein letztes?«, fragte er.

»Lass uns eins teilen«, sagte Fränge.

Ja, dachte Förster, ich habe das hier tatsächlich gewonnen. Er ging zum Kühlschrank und nahm eine Flasche heraus, während Fränge ein schmutziges Glas aus der Spüle nahm und notdürftig säuberte. Sie setzten sich wieder an den Tisch, diesmal beide im Licht. Förster goss Fränge Bier ein.

»Ach, Förster«, seufzte Fränge nach dem ersten Schluck, »wo soll das alles noch hinführen? Wie lange geht das noch und was kommt danach?«

Spontan hatte Förster darauf keine Antwort.

DRITTER TEIL:
Solange man es nicht genau weiß,
ist alles in Ordnung

37 Bienenstich

Förster blickte durch das winzige Sichtfenster, hielt den Knopf für die Gaszufuhr gedrückt und betätigte gleichzeitig den Piezozünder. Unten im Heizkörper blitzte es ein paarmal bläulich, aber nichts passierte. Erst beim vierten Versuch zeigte sich endlich eine Flamme, die auch anblieb. In den letzten Wochen hatte er lieber eine dicke Jacke angezogen, als die Heizung in Gang zu setzen, wegen der Kopfschmerzen, die er vom Geruch bekam. Das legte sich meistens im Laufe des Winters, was Förster allerdings nicht gerade beruhigend fand, denn wenn man sich an etwas gewöhnte, das nicht gut sein konnte, war das ein Alarmsignal. Doch die Wohnung war günstig und lag direkt an der U-Bahn, die bis zur Uni durchfuhr. Jetzt war seit gut einer Woche November, und Förster gab seinen Widerstand gegen die Heizung auf.

Er rieb sich die Hände, um sie endlich etwas wärmer zu bekommen, aber das brachte nichts, also zog er die Ärmel seines Sweatshirts bis über die Finger, auch wenn das blöd aussah, aber er dachte, da er alleine war, konnte er das riskieren.

Er setzte sich wieder an die Kugelkopfmaschine, die er von seinem Vater bekommen hatte, ein rotes Riesenteil, das die ganze Zeit summte. Der Lärm war ein Aspekt am Schreiben, der Förster Probleme bereitete, also das Grundsummen der Maschine, das Anschlaggeräusch der Tasten, das Geräusch, mit dem der Kugelkopf die Buchstaben aufs Papier hämmerte. Aber da musste er durch, und vergessen konnte er das nur, wenn es gut lief, wenn er wusste, wohin das, was er da zusammenhackte, führen sollte, und dieses Gefühl ging ihm gerade ab, also störte ihn der Lärm ganz immens.

Förster kam nicht voran, weil er suchte. Und zwar das Kaputte, das Beate von ihm forderte. Wo zum Teufel bekam man das her, dieses Kaputte, das Abgelebte und Abgelegte, Förster fand es nicht, jedenfalls nicht in sich selbst, denn dort, das hatte Beate gesagt, müsse man es suchen. Wenn Förster aber in sich nach dem Kaputten suchte, fand er nur Verwirrung.

Verwirrt war er schon als Kind gewesen, wenn sein Vater so merkwürdig wurde und seine Mutter dann anfing zu rauchen und am Küchentisch zu sitzen und vor sich hin zu starren. Wobei seine Mutter das alles nicht immer einfach nur hingenommen hatte, was sein Vater veranstaltete. Einmal war sie aufgestanden und in den Flur gegangen und hatte ihre noch halb volle Kaffeetasse gegen die Tür des Arbeitszimmers geworfen, und der Kaffee war an der weißen Tür heruntergelaufen. Der Vater hatte die Tür aufgerissen und gefragt, was denn hier los sei, worauf die Mutter geantwortet hatte, er solle sich nur wieder einschließen, sie habe noch mindestens fünf Tassen, die sie gegen die Tür werfen könne, fünf Tassen und eine ganze Kanne Kaffee, und so sie sich nicht irre, stehe im Keller irgendwo eine Kiste mit Ersatztassen. »Die haben wir nämlich«, hatte sie gerufen, »alle in diesem kleinen Laden in Marseille gekauft, gleich mal ein paar mehr, weil ja immer eine kaputtgehen kann, Klaus, das hast du damals gesagt, so eine Tasse kann immer mal kaputtgehen, Susanne, hast du gesagt, nimm mal lieber ein paar mehr, die lagern wir dann im Keller, ist doch kein

Problem. Und weißt du was, Klaus? Das ist jetzt zehn Jahre her, aber das war die erste Tasse, die kaputtgegangen ist. Ich habe also noch genug davon!« Der Vater war dann aus seinem Zimmer gekommen und hatte die Scherben aufgehoben. Darüber hatte Förster seine erste ernstzunehmende Kurzgeschichte geschrieben.

Er dachte jetzt darüber nach, mit der Bahn oder dem Bus irgendwo hinzufahren, wo es wahrscheinlich etwas kaputter war, aber dann wäre er sich vorgekommen wie ein Gaffer, der sich am Elend anderer ergötzte.

Ein neuer Lärm, der überaus vertraut war, riss ihn aus seinen Gedanken. Das Telefon klingelte, es war Fränge. Klar, dachte Förster, Sonntagnachmittag, da überkam es den Herrn Dahlbusch gerne mal, und zwar ziemlich genau zu der Zeit, zu der es früher bei seinen Eltern immer Kaffee und Kuchen gegeben hatte.

»Genosse Förster! Wie stehen die Aktien?«

»Genossen haben keine Aktien, die partizipieren höchstens am Volkseigentum«, gab Förster zurück.

»Oha, du stehst wieder an der Goldwaage. Bist du am Schreiben dranne oder wie oder was?«

Jetzt spricht er Dialekt, um mir sein Proletentum unter die Nase zu reiben, dachte Förster. Er sagte: »Ich versuche mir was auszudenken für diesen Film, den ich mit Beate machen soll.«

Fränge seufzte »Wie oft soll ich dir das noch sagen? Lass die Finger davon! Das wird so schiefgehen wie deine Nacht mit ihr.«

»Ich hätte dir nie davon erzählen dürfen.«

»An der sind schon ganz andere gescheitert, Förster!«

»Herrgott, Fränge, die ist doch nicht der Nanga Parbat! Ich bin an mir selbst gescheitert. Kann doch mal vorkommen.«

»Ja, aber lass die Finger von diesem Filmprojekt, du verzettelst dich, das ist nicht dein Ding.«

»Was ist denn mein Ding?«

»Mehr so was Einfühlsames, mit genauen Beschreibungen und so.«

»Ist das dein Ernst? Wer bin ich? Adalbert Stifter? Wieso meinen immer alle, ich sei so einfühlsam?«

»Du bist eben ein bisschen anders, Förster, das ist doch gut!«

Anders, dachte Förster und wurde den Verdacht nicht los, dass es Fränge und Brocki auch genau darum ging: Du, Förster, bist anders als wir, mit deinem Akademikerpapa und dem Bungalow und der schönen Mutter und ihrem Frankreichfimmel. Er dachte an all die Momente, in denen er sich ausgeschlossen gefühlt hatte.

Aber das führt jetzt zu nichts, rief er sich selber zur Ordnung, es muss ein Themenwechsel her, also sagte er: »Wie läuft es denn bei dir und Rosa?«

»Na ja, es läuft halt. Ich fahr nur eben nicht mehr so oft rüber, weil der Markt für benzinbetriebene Campingkocher und Mathefachbücher derzeit einigermaßen gesättigt ist.«

»Ich dachte, du warst gestern vielleicht auf dieser Riesendemo auf dem Alex.«

Förster hörte im Hintergrund irgendwas klappern, dann sprach Fränge mit vollem Mund weiter: »Ich musste arbeiten, tagsüber schon, bis spät abends. Irgendwo muss das Geld ja herkommen in diesem kranken Scheißsystem.«

»Was isst du denn da?«

»Bienenstich, Förster! Es ist Sonntag, und ich hatte plötzlich Lust auf Bienenstich. Ist nicht so gut wie der von meiner Mutter, aber immerhin.«

Vielleicht einen Kakao und einen Malblock dazu?, dachte

Förster und musste an Gerd denken und seinen Berliner-mit-Milch-Tick.

»Und was ist mit dir und Marta?«

»Läuft super. Alles palonken.«

Fränge schmatzte jetzt richtig. Irgendwie regte Förster das auf. »Was ist denn palonken?«, fragte er schärfer als beabsichtigt.

»Eine Steigerung von paletti. Wenn etwas mehr als paletti ist, ist es palonken. Kennt man doch.«

»Ich nicht, aber egal«, sagte Förster. »Ich dachte, du möchtest vielleicht hautnah dabei sein, wenn es da drüben brodelt.«

»Ach, was heißt schon brodeln!«, wiegelte Fränge ab. »Die spielen jetzt ein bisschen Widerstand, aber die sollen sich nur keine Schwachheiten einbilden. Das soll mal alles schön bleiben, wie es ist. Alles andere wäre nicht zuletzt meiner Liebeslogistik höchst abträglich.«

Förster fand, diese Aussage klang doppelt dekadent, wenn man dabei den Mund voller Bienenstich hatte. Na gut, bei ihm zu Hause hatte es früher Crêpes, Eclairs oder Brioche zum Café au lait gegeben, das war noch schlimmer.

Sie beendeten das Gespräch, weil es bei Fränge an der Wohnungstür klingelte. Das sei Marta, sagte Fränge noch und legte dann ziemlich schnell auf, ohne sich richtig zu verabschieden, und auch wenn Förster so ein Verhalten von Fränge kannte, verletzte es ihn in diesem Moment doch mehr als sonst. Er fühlte sich ohnehin unzulänglich und überfordert und jetzt kam auch noch unerwünscht und ausgestoßen dazu.

Das Kaputte, wo ist das Kaputte?, fragte er sich.

Er ließ den Blick durch sein Wohn-, Arbeits- und Schlafzimmer schweifen. Im August, kurz nach seiner Rückkehr aus Berlin, war Beate zu ihm in die Wohnung gekommen, um über das Projekt zu sprechen, sie hatte sich umgesehen und gegrinst. Offenbar fand sie es amüsant, unter welchen Bedingungen er vor sich hin vegetierte. Um davon (und auch von dieser anderen peinlichen Sache, die ihn mit ihr verband) abzulenken, hatte er gefragt: »Hast du mal daran gedacht, den Götz George anzusprechen, ob der bei dem Film mitmacht?«

»Götz George? Wie kommst du denn darauf?«

»Ich habe gehört, der macht so was öfter. Also in Debütfilmen mitspielen, ohne Geld.«

»Habe ich noch nie was von gehört.«

»Götz George, das wäre doch gut.«

»Der kommt aber nicht von hier, Förster.«

»Der spielt doch Schimanski. In Duisburg. Da kommt er einem doch so vor, als wäre er von hier.«

»Nee, Förster, ich will echte Typen von hier haben, keinen Berliner, der auf Ruhrpott macht.«

»Aber Götz George, Beate!«

Sie hatte da aber nicht mit sich reden lassen.

Je länger er darüber nachdachte, desto klarer wurde ihm, dass dieses ganze Projekt, beziehungsweise seine Beteiligung daran, eine schlechte Idee war. Was Beate vorschwebte, konnte er einfach nicht liefern. Andererseits war das eine tolle Sache, eine Chance, die man sich nicht entgehen lassen konnte, und als ihm das durch den Kopf ging, hatte er mit einem Mal tatsächlich eine Idee, wie er es doch noch hinkriegen konnte, also schob er seine Hände aus den Bündchen seines Sweatshirts und fing an zu tippen, und zwar so lange, bis ihm der Lärm gar nichts mehr ausmachte.

38 Mehr so eine Residenz

Günther Brock zuckte nicht mal zusammen, als der Hosenträger, der seine ausgebeulte Jeans unterm Bauch festhielt,
sich löste und nach oben gegen seinen Hinterkopf schnalzte.
Er griff nach hinten, murmelte, das Scheißding halte auch
nix mehr aus, erwischte das Scheißding aber nicht, sodass
sein Sohn ihm helfen musste. Brocki griff seinem Vater in
den Hosenbund, der Vater richtete sich auf und hielt ganz
still, während sein Sohn den Hosenträger wieder befestigte.
Förster stand da, die eigentlich viel zu schwere Kiste in den
Händen, und bedauerte schon wieder, dass er nicht malen
konnte, denn die ganze Szenerie hätte ein astreines Ge-
mälde abgegeben: die leer geräumte Schrankwand mit den
aufgeklappten Türen, die Kisten, die auf dem Boden und auf
dem alten, wuchtigen grünen Sofa und den ebenso wuchtigen grünen Sesseln abgestellt waren, die nackte Glühbirne,
die ihr Licht nicht flüsterte, sondern schrie, und darunter Vater und Sohn, der eine breitbeinig mit durchgedrücktem Rücken und vorgerecktem Kinn, die starken Arme neben dem
massigen Oberkörper herunterhängend, der andere mit ge-
senktem Kopf konzentriert den Verschluss des Hosenträgers
zurechtfummelnd, ganz sicher von der Sorge getragen, der
Vater könne, nicht zum ersten Mal, das handwerkliche Un-
geschick seines auf Lehramt studierenden jüngsten Sohnes
bemängeln.

»So«, sagte Brocki, als er den Job erledigt hatte. »Ich würde sagen, du brauchst mal neue Hosenträger, Vatta!«

Vatta – so redete Brocki, wenn er zu Hause war, nur hier hörte man ihn wirklich Dialekt reden, sonst war der höchstens zu erahnen, erkennbar für Vertraute, praktisch nicht hörbar für Außenstehende.

»Die sind donno gut!«, antwortete Günther Brock, dem man wiederum sehr deutlich anhörte, wo er herkam.

»Wenn er noch gut wäre, wäre er dir nicht gegen den Kopp geprallt.«

»Den hatte ich nicht richtig festgemacht.«

»Du hast doch selber gesagt, dass das Scheißding nix mehr aushält. Das heißt, es ist alt, und du brauchst was Neues.«

»Tilman, das lohnt doch nicht mehr!«

»Mensch, Vatta, komm mir nicht so! Du bist siebzig, nicht neunzig!«

»Was ist denn hier schon wieder los?«, kam es jetzt von der Tür her, wo Brockis Mutter stand, und zwar in einem T-Shirt, das Brocki sich mal auf einem Eric-Clapton-Konzert gekauft hatte.

»Mama, wieso trägst du mein olles T-Shirt?«

»Ach, das lag bei deinen alten Sachen, ich dachte, das brauchst du nicht mehr. Passt mir doch, oder? Und ich dachte, für so einen Umzug ist das genau das Richtige. Und jetzt mach weiter, sonst stehen wir morgen noch hier!« Sie sah Förster an und sagte: »Du kannst auch mal ein bisschen Gas geben, Roland!«

So kannte Förster Irmgard Brock, freundlich, aber bestimmt, streng, aber gerecht, wobei das Eric-Clapton-T-Shirt ihr jetzt etwas hinzufügte, für das er noch kein Adjektiv hatte.

Er trug die Kiste mit den alten Büchern nach unten und stellte sie auf die Ladefläche des Transporters. Die Bücherkiste hatte ihm Günther Brock mit den Worten in die Hand gedrückt, das sei der richtige Job für Förster, weil er doch so ein Bücherwurm sei, worauf Brocki: »Aber ich nicht, oder wie?« gesagt hatte, was von seinem Vater aber ignoriert worden war. Leseratten waren die alten Brocks nicht gerade, denn diese Kiste war die einzige mit Büchern, wohingegen es mindestens fünf mit kleinen Porzellanfiguren gab. Förster klappte den Karton auf und sah sich mal an, wo die literarischen Vorlieben von Brockis Eltern lagen. Zeitgenössische Literatur schien ihr Ding nicht zu sein. Förster fand John Knittels *Via Mala*, Margaret Mitchells *Vom Winde verweht*, dann Waldemar Augustinys *Die große Flut*, *Der Weg nach oben* von John Braine oder auch *Die Geishas des Captain Fisby* von Vern Schneider. Von Letzterem hatte Förster wenigstens schon mal gehört. Sein Vater, der mal ein Seminar über die Besatzungspolitik der USA nach dem Zweiten Weltkrieg gegeben hatte, hatte den Roman erwähnt, weil es eine Satire auf die Versuche der Amerikaner war, den Japanern die westliche Demokratie nahezubringen.

»Eine Kiste getragen und schon am Ende?« Brocki kam aus dem Haus und wuchtete ebenfalls einen Karton auf den Laster. Es schepperte bedenklich.

»Ganz schön grob, Herr Brock!«, sagte Förster.

»Murano-Glas. Damit ein bisschen Farbe ins Leben kommt. Da kann ruhig was von kaputtgehen, wär nicht schade um den Schrott.«

Förster grinste. »Wie redest du über die Sachen deiner Eltern!«

»Ernsthaft, guck dir den ganzen Nippes doch an! Kleine Engelchen und Tierchen und dann diese Ballerina mit dem Tütü aus zartem Rosa! Ästhetisch segeln meine Eltern unter der Piratenflagge des Kleinbürgertums!«

»Da sollte man sich aber nicht drüber erheben, Brocki. Bist du besser, nur weil du auf Lehramt studierst?«

Brocki seufzte. »Nee. Aber wenn ich die alte Wohnung hier sehe ... Die kleinen Zimmer, die niedrigen Decken, so wenig Licht. Man fragt sich, wie man das ausgehalten hat.«

»Man hat sich einfach keine Gedanken darüber gemacht.«

»Ich bin ja froh, dass die hier ausziehen. Und das ist ja auch kein Heim, in das sie ziehen, sondern ...«

»... mehr so eine Residenz«, führte Förster den Satz weiter, weil er den in den letzten Tagen sehr oft gehört hatte. Brocki legte Wert darauf, dass er seine Eltern nicht in einem Altersheim abkippte.

»Das ist ein Neubau«, fuhr Brocki fort. »Die haben da eine ganz normale Wohnung.«

»Ich weiß, Brocki.«

»Kein Krankenzimmer oder so.«

»Ja, ja.«

»Schon klar, ich gehe dir damit auf die Nerven, aber ich muss mir selbst immer wieder sagen, dass es richtig ist.«

»Natürlich ist das richtig. Dein Vater kommt doch hier die Treppen kaum noch hoch.«

»Trotzdem schleppt er heute Kisten. Und meine Herren Brüder halten sich da raus, vielen Dank auch!«

Förster konnte gut verstehen, dass Brocki sauer war, denn seine Brüder waren zehn beziehungsweise zwölf Jahre älter, die standen in Lohn und Brot und hatten Familie. Der eine war Geschäftsführer eines mittelständischen Betriebes im Badischen, der andere hatte Jura studiert, eine Frau aus Hamburg geheiratet und war als Arbeitsrechtler in die Kanzlei seines Schwiegervaters eingestiegen, weshalb die Kosten für die Residenz auch nicht das Problem waren. Finanziell engagierten sich die Brüder gern, nur Kisten schleppen wollten sie nicht. Auch kamen sie nur selten zu Besuch, also blieb fast alles, was mit persönlichem Kontakt zu den Eltern zu tun hatte, an Brocki hängen.

»Du kriegst die Alten nicht mehr geändert, das ist bei mir genauso«, sagte Förster.

»Ach komm!«, sagte Brocki. »Dein Vater hört die Rolling Stones und läuft in T-Shirt und Jeans durch die Gegend. Meiner kriegt immer noch feuchte Augen, wenn er Alexandra hört, *Mein Freund der Baum ist tot* und so was! Und deine Mutter! Mann, wir waren doch alle ein bisschen in deine Mutter verknallt, früher. Die sieht immer noch toll aus.«

»Hör auf, mir wird schlecht«, sagte Förster, obwohl er das nicht so meinte, jedenfalls nicht mehr. Früher, da hatte es ihm wirklich Übelkeit bereitet, wenn die anderen sich über seine Mutter ausgelassen hatten. »Lass uns wieder hochgehen«, sagte er, um das Thema zu beenden, »da warten noch Kisten mit Nippes.«

Als sie wieder nach oben kamen, saß Günther Brock in einem der grünen Sessel und atmete schwer. Oh Gott, dachte Förster, der wird doch jetzt nicht einen Herzinfarkt haben oder so, und genau das ging wohl auch Brocki durch den Kopf, der sofort ganz hektisch wurde.

»Vatta, was ist los?«

»Nix is los«, erwiderte Günther Brock.

»Es ist doch was, Vatta, das sehe ich!«

»Der ist nur renitent«, sagte die Mutter, die mit einer Stehlampe in der Hand aus dem Schlafzimmer kam. »Der will nicht umziehen. Weil er sagt, das ist das letzte Mal.«

»Ist doch so«, sagte Günther Brock. »Wenn ich aus der anderen Wohnung ausziehe, dann mit den Füßen zuerst.«

Hm, dachte Förster, man verlässt ja eigentlich jeden Raum mit den Füßen zuerst, es sei denn, man kriecht auf allen vieren, aber dieses Argument wollte er jetzt lieber nicht bringen.

»Okay«, sagte Brocki und setzte sich in den anderen Sessel.

Die sehen aus wie Figuren in einem Theaterstück, dachte Förster. Volkstheater, Ohnsorg oder Millowitsch. Die eine Tür geht zu, die andere auf. Es wird Dialekt gesprochen, der Pfarrer betrinkt sich, und mindestens eine junge Frau heißt Ingeborg.

»Ich versteh das, Vatta!«, sagte Brocki. »Ist ein Lebensabschnitt. Aber du warst auch vierzig Jahre auf Stahlwerke. Und mal ehrlich: Fehlt dir die Maloche?«

»Was weißt du denn von Maloche, du Student?«

»Darum geht es doch jetzt gar nicht, Günther!«, sagte Frau Brock, die nach wie vor die Stehlampe festhielt wie eine Patientin im Krankenhaus ihren Infusionsständer. Und das in einem Eric-Clapton-T-Shirt.

»Dir fehlen vielleicht die Kollegen, aber nicht die Maloche. Und genauso wenig wird dir diese Wohnung fehlen, wenn du erst mal hier raus bist.«

»Ach, die Wohnung ...«, sagte Günther Brock, wobei er das g am Ende sprach wie ein k: Wohnunk.

»Er hat gesagt«, sagte Frau Brock, »da in dem Heim ...«

»Das ist kein Heim«, unterbrach Brocki seine Mutter. »Mehr so eine Residenz.«

»Er hat gesagt, in dem Heim, da sind nur alte Leute.«

»Ja, aber die sind doch alle nett«, gab Brocki zu bedenken.

»Woher willst du das denn wissen?«, blaffte Günther Brock. »Du kennst die doch gar nicht. Woher willst du denn wissen, ob die nett sind? Weil alte Leute per se alle nett sind? Hast du schon mal ein Haus gesehen, in dem wirklich alle nett sind? Du hast doch gar keine Ahnung (Ahnunk) vom Leben! Wenn so viele Leute in einem Haus wohnen, dann sind jede Menge Arschlöcher dabei! Gerade die Arschlöcher werden besonders alt, das sage ich dir!«

»In Ordnung«, sagte Frau Brock, »dann ziehen wir eben

nicht um. Roland, geh mal runter und fang an, die Kisten wieder hochzutragen. Günther, du bleibst hier sitzen und guckst dir an, wie wir den ganzen Mist wieder reintragen.« Mit der Stehlampe ging sie zurück ins Schlafzimmer und warf hinter sich die Tür zu.

»Gut, dann machen wir das so«, sagte Brocki und stemmte sich aus dem Sessel hoch. »Herrgott, die Dinger sind so durchgesessen, da kommt man ohne Hilfe gar nicht mehr raus. Los, Förster, alles retour!«

Auf dem Weg nach unten sagten sie nichts, aber als Förster die erste Kiste aus dem Transporter nehmen wollte, sagte Brocki: »Lass uns erst mal 'ne Pause machen.«

Sie setzten sich auf die Ladefläche und ließen die Beine baumeln wie Kinder.

»Eigentlich müsste man jetzt eine rauchen«, sagte Brocki.

»Aber dafür extra damit anfangen ...«, sagte Förster.

»Ausgerechnet an einem Mittwoch müssen die umzie- hen!«, sagte Brocki. »Mittwochs habe ich den ganzen Tag Veranstaltungen. Du ahnst gar nicht, was ich alles ver- passe. Und nur, weil der doofe Anstreicher so lange ge- braucht hat. Man hätte ja ein ganz normales Unterneh- men beauftragen können, aber nein, es musste ja dieser alte Arbeitskollege sein. Der ist Frührentner auf Rücken, ich dachte, der kommt die Leiter gar nicht hoch, aber was rege ich mich auf!«

Sie schwiegen einen Moment, dann tauchte Günther Brock, eine Kiste tragend, in der Haustür auf. Brocki lief seinem Vater entgegen und wollte ihm die Kiste abneh- men. »Vatta, ich habe dir doch gesagt, die Kisten sind zu schwer für dich! Lass das doch sein! Dafür sind wir doch da!«

Der Vater hielt die Kiste fest und schüttelte Brocki ab. Es schepperte. »Tilman, du hast in deinem Leben keinen Tag richtig gearbeitet. Von dir muss ich mir nicht sagen lassen, was für mich zu schwer ist und was nicht!«

Günther Brock schob die Kiste in den Transporter, wobei ihm wieder der Hosenträger vom Bund sprang.

»Aber neue Hosenträger brauchst du auf jeden Fall«, sagte Brocki.

39 *Die unerhörte Begebenheit*

Förster spürte, dass seine Nase kalt war, und das war auch logisch, denn seine Nase war so ziemlich das Einzige, was von
ihm unter der Bettdecke herausguckte. Es war kalt. Wie üblich hatte er die Gasheizung über Nacht ausgeschaltet. Jedes
Jahr das Gleiche: Es war erst November, aber er hatte schon
im wahrsten Sinne des Wortes die Nase voll von der Kälte.
Dezember, Januar und Februar würden noch viel schlimmer
werden, aber umziehen wollte er auch nicht. Wieder mal so
eine ausweglose Förster-Situation, dachte er, wie kommt man
da denn wieder raus, das ist ja zum Verzweifeln, da sollte
man am besten gar nicht aufstehen, aber das kann man ja
auch nicht machen. Es musste studiert werden, geschrieben
auch, obwohl er mit der Ausformulierung der Idee für den
Film mittlerweile fertig war, nur konnte er Beate nicht erreichen, die ging nicht ans Telefon, und auch ihre Mitbewohnerin konnte oder wollte nicht sagen, wo Beate war.

Vielleicht sollte man jetzt masturbieren, dachte er, um
wieder in eine bessere Stimmung zu kommen, man könnte
zum Beispiel an Marissa denken und die Nacht in Berlin,
aber dann stellte er fest, dass er sich gar nicht mehr genau
erinnern konnte, wie Marissa aussah, und das vertiefte seine
schlechte Stimmung weiter, sodass nicht daran zu denken
war, das potenziell stimmungsaufhellende Vorhaben in die
Tat umzusetzen.

Bei Hunden ist eine kalte und feuchte Nase ein Zeichen für gute Gesundheit, ging ihm durch den Kopf, und bevor das alles noch schlimmer wird, sagte er sich, stehe ich mal lieber auf, auch wenn es dafür eigentlich viel zu früh ist.

Er setzte die Heizung in Gang und machte sich einen Kaffee und zwei Scheiben Toast mit Hagebuttenmarmelade. Damit setzte er sich auf das schmale, mit braunem Cord bezogene Ikea-Sofa, das seinem Hintern kaum noch Widerstand entgegenbrachte, und sah sich um.

Das ist meine Welt, dachte er: Fünfunddreißig Quadratmeter Unordnung und mangelnder Geschmack. Eine Matratze auf dem Boden, ein schwarzes Kellerregal als Raumteiler an die Wand geschraubt, wobei es den Raum nicht teilte, sondern nur einschnitt. Er fixierte die Buchrücken von Weitem, sah seinen Hemingway, seinen Salinger, ein paar Suhrkamp-Bände, die er im Antiquariat im Mensa-Foyer erstanden hatte, die Beatles-Biografie von Hunter Davis, *Die Fälschung* von Nicolas Born, die Sjöwall-Wahlöö-Krimis, die roten UTB-Taschenbücher, vor allem *Romane der Weimarer Republik* von Erhard Schütz und Jürgen Links *Literatursoziologisches Propädeutikum*, *Der Baader-Meinhof-Komplex* von Aust, Süskinds *Das Parfüm*, *Schlangenmaul*, *Der Schneemann* und *Rohstoff* von Fauser, *Die Aula* von Hermann Kant, erst vor ein paar Monaten am Alex erworben, gelesen an den Kaulsdorfer Seen, T.C. Boyle, García Márquez und Ingvar Ambjörnsen. Bisschen sehr eklektisch, dachte er.

Hier muss sich was ändern.

Erst mal aufräumen.

Wenn nicht im Kopf, dann wenigstens die Wohnung.

Während das Zimmer sich aufheizte, machte Förster das Bett und ordnete das Chaos auf dem Schreibtisch zu mehreren übersichtlich wirkenden Haufen, obwohl natürlich ein Schreibtisch gar nicht ordentlich sein musste, der durfte ruhig nach Arbeit aussehen, aber Förster fand, seiner sah nicht nach Arbeit aus, sondern als hätte jemand wahllos Sachen darauf geworfen, und so war es ja auch. Wenn man in einem einzigen Zimmer wohnte, schlief und arbeitete, kam einiges zusammen.

Er saugte den Teppichboden ab, sogar die Fußleisten und die Ecken der Zimmerdecke, in denen ein paar Spinnweben hingen, die ihm bisher gar nicht aufgefallen waren, so was bemerkt man erst, dachte er, wenn man mal ordentlich hinschaut, und dann ist es einem peinlich, weil man zwischendurch ja Besuch hatte, dem das bestimmt aufgefallen war. Förster nahm das zum Anlass, sich die ganze Wohnung mal mit den Augen eines Fremden anzusehen, und war nach wenigen Minuten ernüchtert bis schockiert. In der Küche warf das an den Rändern nicht ordentlich fixierte PVC mit dem Schachbrettmuster Wellen. Auch hier hatte er sich beim Einzug für ein günstiges Kellerregal aus Metall als Küchenschrankersatz entschieden, nur war dieses hier rot und das achteckige schwarze Geschirr darin hatte nicht wenig Staub angesetzt. Messer, Gabel und Löffel im Besteckkasten zeigten Verfärbungen, und der Kasten selber war voller Krümel, von denen Förster nicht wusste, wie sie da hingekommen waren. Nur Minuten später verfluchte er sich dafür, den gleichen Teppich, den er in seinem Wohnarbeitsschlafzimmer hatte, auch im Bad verlegt zu haben. Wie die Flecken auf den Boden vor dem Klo gekommen waren, darüber musste er nicht lange nachdenken. Jetzt verstand er, was diese Steffie, die letztes Jahr hier übernachtet hatte, gemeint hatte, als sie sagte, er solle sich mal überlegen, ob es nicht besser wäre, im Sitzen zu pinkeln.

Förster wurde schlecht.

So konnte es nicht weitergehen.

Er fing an, den Teppichboden rauszureißen, zuerst in den

Ecken hinter dem Klo. Schon nach ein paar Minuten war der Teppich raus. Ist aber auch ein sehr kleines Bad, dachte Förster. Das jetzt natürlich fürchterlich aussah. Unter dem Teppich lag noch der Bodenbelag, den der Vormieter hier hatte verlegen lassen, roter Noppen-PVC. Der war ebenfalls in einem schlimmen Zustand.

Musik. Er brauchte jetzt erst mal Musik. Ohne Musik konnte er nicht körperlich arbeiten. Er suchte die Kassette heraus, die Fränge ihm ein paar Wochen zuvor in Berlin aufgenommen hatte, eine amerikanische Band, die noch kaum jemand kannte, Rapid Eye Movement, kurz R.E.M. Der erste Song hieß gleich mal *Finest Worksong*, das passte ja wie, also Förster wollte jetzt *wie die Faust aufs Auge* genauso vermeiden wie *Arsch auf Eimer*, er wollte origineller denken, aber ihm fiel nichts ein, also ließ er den Gedankensatz unvollendet und riss auch noch das Noppen-PVC raus. Drunter kamen Kacheln zum Vorschein, mit Blumenmuster, manche eingerissen, viele verdreckt von dem Kleber, mit dem das PVC auf den Kacheln verklebt worden war.

Er brachte die Teppichreste in den Keller und fuhr mit der U-Bahn zum Baumarkt, ließ sich zum Thema Lösungsmittel beraten und schrubbte dann mit einer ebenfalls neu angeschafften Drahtbürste die Kacheln oder Fliesen sauber, wortwörtlich im Schweiße seines Angesichts, denn dann und wann tropfte ihm tatsächlich was von der Stirne, doch das schrubbte er gleich mit weg oder stellte sich vor, er würde seinen Schweiß in die Kacheln oder Fliesen einmassieren, und wartete auf das befriedigende Gefühl, etwas geleistet zu haben, noch dazu in einem Bereich, von dem er sich üblicherweise fernhielt, handwerkliche Tätigkeiten nämlich. Dieses Gefühl stellte sich irgendwann auch wirklich ein, als er in der Badezimmertür stand und sein Bad nicht wiedererkannte. Dazu lief immer wieder diese Platte, die Fränge ihm überspielt hatte, und der

Song, der ihm am deutlichsten haften blieb, war *It's the end of the world as we know it*. Ja, dachte er, das hier ist das Ende der Welt, wie wir sie kennen, zumindest was dieses Badezimmer angeht, und jetzt ist die Küche dran. In nicht mal zwei Monaten waren die Achtziger vorbei, da war kein Platz mehr für Schachbrettmuster in der Küche oder achteckiges schwarzes Geschirr, doch das würde er heute nicht mehr schaffen, also schrubbte er erst mal alles ordentlich durch, spülte Besteck und Tassen und Teller, pulte alle Krümel aus dem Besteckkasten und fragte sich dann, wieso eigentlich er das heute nicht schaffen können sollte, also rief er Brocki an, der zu Hause war, Zeit hatte und seinen Jetta mitbrachte, um mit Förster die Bodenbeläge zur Kippe zu fahren. Dann trugen sie das rote Kellerregal, den Tisch und die Stühle ins Nebenzimmer und fingen an, den Schachbrettboden rauszureißen.

»Was ist mit der Spüle, dem Herd und dem Kühlschrank?«, fragte Brocki.

»Was soll damit sein?«, fragte Förster zurück.

»Sollen die auch raus, damit wir den Boden da drunter wegmachen können?«

Förster dachte nach. »Man soll es auch nicht übertreiben«, sagte er dann. »Da schneiden wir drum herum.«

»Gott sei Dank«, murmelte Brocki.

Unter dem Schachbrett waren Bohlen, ochsenblutrot und verdreckt, und jetzt gab es zwei Möglichkeiten: neuen Boden drauf oder abschleifen.

Brocki schüttelte den Kopf und sagte: »Gestern Umzug, heute Renovierung. Wenn das mit dem Staatsexamen nicht klappt, weiß ich, was ich mache.«

Förster sagte, heute sei der Tag für große Lösungen.

Also fuhren sie in den Baumarkt und liehen sich eine Maschine zum Abschleifen von Holzbohlen aus. Und Folie, um praktisch die gesamte restliche Wohnung abzudecken.

»Die Ritzen in den Türen!«, sagte Brocki. »Die sind besonders wichtig! Der Staub ist so fein, dass der durch jede winzige Ritze dringt.«

Dann schliffen sie, stundenlang. Das war laut und staubig.

»Sieht doch super aus!«, sagte Brocki irgendwann.

»Im Gegensatz zu uns«, sagte Förster und klopfte sich feinen Staub von der Kleidung. Ein bisschen was hatte er sogar auf der Zunge.

Sie gingen auf die Knie und schliffen an den Rändern per Hand nach, dann saugte Förster den Boden gründlich ab, während Brocki die Maschine in den Baumarkt zurückbrachte und mit einem Öl für die Versiegelung sowie einer Poliermaschine zurückkam. Sie trugen das Öl mit zwei Fußbodenrollen auf, ließen es einwirken und legten eine zweite Schicht nach. Dann warteten sie wieder eine Zeit lang, bevor sie mit der Poliermaschine drübergingen. In der Zwischenzeit sammelten sie die staubige Folie vorsichtig wieder ein und brachten sie in den Keller.

»Weißt du, was die beste Idee heute war?«, fragte Brocki.

»Sag du es mir.«

»Dass du das Bier aus dem Kühlschrank genommen hast, bevor wir das Öl aufgetragen haben.«

Ja, da hatte Förster ausnahmsweise mal nachgedacht. Das Bier lag im Waschbecken im Bad. Das Wasser hielt es zwar nicht wirklich kalt, aber irgendwie sah das professionell aus, fand Förster. Mit je einer Flasche in der Hand ließen sie sich aufs Sofa fallen. Die Tagesthemen fingen gerade an. Hans-Joachim Friedrichs trug ein kariertes Jackett. Friedrichs, den Förster früher vor allem als Gastgeber des *Aktuellen Sportstudios* im ZDF gekannt hatte, sagte, das Brandenburger Tor habe als Symbol für die Teilung Berlins ausgedient. »Ebenso die Mauer, die seit achtundzwanzig Jahren Ost und West trennt.«

Förster dachte noch: Wieso benutzt der noch das Präsens, muss es nicht »trennte« heißen, wenn die Mauer ausgedient hat? Aber wieso hat die ausgedient beziehungsweise: Hä?

Friedrichs sagte: »Die Tore in der Mauer stehen weit offen.« Ein paar Minuten später stand ein Reporter am Berliner Grenzübergang Invalidenstraße, nur um zu berichten, dass es hier gar nichts zu berichten gebe, jedenfalls nicht von ihm, wohl aber von einem Mann in einem sehr hässlichen Trainingsanzug, der sagte, dass es am Grenzübergang Bornholmer Straße ganz anders aussehe. Da seien ihm DDR-Bürger um den Hals gefallen, und man habe gemeinsam geweint. Warum sind die mit ihren Kameras nicht da, wo tatsächlich was passiert, dachte Förster, und Brocki sagte: »Ich verstehe überhaupt nicht, wovon die reden! Verstehst du das?«

Förster zuckte mit den Schultern und holte dann noch Bier aus dem Bad. Er warf einen Blick in die Küche. Der Boden sah gut aus im Licht der Straßenlaterne, die vor dem Haus stand.

Er reichte Brocki das Bier und sagte: »Der Teppich hier im Zimmer muss auch unbedingt raus.«

Brocki sah sich um. »Hast recht. Total versifft.«

»Der muss weg«, sagte Förster. »Ich wohne erst drei Jahre hier, aber da ist schon einiges umgekippt. Fränge hat sich zum Beispiel mal in eine Schüssel übergeben und nicht richtig getroffen. Barfuß kann man hier doch gar nicht mehr hergehen.«

Im Bundestag wurde das Deutschlandlied gesungen. Willy Brandt war fertig mit den Nerven, versuchte aber, sich nichts anmerken zu lassen. Helmut Kohl war in Warschau. Der Ministerpräsident von Nordrhein-Westfalen, Johannes Rau, war zu den NRW-Kulturtagen in Leipzig. Ein Leipziger Arzt, Direktor der Poliklinik Ost, erzählte, dass einige seiner Ärzte schon weg seien und wie sich das auswirke. Und dann war

noch Deng Xiao Ping als Vorsitzender der Zentralen Militär-
kommission in Peking zurückgetreten und islamische Fun-
damentalisten hatten bei den Parlamentswahlen in Jorda-
nien deutliche Stimmengewinne erzielt. Eine Rentenreform
war verabschiedet worden und eine Fähre mit einem Frach-
ter kollidiert. Im Achtelfinale des DFB-Pokals hatte Stutt-
gart Bayern mit 3:0 geschlagen und Kaiserslautern Köln mit
2:1. Am Ende der Sendung hieß es, das Programm der west-
deutschen Fernsehsender werde demnächst auch in ostdeutschen Zeitungen abgedruckt. Und in der Wettervorhersage
für »morgen, Freitag, den zehnten November 1989« hieß es:
»Tagsüber vor allem im Osten sonnig, im Tagesverlauf von
Westen Bewölkungszunahme.«

40 Geigen und Schalmeien

»Frag ihn, ob er sicher ist!«

»Ich soll dich fragen, ob du sicher bist«, sprach Förster ins Telefon. »Ich weiß aber nicht, was er damit meint.«

Brocki war spontan vorbeigekommen, um mit Förster die weltpolitischen Entwicklungen der letzten Nacht zu erörtern und um sich anzusehen, wie sich der frisch behandelte Küchenfußboden bei Tageslicht machte. Das Öl war inzwischen gut eingezogen, der Geruch danach hing aber noch in der Luft. Dann hatten sie angefangen, dem Wohnarbeitsschlafzimmer die gleiche Behandlung angedeihen zu lassen wie der Küche.

»Ich weiß, was er meint«, rief Fränge aus Berlin herüber. »Dazu sage ich: Der weiß nicht, was er redet!«

»Fränge meint, du weißt nicht, was du redest, Brocki.«

»Stell doch auf laut!«, rief Fränge.

»Was hat er gesagt?«, fragte Brocki und fügte hinzu: »Stell doch mal auf laut!«

Förster vergaß immer, dass das bei diesem schnurlosen Telefon, das er sich vor ein paar Wochen zugelegt hatte, möglich war. Er drückte auf die Taste mit dem Lautsprechersymbol und sagte: »Ich habe jetzt auf laut gestellt!«

»Ich will nur wissen, ob du sicher bist!«, rief Brocki. »Bleib lieber in der Wohnung! Verlass das Haus nicht!«

»Brüll doch nicht so!«, sagte Fränge. »Und wieso hört sich das bei dir so komisch an, Förster? Das hallt so.«

»Wir haben gerade den Teppichboden hier im Wohnzimmer rausgerissen. Den schaffen wir gleich weg, und dann schleifen wir die Bohlen ab.«

Er ließ sich jetzt mal nicht darüber aus, wie schwierig es gewesen war, den Schreibtisch aus dem Zimmer zu bekommen. In dem winzigen Korridor hätte er die Wohnungstür blockiert, aber ihn von dort nach rechts in die Küche zu bugsieren, während er noch halb ins Wohnzimmer ragte, das war eine anspruchsvolle Aufgabe gewesen.

»Frühjahrsputz im November?«, fragte Fränge.

»Gestern haben wir die Küche gemacht. Ich konnte das alles nicht mehr sehen.«

Brocki schaltete sich wieder ein. »Hast du schon Panzer gesehen?«

»Panzer, du spinnst doch!«, rief Fränge und lachte wieder. Schien ein lustiger Tag in Berlin zu sein.

Brocki seufzte. »Wir werden ja sehen, wer hier spinnt! Die lassen sich das doch alles nicht gefallen! Die werden schießen, das gibt die chinesische Lösung!«

»Nee, jetzt nicht mehr«, sagte Förster. »Die haben die Grenzen selber aufgemacht. Die wussten doch, was sie tun!«

»Die wollten eine Situation schaffen, in der sie um Waffengewalt nicht mehr herumkommen«, behauptete Brocki. »Das ist der Wahnsinn, aber die sind ja auch nicht rational! Das sind alles dusselige alte Männer. Und der Krenz, der hat es mit den Nieren! Guck dir doch mal die Ränder um die Augen an, der hat es ganz klar mit den Nieren!«

»Und Nierenpatienten tendieren zu Waffengewalt oder was?«, rief Fränge hörbar amüsiert. »Ich sage euch, hier ist alles in Ordnung, ein bisschen wie Karneval. Die Leute gehen zum Teil gar nicht zur Arbeit, sondern zur Mauer und klettern rauf.«

Genau dieses Bild ging Förster nicht aus dem Kopf, seit er

am Morgen um halb acht den Fernseher eingeschaltet hatte. Dieses Herumlaufen auf der Mauer am Brandenburger Tor hatte ihn davon überzeugt, dass wirklich etwas Außergewöhnliches passierte.

»Da wird getanzt und gesoffen und rumgeknutscht«, sagte Fränge. »Von Panzern keine Spur. Nur die Grenzer tun einem leid, die wissen gar nicht, was los ist. Die werden doch jetzt arbeitslos! Die kriegen als Erste die gnadenlose Härte des Kapitalismus zu spüren. Nicht mehr gebraucht, aussortiert.«

Brocki schüttelte den Kopf. »Die gnadenlose Härte des Kapitalismus? Was meinst du damit? Volle Supermärkte, keine Versorgungsengpässe, freie Wahlen, freie Presse, freie Kunst? Und auch so einen Grenzer floaten wir ganz schnell ins System ein, der wird irgendwo Nachtwächter oder so, der fällt doch nicht ins Bergfreie!«

»Sag nicht so etwas wie floaten, Brocki!«, flehte Fränge. »Anglizismen passen nicht zu dir. Das Bergfreie gefällt mir aber wieder. Du kannst deine Herkunft nicht verleugnen.«

»Mein Vater war auf Stahlwerke. Der hatte mit Bergbau nichts zu tun.«

»Nimm doch nicht immer alles so genau!«

»Es nervt mich, dass du da so schlampig denkst, das ist alles. Obwohl – das ist ja nichts Neues. Aber ich frage mich, wieso du so euphorisch bist, du Deutschlandverächter! Du hast doch deinen Genossen da drüben immer die Stange gehalten, und jetzt freust du dich über deren Untergang?«

»Hier geht erst mal gar nichts unter«, sagte Fränge. »Das ist jetzt die Stunde der Bürgerrechtler. Die werden sich zusammensetzen und dann machen die hier so eine Art dritten Weg, irgendwas zwischen Kapitalismus und Sozialismus, das Beste aus beiden Welten. Die meisten Leute wollen doch gar nicht weg. Und die wollen auch nicht gleich die DDR abschaffen, die wollen eine bessere DDR.«

Brocki konnte sich vor Lachen kaum halten. »Das glaubst du doch nicht im Ernst, Frank Dahlbusch! Du bist ja naiv wie ein Backfisch in den Fünfzigern! Wenn der Kapitalismus eins kann, dann sich Dinge einverleiben, wenn es um neue Märkte geht. Und genau das sind die da drüben: ein neuer Markt. Da wird ins System eingefloatet, dass es nur so kracht.«

»Hör doch mal auf mit diesem Floaten-Scheiß! Wo hast du das überhaupt her?«

Förster musste zugeben, dass Brocki das von ihm hatte, weil Förster eine entsprechende Formulierung in einem germanistischen Seminar über Diskursanalyse aufgeschnappt hatte.

»Ist ja auch egal«, meinte Fränge, »wenn man von vornherein sagt, dass etwas nicht funktionieren kann, dann funktioniert es auch nicht. Man sollte nicht alles im Keim schon totreden. Lass die doch erst mal machen. Das ist doch jetzt eine voll spannende Situation!«

»Hauptsache, du hast deinen Spaß, du Revolutionstourist!«

»Ich bin kein Tourist, ich lebe hier!«

»Aber du benimmst dich wie ein Sextourist in Thailand!«, rief Brocki.

»Ich glaube, wir sollten Schluss machen«, sagte Förster, »Brocki fängt schon an zu spucken! Außerdem ist das ein Ferngespräch, Fränge! Wenn das der Rainer rauskriegt!«

»Der Vollidiot hat hier jetzt einen Einheitenzähler angeschlossen. Außerdem liegt hier ein Buch, in das man sich eintragen soll! Der ist gestört!«

»Mach du mal da weiter!«, sagte Brocki. »Wir haben hier noch einen Boden abzuschleifen.«

»Ja, schleift ihr mal Böden ab. Wir haben hier eine Mauer einzureißen. Ist auch Arbeit. Die Arbeit der Liebe im Rhythmus der Freiheit. Hier hängt der Himmel voller Geigen und Schalmeien«, sagte Fränge, und Brocki wollte wissen, was das jetzt wieder heißen solle.

»Die Schalmei ist ein Holzblasinstrument«, referierte Förster, »das früher vom Rotfrontkämpferbund der KPD für die politische Propaganda benutzt wurde. Und vor allem in der Frühphase der DDR hatte jede Schule ihre Schalmeiengruppe, die an sozialistischen Feiertagen rote Lieder spielen musste.«

»Ich wusste, es bringt was, dich auf die Uni zu schicken«, rief Fränge. »Schatz, aus unserem Kleinen wird richtig was!«

»Ja, den haben wir gut erzogen«, bestätigte Brocki.

Na toll, dachte Förster, wenn es gegen mich geht, seid ihr euch einig. Und um davon wegzukommen, stellte er die Frage, die ihm die ganze Zeit schon auf der Zunge lag. »Hat sich Rosa schon gemeldet?«

Darauf schwieg Fränge erst mal. Man hörte es rauschen, und Förster fragte sich mal wieder: Was rauscht da eigentlich in so einer Leitung?

»Bist du noch dran?«, rief Brocki. »Ist der noch dran? Wo ist der denn jetzt?«

»Scheiße!«, sagte Fränge. »Da habe ich ja noch gar nicht dran gedacht! Was mache ich denn jetzt? Es hat doch alles wunderbar funktioniert! Die Mauer hat auch Vorteile gehabt! Die ist doch nicht aus Jux und Dollerei gebaut worden! Wenn die offen bleibt, die Grenze, dann war es das mit dem Weltenwanderer der Liebe! Aber das interessiert ja mal wieder keinen!«

»Wieso habe ich das Gefühl, dass du das alles sogar ernst meinst?«, sagte Förster.

»Aber du hast mich doch immer unterstützt, Förster! Denk an die Sache im Sommer!«

»Was für eine Sache im Sommer?«, wollte Brocki wissen.

»Ist jetzt egal!«, sagte Förster, »aber man kann nicht behaupten, dass das moralisch so völlig einwandfrei war, was du da die ganze Zeit getrieben hast, Fränge.«

»Ich bin jung. Wir alle sind jung. Das Beste aus beiden Welten, Kapitalismus und Sozialismus vereint auf der Ebene des Fränge! Es hat doch niemandem geschadet, alle waren glücklich.«

»Das solltest du nicht verallgemeinern!«, rief Brocki. »Du und dein Schwanz, ihr zwei wart glücklich!«

»Auch andere haben zwei Partner gleichzeitig«, sagte Förster. »Es wird logistisch jetzt für dich etwas komplizierter. Das ist alles.«

Fränge seufzte. »Nee, Förster, so einfach ist das nicht. Das wäre doch nur so eine kleinbürgerliche Betrugsscheiße ohne jede historische Dimension. Das ist mir zu klein, zu mickrig.«

»Endlich hast du das richtige Adjektiv für dich gefunden!«, sagte Brocki.

»Ich finde aber«, sagte Fränge, »heute ist nicht der Tag, sich über so etwas Gedanken zu machen. Ich fahr jetzt mal zur Grenze und gucke, ob man genauso leicht nach drüben kommt, wie die hierher. Dann schnapp ich mir die Rosa und zeige ihr den Westen.«

»Oh, Mann, der ist krank«, sagte Brocki, »der gehört weggeschlossen, damit er mit seiner Blödheit nicht noch mehr Schaden anrichten kann.«

»Wir müssen jetzt hier weitermachen«, sagte Förster. »Abschleifen und versiegeln und polieren.«

»Ja, poliert ihr mal, ihr zwei Heimwerker! Und ich bin sicher, Brocki, mach dir da keine Sorgen!«

»Ich bleibe dabei, das kann gefährlich werden.«
»Ach, was, Geigen und Schalmeien sage ich nur.«
Und dann legten sie auf.

41 Milchhörnchentage

In einer frisch renovierten Wohnung wach liegen war etwas ganz anderes als in einer, die in erstaunlich kurzer Zeit ziemlich heruntergekommen war, fand Förster. Man spürte eine neue Energie, einen Anfang, dem der sprichwörtliche Zauber Marke Hesse innewohnte. Andererseits war wach liegen eben wach liegen, das holte einen dann wieder in die Probleme zurück, die man nicht wegrenoviert bekam.

Seit ein paar Stunden wartete er jetzt darauf, dass der Tag loslegte, dass es wenigstens heller wurde, von Sonnenaufgang konnte man ja im November kaum sprechen. Gegen halb vier war er aufgewacht, weil er meinte, ein Geräusch gehört zu haben, und dann hatte er nicht mehr einschlafen können.

Er räusperte sich, weil er vom neuen Sound seiner Wohnung nicht genug bekommen konnte.

Nach dem vermeintlichen Geräusch hatte Förster nicht mehr einschlafen können. Zuerst hatte er es vermieden, auf die roten Ziffern des Digitalweckers zu schauen, weil man, wie er wusste, damit nicht mehr aufhören konnte, wenn man einmal damit angefangen hatte, aber diese Verweigerung hatte er nur bis kurz nach fünf durchgehalten und es dann in einem Abstand von sieben bis zwölf Minuten immer wieder getan. Kurios, hatte er irgendwann gedacht, nie weniger als sieben, nie mehr als zwölf Minuten.

Er dachte an Rosa, und ob sie jetzt in den Westen kommen und ihn noch mal küssen würde. Vor allem, wenn sie das mit Fränge und Marta herausbekam.

Marta, Marrissa, Martina, dachte er, eine seltsame Häufung ähnlicher Namen. Marissa erschien ihm weit weg, und auf diese Martina war er neugierig, seitdem Fränge gesagt hatte, die wäre was für ihn, Förster. Er hatte einfach genug davon, allein zu sein.

Und dann waren da Beate und der Film. Daran wollte er jetzt aber gar nicht denken, also sah er nochmal auf die Uhr und stellte fest, dass es kurz nach neun war. War er zwischendurch doch wieder eingenickt? Er ging zur Toilette und griff sich dann das Telefon. Er hatte es zu allen möglichen Zeiten versucht, aber noch nicht so früh am Morgen.

»Ja, hallo, Förster hier. Mal wieder.« Er versuchte zu lachen. Klappte nicht.

»Oh Gott, weißt du, wie spät es ist?«

»Kurz nach neun, ich dachte ...«

Sie hielt offenbar die Hand vor die Muschel, Förster hörte trotzdem, wenn auch ganz dumpf, wie sie sagte: »Nein, Jurij, das ist wieder der Typ, der Beate nachstellt.« Und an Förster gerichtet: »Es ist Samstag! Wer ruft die Leute denn am Samstag schon um neun Uhr an?«

»Ja, tut mir leid«, sagte Förster. »Ist die Beate denn jetzt da?«

»Nee. Und ich weiß auch immer noch nicht, wo die ist.«

»Ich stelle ihr nicht nach, ich habe was Berufliches mit ihr zu klären!«

»Wie auch immer. Sie ist jedenfalls nicht da.«

»Wo ist die denn hin? Die muss doch gesagt haben, wo sie hin ist!«

»Ich bin doch nicht ihre Mutter!«

»Ja, aber man sagt doch seiner Mitbewohnerin, wo man

hinfährt, oder nicht? Ich kenne mich mit WGs nicht so aus, aber wenn ich in einer wohnen würde, würde ich doch Bescheid sagen, wenn ich länger wegfahre, damit sich niemand Sorgen macht.«

Förster hatte den Eindruck, er spreche viel zu laut. Das hatte wahrscheinlich mit dem fehlenden Teppichboden zu tun und dem veränderten Klang seiner Wohnung, der ihm vorhin, beim Räuspern, noch so gefallen hatte. Jetzt bekam seine eigene Stimme etwas unangenehm Schneidendes.

»Es macht sich auch so niemand Sorgen«, sagte die Mitbewohnerin. »Die ist halt unterwegs, die Beate.«

»Ich muss aber dringend mit ihr sprechen. Ist die vielleicht bei ihren Eltern? Weißt du, wo ihre Eltern wohnen?«

»Ich habe keine Ahnung von ihren Eltern. Das wird mir jetzt echt zu blöd hier!«

»Es geht um diesen Film. Ich muss da was mit Rosa besprechen.«

»Mit Rosa? Wer ist denn jetzt Rosa?«

»Nein, nicht Rosa, Beate meine ich.«

»Pass mal auf, ich glaube, es ist besser, du rufst hier nicht mehr an.«

»Kannst du denn Beate einen Zettel hinlegen, dass ich angerufen habe?«

»Habe ich schon gemacht, schon beim ersten Mal. Und jetzt schreibe ich dazu, dass du siebzehn Mal angerufen hast.«

»Das waren keine siebzehn Mal! Höchstens vier Mal!«

»Ich schreibe aber siebzehn drauf, weil es mir so vorkommt.«

Dann legte sie auf, ohne sich zu verabschieden. Förster musste zugeben, dass er vielleicht nicht die glücklichste Figur abgegeben hatte und tatsächlich rübergekommen sein musste wie ein verzweifelter, abgewiesener Liebhaber. Der

Versprecher mit Rosa hatte die Sache nur schlimmer gemacht. Wo der hergekommen war, war ihm ein Rätsel. Rosa und Beate, die hatten ja nun so gar nichts miteinander zu tun, da ging in seinem Kopf einiges durcheinander.

Er ließ seinen Blick über die abgeschliffenen und versiegelten Bohlen schweifen. Kaum zu glauben, dachte er, was man mit ein paar Tagen Arbeit aus so einer Bruchbude machen kann, da vergisst man glatt die nervige Gasheizung. Vielleicht sollte man aber doch, dachte Förster, einen bunten Läufer oder so was hier reinlegen, damit einen die eigene Stimme beim Telefonieren nicht so erschreckt.

Jetzt war er jedenfalls in diesem Tag angekommen, hatte dieses Wachkoma, in dem er fast sechs Stunden gelegen hatte, überwunden und bekam langsam Hunger. Er zog sich an und machte sich auf den Weg zur/zum *Bäckerei-Konditorei-Café Dahlbusch,* um sich ein Brötchen für sein Frühstück zu holen, und als er auf die Straße trat, in den fiesen Nieselregen, der einem korrekten November von jeher zu eigen war, wurde ihm klar, dass heute kein Brötchen-, sondern ein Milchhörnchentag war, obwohl Milchhörnchentage meistens in den Sommer fielen, wenn die Hörnchen in einem geflochtenen Korb auf einem reich gedeckten Tisch so richtig in der Sonne glänzten, neben den Gläsern mit selbst gemachter Marmelade und einem Honig von nicht nur glücklichen, sondern geradezu euphorischen Bienen, sodass das Ganze aussah wie aus einer Margarinewerbung, aber an so einem Nieselregen-Tag, der den Eindruck machte, einen zu grundgesundem Schwarzbrot nötigen zu wollen, musste man sich einen Hauch von Sommer herbeilügen, und Förster würde das mit einem Milchhörnchen versuchen, vielleicht sogar mit zweien. Selbst gemachte Marmelade hatte er noch von seinem Vater, der ihm erst letzten Sonntag wieder ein Glas mitgegeben hatte, Johannisbeermarmelade, denn sein Vater liebte es, Marmelade einzukochen, weil ihn das an seine Großmutter erinnerte, die auf einem Bauernhof in der Nähe von Schleswig nie etwas anderes gemacht hatte, als Marmelade einzukochen und Kühe zu melken und Schweine zu füttern und die frischen Eier den Hühnern praktisch aus dem Hintern zu ziehen, so jedenfalls hatte Försters Vater das immer dargestellt, denn als Förster sie kennengelernt hatte, hatte sie schon in einem Altersheim in Schleswig gewohnt, nachdem ihr Mann, Försters Großvater, Ende der Sechziger an Krebs gestorben war und die Großmutter den Hof hatte verkaufen müssen, weil ihr Sohn Klaus sich zu Höherem berufen fühlte und unbedingt hatte studieren müssen, was sie wohl, wie Försters Vater mehrfach erzählt hatte, nie so recht verwunden hatte, und um ihr Andenken in Ehren zu halten und vielleicht auch ein wenig Buße zu tun, war sein Vater zum passionierten Marmeladeneinkocher geworden, und zwar zu einem, der beim Einkochen die Rolling Stones hörte, was wohl auch einigermaßen einzigartig sein dürfte, hatte Förster immer gedacht, Johannisbeeren rühren, während im Hintergrund *Brown Sugar* lief.

Später Vormittag, im Cafébereich bei den Dahlbuschs saßen nur zwei ältere Damen, hinterm Tresen stand Frau Dahlbusch, Sandy war leider nirgends zu sehen.

»Hallo, Frau Dahlbusch, ich soll Sie vom Frank grüßen.«

»Ach, Roland, das sagst du doch nur so. Der lässt uns doch schon lange nicht mehr grüßen.«

Das war nicht ganz falsch und nicht ganz richtig. Immer wieder sagte Fränge in Telefonaten mit Förster: »Grüß mal meine Eltern, wenn du sie siehst«, weil er wusste, dass Förster in der Nähe wohnte und seine Backwaren von dort bezog, aber er hatte das jetzt nicht in diesem Geigen- und Schalmeien-Telefonat am Freitag explizit gesagt.

»Der denkt an Sie, Frau Dahlbusch, da bin ich ganz sicher.«

»Der soll sich mal wieder sehen lassen. Mit dir rede ich mehr als mit meinem eigenen Sohn.«

»Der wird doch bestimmt zu Weihnachten hier aufkreuzen.«

»Oder wenn er vorher pleite ist. Was hat er denn da jetzt in Berlin nur angestellt?«

»Was meinen Sie, Frau Dahlbusch? Die Öffnung der Mauer?«

Sie lachte. »Zu meinem Mann habe ich gesagt, da steckt der Frank dahinter! Der kriegt doch alles kaputt!«

»Da ist was dran, Frau Dahlbusch.«

»Was darf ich dir denn geben, Roland?«

Wenn Frau Dahlbusch ihn bei seinem Vornamen nannte, fühlte er sich noch zwei Jahre jünger, als wenn seine Eltern das taten.

»Ein Milchhörnchen hätte ich gerne.«

»Eins nur? Wirst du denn davon satt?«

»Okay, dann nehme ich lieber zwei.«

»Und heute Abend? Was willst du denn da essen?«

»Gute Frage. Ich würde sagen, ich nehme auch noch ein Brötchen mit.«

»Gute Entscheidung, Junge.«

Frau Dahlbusch verstaute die zwei Milchhörnchen und das Brötchen in einer Tüte, und Förster dachte, dass er ein dankbares Opfer für talentierte Verkäuferinnen war.

»Und da ich dir das zweite Hörnchen und das Brötchen praktisch aufgeschwatzt habe, zahlst du nur das, was du ursprünglich bestellt hast.«

»Das ist sehr nett von Ihnen, vielen Dank, Frau Dahlbusch«, sagte Förster und hatte gleich ein schlechtes Gewissen, dass er sie gerade noch verdächtigt hatte, ihn zu manipulieren.

»Mensch, Roland, du bist so ein höflicher Junge, immer

gewesen. Der Frank könnte ein bisschen was von dir vertragen.«

Ich küsse auch besser, hätte Förster beinahe gesagt.

»Grüß ihn mal zurück, unseren Herrn Sohn!«

»Mache ich, Frau Dahlbusch.«

»Und sag ihm, es ist nicht schön, dass er immer dir Grüße ausrichtet, anstatt selber mal anzurufen.«

»Mache ich.«

»Und er soll nicht noch mehr kaputtmachen, da in Berlin!«

»Beim Frank weiß man nie.«

»Der war schon als Kind so wild.«

»Wenn Sie es sagen ...«

Förster grinste noch, als er schon ein paar Meter die Straße runter war. Die kann sehr komisch sein, die Frau Dahlbusch, dachte er, als er in seine Straße einbog. Dann blieb er kurz stehen und dachte: Aber nicht so komisch wie der Anblick eines Trabbis vor dem Haus.

Förster hatte schon von Menschen gelesen, die angeblich das zweite Gesicht hatten, die also Dinge vorausahnen konnten, oder von Tieren, die spürten, dass ein Erdbeben kommen würde, und vielleicht, dachte er, war er auch so ein Mensch oder Tier und hatte vorausgeahnt, dass erst die Grenze geöffnet und dann Rosa hier auftauchen würde, das wäre eine halbwegs plausible Erklärung dafür, wieso er ausgerechnet in der letzten Woche auf die Idee gekommen war, seine Wohnung einer Art Lifting zu unterziehen, sodass Rosa hatte schwärmen können, wie schön es hier sei. Jetzt saß sie an seinem Küchentisch, in einem bis auf die Oberschenkel reichenden grau-schwarzen Blockstreifenpullover mit tief hängendem Schalkragen, das Kinn auf den Ballen ihrer rechten Hand gestützt, die Haare hochgesteckt, um die Augen einen erschöpften Zug, der wohl von der langen Autofahrt herrührte. Im Hintergrund röchelte die Kaffeemaschine und verbreitete den Duft von Frischgebrühtem. Verdammte Idylle, dachte Förster. Gemütlichkeit korrumpiert, ich bin schon wieder ganz verknallt.

»Die Marmelade hat dein Vater gemacht?«

»Ja, der kann so was. Der kann auch ganz gut kochen«, sagte Förster.

»Wieso auch nicht. Erwartest du Besuch?«

»Nein, wieso?«

»Du hast eingekauft, als würdest du Besuch erwarten.«

»Nein, nein, aber es ist so, dass die ... Also die Verkäuferin in der Bäckerei hat gesagt, ich solle lieber zwei Hörnchen
nehmen und gleich noch ein Brötchen für abends.«

Rosa grinste. »Und du hast gehorcht?«

»Sie hatte so eine überzeugende Art. Außerdem hat sie
mich nur das bezahlen lassen, was ich ursprünglich hatte
kaufen wollen, also ein Hörnchen.«

»Wieso ist die so nett zu dir?«

»Na ja, die kennt mich.«

»Oho, ist die ein bisschen verliebt in dich?«

»Das kann ich ausschließen.«

»Wieso?«

»Weil, na ja, guck dir mal die Tüte an.«

Zunächst wusste Rosa nicht, was er meinte, sah vielleicht
als Erstes die Zeichnung des steinernen Backofens, aus dem
ein lachendes Männchen in Bäckerhose, weißem Shirt und
weißer Bäckermütze auf dem Kopf ein Holzbrett mit Broten
zutage förderte, dann aber las sie den Namen Dahlbusch in
geschwungenen orangefarbenen, weiß umrandeten Lettern
und sagte: »Oh.«

»Ja«, sagte Förster. »Frau Dahlbusch war das. Und die ist
nicht verliebt in mich.«

Er stand auf und nahm die Kaffeekanne von der Warmhalteplatte. Er hatte neulich gelesen, dass Kaffee, der länger als
zehn Minuten auf der Platte stand, praktisch toxisch wurde.
Er holte Tassen aus dem Regal und Milch aus dem Kühlschrank, aber Rosa sagte, sie trinke ihren Kaffee schwarz,
worauf Förster sich fragte, ob er seinen jetzt wie üblich mit
Milch trinken konnte oder ob er dann wie ein Weichei rüber-
kam, aber dann schrieb er diesen kruden Gedanken nur seiner Nervosität zu.

Rosa riss das oberste Ende des Milchhörnchens ab, tunkte ihr Messer in die Erdbeermarmelade und strich diese auf das weiße Ende des kleinen Stücks in ihrer Hand. Förster machte es genauso. Die Marmelade immer auf das weiße Ende und dann abbeißen, sodass das nächste weiße Ende entsteht.

»Du siehst müde aus«, sagte er.

»Ich habe letzte Nacht kaum geschlafen.«

Ich auch, hätte er beinahe gesagt. Aber die Gemeinsamkeit beim Hörnchenessen musste erst mal reichen, man macht sich ja sonst lächerlich, dachte er.

»Gestern habe ich mich irgendwann gefragt, wieso Fränge sich nicht meldet, jetzt wo doch auch ich ihn mal besuchen könnte. Also bin ich einfach rüber, seine Adresse hatte er mir mal gesagt, falls wir uns schreiben wollten, aber das haben wir nicht gemacht, weil man ja nie wusste, wer so mitliest, und was wären das dann für Briefe geworden! Jedenfalls habe ich bei ihm geklingelt, und es hat so ein komischer Typ in gestreiften Hosen aufgemacht.«

»Ich hoffe, du hast ihn nicht gefragt, ob du mal telefonieren darfst. Da ist er ziemlich pingelig.«

»Da war auch noch eine Frau.«

»Martina«, sagte Förster und dachte: Es gibt sie also doch.

»Dieser Rainer hat gesagt, Fränge habe er schon seit Tagen nicht gesehen, der sei bestimmt bei seiner Freundin, er könne mir die Adresse geben. Da hat diese Frau, also Martina ihn gefragt, wieso er das einfach so sage. Wir wissen doch gar nicht, wer das ist, meinte sie noch. Ich sagte, bis eben hätte ich noch gedacht, ich sei Fränges Freundin. Ach, die Ostschnecke, hat Rainer gesagt. Dafür hat ihm die Martina aber gleich gegen den Hinterkopf gehauen. Die scheint nett zu sein.«

»Habe ich auch gehört«, sagte Förster.

Rosa hatte mittlerweile ihr Hörnchen etwa zur Hälfte gegessen und machte plötzlich etwas, mit dem Förster nicht gerechnet hatte: Sie schnitt das Resthörnchen der Länge nach durch und verteilte dann die Marmelade darauf wie auf einem Brötchen. Sehr interessant, dachte Förster, blieb aber bei seiner eigenen Methode.

»Die Adresse von der anderen Frau haben sie mir dann aber doch gegeben«, erzählte Rosa weiter. »Die war dann aber nicht zu Hause, nur ihre Schwester. Sie hat mich gefragt, wer ich sei, also habe ich es ihr erklärt. Sie hat erst komisch geguckt, aber dann hat sie mich hereingebeten, und wir haben zusammen Kaffee getrunken und geredet.«

»Ich denke, das war Marissa«, sagte Förster.

Rosa sah ihn an, und ihm war sofort klar, dass es besser gewesen wäre, einfach die Klappe zu halten, auch wenn Rosa nicht wirklich davon ausgehen konnte, dass Förster über Fränges Doppelleben nicht Bescheid gewusst hatte, nur, es so bestätigt zu bekommen war natürlich noch mal etwas ganz anderes.

»Sie hat in dem Café angerufen, das sie und ihre Schwester betreiben«, sagte Rosa, »aber da war Fränge auch nicht. Und Marta ...« Rosa musste nach dem Namen eine kurze Pause machen. »Marta sagte wohl, sie suche Fränge ebenfalls, sie habe schon seit drei Tagen nichts mehr von ihm gehört. Also von heute aus gesehen vorvorgestern.«

»Du hast da was!«, sagte Förster und tippte sich auf den Mundwinkel. »Andere Seite«, fügte er hinzu, nachdem Rosa mit der Zunge in die falsche Richtung gewischt hatte.

»Ich bin dann nach Hause und habe nur rumgelegen. Inge sagte, ich könne mir das nicht gefallen lassen. Ich bin mir nicht sicher. Vielleicht sollte ich einfach gar nichts machen, habe ich gedacht. Aber so einfach will ich ihn dann doch nicht davonkommen lassen. Und schließlich fiel mir ja ein, dass ich deine Adresse habe, weil wir uns schreiben wollten. Was wir nicht gemacht haben.«

»Weil man ja nie weiß, wer mitliest«, sagte Förster.

»Nee, ich glaube, das hatte andere Gründe«, meinte Rosa ernst. »Wenn der Fränge in Berlin nicht noch eine dritte Frau hat, dann kann er doch eigentlich nur hier sein, oder? Die halbe Nacht habe ich wach gelegen und darüber nachgedacht, aber ganz früh am Morgen habe ich mir Inges Wagen geliehen und bin los.«

Sie leerte ihre Tasse und fragte, ob sie noch einen Kaffee bekommen könne, also goss Förster nach. Er selber nahm auch noch einen und schlug vor, nach nebenan zu gehen, da sitze man bequemer. Rosa ging vor, während Förster schnell den Tisch abräumte. Als er ins andere Zimmer kam, stand Rosa vor seinem Bücherregal, hatte Hermann Kants *Die Aula* in der Hand und lächelte, wahrscheinlich weil sie an den Tag am Kauli dachte. Sie stellte das Buch zurück, trat an das Fenster und blickte hinaus. »Darfst du den Garten mitbenutzen?«, fragte sie.

»Nein, der ist nur für den Vermieter. Im Sommer liegt er da halb nackt und neben ihm seine Frau in einem braunen Badeanzug.«

»Klingt gruselig.«

»Ist es auch.«

Rosa setzte sich auf sein abgewetztes Sofa, und Förster schämte sich für das ungemachte Bett daneben, auch wenn sie das gar nicht zu registrieren schien.

»Meinst du, seine Eltern wissen, wo er ist?«, fragte sie

»Die erfahren immer alles als Letzte, behaupten sie.«

Sie sah ihn direkt an. »Und du?«

Klar, das war die naheliegende Frage. Der Typ, der mitgeholfen hatte, sie zu belügen, konnte in jeder Hinsicht ein Mitwisser sein. Es war nicht das ungemachte Bett, für das er sich schämen musste, das war klar.

»Ich weiß es auch nicht«, sagte er. »Aber ich denke, es spricht schon einiges dafür, dass er hier ist. Hier kennt er mehr Leute.«

»Meinst du, er ist bei Brocki?«

»Der hätte Bescheid gesagt.«

Ich bin der, bei dem er eigentlich in so einer Situation auftauchen würde, dachte Förster, aber das hat er nicht gemacht. Er musste an die Szene im Sommer denken, in Fränges Küche, als er, Förster, gedacht hatte, er habe irgendwas gewonnen. Da hatte er den Eindruck gehabt, Fränge traue ihm nicht ganz über den Weg. Damals hatte er das genossen. Heute fühlte er sich dumm deswegen.

»Wie geht es deinen Eltern?«, fragte Förster, um Zeit zum Nachdenken zu gewinnen und um etwas Anteilnahme zu zeigen.

Rosa seufzte. »Meine Mutter hat sich zu Hause eingeschlossen. Die hat sich bei der Arbeit krank gemeldet und ist seit dem neunten November nicht mehr draußen gewesen. Ich habe bei ihr geklingelt, aber sie hat mich nicht reingelassen. Durch die Tür hat sie mit mir geredet. Ihr gehe es gut, hat sie gesagt, sie habe alles, was sie brauche. Trotzdem habe ich ihr gestern ein paar Einkäufe an die Tür gehängt. Natürlich nichts aus dem Westen.«

Deine Mutter könnte sich mit meinem Vater die Hand geben, dachte Förster.

»Wohnst du nicht mehr zu Hause?«, fragte er.

»Nein. Ich bin in eine der leeren Wohnungen bei Inge im Haus eingezogen. In eine, die schon fast komplett ausgeräumt war. Ich hätte es nicht ertragen, wenn da noch alle Möbel von den Vormietern drin gestanden hätten.«

Förster nickte. »Verstehe ich.«

»Mein Vater schläft in seinem Büro«, fuhr Rosa fort. »Oder bei einem, den er aus der Kirche kennt. Vielleicht ist es auch eine Frau. Ich würde es ihm wünschen. Er muss sich doch für den Meier mit e-i revanchieren.«

Förster fragte sich, ob man in der Ehe das Bedürfnis entwickelte, sich für alles zu revanchieren, im Guten wie im Bösen. Hin- und Rückkampf, wie beim Boxen.

»Ich habe das Gefühl«, sagte Rosa, »ich muss irgendwas tun. Die beiden retten oder so was.«

»Die sind alt genug, deine Eltern.«

»Das bezweifle ich.« Rosa seufzte. »Erinnerst du dich an die verlassenen Wohnungen in Berlin? Du hast doch ein paar gesehen, als wir die Stühle für das Hoffest rausgeholt haben.«

»Ja, sicher.«

»Meinst du, die kommen jetzt alle zurück?«

»Keine Ahnung.« Das sind doch deine Leute, hätte er beinahe gesagt.

»Manche der Wohnungen riechen noch nach den Leuten, die da früher gewohnt haben. Jedenfalls, wenn die noch nicht so lange da raus sind. Meine auch, obwohl die Möbel weg sind. Der Geruch der Leute steckt in den Tapeten und Wänden. Und ich glaube, nicht nur die Wohnungen riechen nach den Leuten, sondern die Leute, die jetzt hier im Westen sind, die riechen noch nach ihren Wohnungen. Diesen Geruch werden sie nicht los, da bin ich sicher. Hier, riech mal!«, sagte sie und streckte ihm einen Arm hin.

Förster beugte sich vor.

»Riecht nach Osten, oder?«

Ja, ihr Pullover roch etwas muffig, fand Förster, aber das wollte er nicht sagen, weil das geheißen hätte, er finde, der ganze Osten rieche muffig, und in so einer Behauptung steckte ja auch immer eine Wertung, ein Urteil, und zwar eines, das ihm nicht zustand. Ob der Osten so war, wie Rosas Pullover roch, das wusste er noch nicht, das musste er jetzt erst langsam rausfinden. Er konnte aber auch nicht anders, als darüber nachzudenken, wie sie wohl unter dem Pullover roch. Und ob sie nicht da weitermachen könnten, wo sie im Sommer auf dem Dach in Ostberlin angefangen und aufgehört hatten. Wenn sie da wirklich was angefangen hatten. Das kam natürlich nicht infrage. Er war ein Mitwisser, ein Komplize. Das würde sie ihm nie vergessen, da war er sicher. Aber so ganz bekam Förster den Gedanken nicht aus dem Kopf.

Rosa seufzte.

»Ich müsste sauer sein auf dich«, sagte sie und blickte ihm dabei direkt in die Augen. »Bin ich auch. Ein bisschen.«

Aber ich küsse doch so gut, dachte Förster, besser jedenfalls als Fränge, willst du das nicht noch mal testen?

Genau in diesem Moment klingelte das Telefon, und Förster dachte, bei meinem Glück ist das jetzt entweder Fränge oder meine Mutter.

Sie fuhren mit dem Trabbi quer durch die Stadt, wobei sie von Fußgängern und anderen Autofahrern angestarrt wurden wie Tiere, die aus dem Zoo ausgebrochen waren. Manche winkten ihnen zu, andere schüttelten den Kopf. Förster winkte zurück und dachte: Die halten mich jetzt bestimmt für einen aus dem Osten.

»Macht dein Vater so etwas öfter?«, fragte Rosa.

»Über Nacht wegbleiben, ohne zu sagen, wo er ist, ist eigentlich nicht sein Stil. Sonst schließt er sich nur in seinem Arbeitszimmer ein.«

»Der würde sich bestimmt gut mit meiner Mutter verstehen.«

»Nur, wenn sie auch die Rolling Stones hört.«

Rosa schüttelte den Kopf. »Keine Chance. Für sie ist das der Gipfel westlicher Dekadenz.«

»Was tankst du eigentlich mit dem Ding hier?«, wollte Förster wissen. »Ich meine, das ist doch ein besonderer Motor, oder? Da kannst du doch nicht einfach an die nächste Westtankstelle.«

»Kann ich schon«, sagte Rosa. »Ich muss halt mischen. Am besten den Tank fast leer fahren, dann zuerst Öl rein, danach Normalbenzin. Mischungsverhältnis eins zu fünfzig. Da muss man ein bisschen aufpassen, aber das geht schon. Hab mich vorher schlau gemacht. Die Inge, die weiß so etwas.«

Als sie den Wagen abstellten, stand Försters Mutter schon in der offenen Tür und rauchte mal wieder. Herrje, dachte Förster, Papa sollte wenigstens mal an die Lungen seiner Frau denken, wenn er seine Klaus-Förster-Show abzog.

»Hallo, Mama, das ist die Rosa.«

»Schöner Wagen«, sagte seine Mutter, als sie Rosa die Hand gab. »Haben Sie auch genug Öl dabei?«

Förster dachte: Man muss aufpassen, dass man seine Eltern nicht unterschätzt, die wissen Dinge, die ahnt man nicht.

Rosa lachte. Sie hielt ihre rechte Hand schräg vor ihren Kopf, straffte ihren Körper und sagte: »Immer bereit!«

Försters Mutter lachte ebenfalls und warf ihre halb gerauchte Zigarette in den novemberfeuchten Mulch im Beet neben der Tür.

»Kommt rein, ich habe Kaffee gemacht.«

»Das klingt gut«, sagte Rosa.

»Für mich nicht«, sagte Förster. »Ich habe gerade erst welchen getrunken.«

»Bei mir gibt es den au lait«, sagte seine Mutter zu Rosa. »Ist das in Ordnung?«

»Natürlich, sehr gerne!«

Förster fragte sich, ob das was zu bedeuten hatte, und wenn ja, was. Bei ihm hatte sie den Kaffee schwarz getrunken, hier nahm sie nicht nur Milch in den Kaffee, sondern Milchkaffee, das war ja ein Unterschied, beim Café au lait war das Mischungsverhältnis fifty-fifty. Oder musste man cinquante-cinquante sagen?

Sie setzten sich an den Küchentisch, Försters Mutter goss den Kaffee aus der sogenannten Siebstempelkanne in flache Schalen und füllte dann mit warmer Milch auf, die auf dem Herd schon gewartet hatte.

»Also, Mama, ich habe auch keine Ahnung, wo er sein kann. Wie ging es ihm denn in den letzten Tagen?«

»Er hat fast durchgehend vor dem Fernseher gesessen«, erzählte seine Mutter. »Der konnte von diesen Bildern nicht genug kriegen. Also von diesen Leuten, die da über die Grenze kommen und immer nur *Wahnsinn!* rufen. Gestern Abend ist er dann einfach weggegangen und nicht zurückgekommen.«

»Also gut, dann mache ich das mal wie im Film«, sagte er. »Haben Sie etwas dagegen, wenn ich mich in seinem Zimmer ein wenig umsehe?«, wandte er sich an seine Mutter. »Vielleicht stoßen wir da auf Indizien.«

»Ich habe den Eindruck, du nimmst das alles nicht so richtig ernst«, sagte seine Mutter.

»Natürlich nicht!«, antwortete Förster. »Wie kann man das ernst nehmen, wenn der Vater wegläuft wie ein Kind mit einem schlechten Zeugnis. Ich meine, wo will er denn hin? In die Fremdenlegion? Nein, der will gefunden werden, so wie er sonst immer will, dass ich zu ihm ins Zimmer komme, um ihn zu bemitleiden. Was ich schon seit Jahren nicht mehr mache. Also ihn bemitleiden. Merkt der das eigentlich gar nicht?«

»Das ist ihm egal, Hauptsache, du kommst nach Hause.«

»Ich komme fast jeden Sonntag!«

»Das reicht ihm nicht.«

»Ja, genau, jetzt mach mir auch noch ein schlechtes Gewissen! Du kommst doch auch damit klar, dass ich erwachsen geworden bin!«

Seine Mutter schob ihre Kaffeetasse mit dem Zeigefinger ein paar Zentimeter von sich weg.

»Es tut mir leid, dass Sie das alles mitbekommen«, sagte sie zu Rosa.

»Das alles erinnert mich an meine Mutter«, sagte Rosa. »Die hat sich zu Hause eingeschlossen und will gar nicht mehr rauskommen, weil der Kapitalismus jetzt siegt, sagt sie, weil jetzt alles vorbei ist, wofür sie gekämpft hat.«

»Das kann man doch noch gar nicht wissen«, sagte Förster. »Das ist doch gerade mal ein paar Tage her, da weiß man doch noch gar nicht, worauf das alles mal hinausläuft.«

Rosa sah ihn an. »Was glaubst du denn, worauf das alles hinausläuft ohne die Mauer?«

»Keine Ahnung. Muss man sehen.«

»Ich glaube, meine Mutter hat recht«, sagte Rosa. »Aber du auch, Förster. Wir wissen alle nicht, was kommt.«

»Das hilft uns jetzt aber nicht weiter, jetzt müssen wir erst mal den Papa finden.«

Seine Mutter lachte. »Wenn du Papa sagst, höre ich dich wieder, wie du fünf Jahre alt bist, mit deiner glockenhellen Stimme. Du hattest so eine schöne helle Stimme, du hättest im Chor singen sollen.«

»Das ist jetzt auch nicht gerade ein sachdienlicher Hinweis, Mama!«

Seine Mutter nickte. »Geh du mal nach Indizien suchen«, sagte sie.

Förster sah sie an, wusste aber nicht, was er sagen sollte, also seufzte er nur und ging über den Flur zum Arbeitszimmer seines Vaters. Die Tür war angelehnt, und das war schon mal merkwürdig, denn üblicherweise war sie entweder verschlossen oder stand weit offen, so ein Mittelding wie halb offen oder eben angelehnt, das wäre seinem Vater nicht untergekommen.

Eigentlich sah alles aus wie immer, die vollgestopften Regale, die Bücherstapel auf dem Boden, die zerfledderte ZEIT vom letzten Donnerstag neben dem Ohrensessel – die letzte Ausgabe vor der Maueröffnung, ging Förster durch den Kopf. Das wird man jetzt immer wieder sagen, dachte er: das letzte X, das letzte Y vor der Maueröffnung.

Sein Blick fiel auf den Schreibtisch. Hier stapelten sich die Papiere – kopierte Auszüge aus Lehrbüchern, wichtige

Passagen mit Textmarker hervorgehoben, mit Kommentaren oder Fragezeichen am Rand versehen – aber auf diesen Papierstapeln lagen heute einige aufgeklappte Fotoalben. Die Fotos waren fast alle in schwarz-weiß und zeigten den Vater mit langen Haaren, mit Bart, Kippe im Mundwinkel, zusammen mit anderen Langhaarigen, in verrauchten Wohnzimmern, verrauchten Küchen, verrauchten Kneipen, auf Straßen, untergehakt, mit offenen Mündern, im Laufschritt, hinter ihnen Transparente, die das Ende des Krieges in Vietnam forderten, gegen die geplanten Notstandsgesetze protestierten oder den Tod von Benno Ohnesorg als politischen Mord bezeichneten. Auf einem trug sein Vater ein Bild von Rosa Luxemburg, auf einem anderen küsste er eine Frau, die Förster erst auf den zweiten Blick als seine Mutter erkannte, im Hintergrund das Kaufhaus Wertheim. Erst durch dieses Bild wurde Förster klar, dass all diese Szenen sich hier in Bochum abgespielt hatten. Er war automatisch davon ausgegangen, dass das alles in Berlin gewesen war, selbst die Bilder aus den Wohnküchen und Kneipen. Aber das konnte ja gar nicht sein, denn er selbst war 1966 hier in Bochum geboren worden, sein Vater hatte gerade die Stelle an der frisch gegründeten Uni angetreten. Försters Mutter hatte ein Referendariat begonnen, nachdem sie in Münster zu Ende studiert hatte.

Als Nächstes fielen ihm zwei Zeitungsausschnitte in die Hände. Der eine berichtete von der Blockade des Springer-Druckhauses in der Essener Sachsenstraße. Auf dem Foto, das mehrere junge Männer zeigte, die vor einem Lastwagen auf dem Boden hockten, erkannte Förster seinen Vater, in Lederjacke und geringelten Socken.

Im zweiten Artikel ging es um den Ostermarsch Ruhr am 13. April 1968. Auf dem dazugehörenden Foto erkannte man die Spitze eines Demonstrationszuges. Zwei Frauen und zwei Männer hielten großformatige Fotos von Rudi Dutschke, auf den zwei Tage zuvor in Berlin geschossen worden war. Seinen Vater erkannte Förster weiter hinten, ganz am Rand, wieder in seiner Lederjacke.

Und Mama?, dachte Förster. Hat zu Hause gesessen und mir beim Spielen zugeguckt.

Das schönste Foto zeigte die beiden irgendwo auf dem Land, im Hintergrund ein Fluss, wahrscheinlich die Ruhr, der Vater im offenen Jeanshemd, die Mutter daneben, in kurzem Rock und T-Shirt, eine Hand in der Brustbehaarung des Vaters. Dieses Bild war eines der wenigen Farbfotos und mochte Anfang der Siebziger aufgenommen worden sein. Wo bin ich?, dachte Förster. Und wer hat das Foto gemacht?

Förster hatte seinen Vater mal gefragt, wieso er denn ausgerechnet Amerikanistik studiert habe, wo er doch in den Sechzigern nicht gerade ein Fan der USA gewesen sei. Weil man den Feind kennen müsse, um ihn bekämpfen zu können, hatte der Vater gesagt. »Außerdem«, hatte der Vater hinzugefügt, »kann eine Nation, die der Welt Elvis Presley und Jimi Hendrix geschenkt hat, nicht durch und durch schlecht sein.«

Als er das Zimmer wieder verließ, hörte er Rosa und seine Mutter in der Küche lachen, und er fragte sich, worüber sich die beiden wohl unterhalten hatten.

»Da liegen alte Fotobände herum«, sagte Förster und setzte sich wieder zu den beiden an den Küchentisch.

»Ja, die alten Fotos«, seufzte seine Mutter. »Entweder hat er vor dem Fernseher gesessen oder diese Fotos angestarrt.«

»Fein säuberlich in Alben eingeklebt«, sagte Förster. »Der ist mir ein schöner Achtundsechziger!«

»Ach«, sagte seine Mutter nur.

»Ich dachte erst, das seien alles Bilder aus Berlin, aber dann habe ich gesehen, dass das schon in Bochum war. Und in Essen.«

»Ja«, sagte seine Mutter, »dieses Bedürfnis, an den Verhältnissen zu rütteln, hatten wir aus Berlin mitgebracht.«

»Sie haben mal in Berlin gelebt?«, fragte Rosa.

»Da haben wir uns kennengelernt«, sagte Försters Mutter. »Wir haben da studiert. Ich bin dann aber für den Abschluss nach Münster gegangen, weil mein Professor einen Ruf an die Uni dort bekam. Bei dem hatte ich eine Assistentenstelle. Ein Jahr lang hatten wir eine Fernbeziehung, Rolands Vater und ich, aber dann hat er sich auf die neue Stelle hier beworben, und ich konnte ein Referendariat ergattern.«

Försters Mutter griff mit beiden Händen nach ihrer Kaffeeschale, nahm einen Schluck, setzte die Tasse aber dann härter ab als nötig. »Ich glaube, ich weiß, wo er ist.«

»Woher das denn jetzt?«, sagte Förster.

»Durch Berlin bin ich draufgekommen.«

»Der ist doch nicht nach Berlin gefahren!«, rief Förster. »Oder, Mama? Sag mir, dass der nicht nach Berlin gefahren ist! Wie soll ich ihn denn da finden? Da ist doch jetzt die Hölle los! Ich kann nicht mal den Fränge anrufen, der ist nämlich auch irgendwie ... Egal jetzt! Herrgott, Mama, was ...«

»Nun halt doch mal still, Roland!«, unterbrach seine Mutter ihn. »Der ist hier, in Bochum, aber das hat mit einem Job zu tun, den er früher mal in Berlin hatte.«

»Der hatte Jobs in Berlin?«

»Ja, sicher, von irgendwas mussten wir ja leben. Und vor ein paar Wochen habe ich ihn mal hier in der Stadt gesehen, aber er mich nicht, und deshalb glaube ich, ich weiß, wo er ist. Einen Versuch ist es jedenfalls wert. Ich muss dich aber bitten, da alleine hinzufahren, Roland. Wenn er da ist, wo ich vermute, dann raste ich aus, ich schwöre es dir.«

»Ja gut«, sagte Förster, »kein Problem. Ich fahre da hin und hole ihn da raus, egal, wo er sich rumtreibt.« Jetzt musst du nur noch *der Lausebengel* sagen oder was in der Art, dachte er, aber das verkniff er sich.

44 *Ihr habt es so gewollt!*

Die Sonne war herausgekommen, die Scheiben der Spiel-halle reflektierten nur das Draußen. Förster sah sich selbst und Rosa und den Trabbi und die Parkuhr, die er gerade mit einem Markstück gefüttert hatte, man konnte ja nie wissen, wie lange das hier dauerte.

Während sie die Straße überquerten, dachte Förster darü-ber nach, ob es sinnvoll war, dass Rosa ihn begleitete, das ging sie doch eigentlich gar nichts an, interessierte sie womöglich gar nicht, immerhin kannten sie sich erst seit ein paar Mo-naten, aber andererseits, dachte er, haben wir uns schon ge-küsst, und außerdem habe ich ja auch ziemlich intime Ein-blicke in ihr Familienleben bekommen, und dass heute noch eine Affäre seines Vaters rauskommen würde, mit einer Frau Maier mit a-i oder so, war höchst unwahrscheinlich.

Sein Vater saß auf einem Hocker vor einem Spielautoma-ten, hielt in einer Hand eine Bierdose und drückte mit der anderen auf roten Tasten herum, um die sich wild drehen-den Scheiben mit den Symbolen anzuhalten oder zu star-ten, Förster hatte davon keine Ahnung. Zu Füßen des Barho-ckers stand eine Supermarkttüte, in der Förster noch mehr Bier vermutete, obwohl er sich wunderte, dass man sich hier seine eigenen Getränke mitbringen durfte. Bis auf seinen Vater war nur noch ein älterer Mann da, ein Einbeiniger, der vor einem der anderen Spielautomaten stand, den Stumpf, der in einer hochgebundenen grauen Anzughose steckte, auf den Griff der Krücke gelegt, die neben ihm stand, der Mann ist also, dachte Förster, gar kein Einbeiniger, sondern ein Anderthalbbeiniger, dafür aber definitiv ein Einfüßiger, solche Details sind wichtig.

Links hinten war ein Tresen, hinter dem eine dicke Frau auf einem sehr niedrigen Stuhl saß, sodass ihr Kinn nur knapp über der Platte des Tresens schwebte. Vor ihr lag eine Illustrierte, in der sie gerade ein Kreuzworträtsel löste. Vereinzelt war das Gebimmel der Automaten zu hören.

Försters Vater spielte an einem *Merkur Disc II,* an dem oben eine Sonne lachte, rechts und links je eine senkrechte Zeile aus Sechsecken, in denen Zahlen standen, in der Mitte die drei Scheiben, die für Förster aussahen wie die olympischen Ringe minus zwei. In den Scheiben waren noch mal Sechsecke untergebracht, um Beträge zu markieren, im unteren Bereich gab es weitere Sechsecke, die zu einer Wabenstruktur zusammengefügt waren. Sechsecke, dachte Förster, scheinen hier sehr wichtig zu sein. Er hatte keine Ahnung, was die Scheiben und die Felder bedeuteten, er begriff nicht, wann man etwas gewann und wann nicht, aber sein Vater und der Anderthalbbeinige kannten sich aus, schienen in einer Art Kontemplation versunken, einer Spielertrance oder wie immer man das nennen wollte, und eigentlich ist es auch egal, dachte Förster, denn deshalb bin ich ja nicht hier, also räusperte er sich und sagte: »Hallo, Klaus!«

Der Vater drehte sich nicht gleich um, er hatte noch Tasten zu drücken, erst als er damit fertig war, sah er seinen Sohn an und sagte: »Hallo, Roland, schön, dass du da bist«, als hätte er Förster eingeladen. Dann fügte er hinzu: »Nenn mich nicht Klaus, du weißt, ich mag das nicht!«

»Ist das normal, dass man in so einem Laden sein eigenes Bier mitbringen darf?«, fragte Förster.

»Normal nicht, aber die Helga ist da nicht so streng.«

Försters Vater hob seine Dose in Richtung des Tresens, aber Helga war in ihr Kreuzworträtsel vertieft.

»Das hier ist übrigens Rosa«, sagte Förster. »Aus Berlin.«

»Oh, hallo, ich bin der Klaus!«

Försters Vater glitt vom Hocker und reichte Rosa die Hand, wobei es Förster durchaus unangenehm war, dass das Hemd des Vaters bis zum Solarplexus geöffnet war, und das im November.

»Freut mich sehr, Herr Förster«, sagte Rosa, und für das Herr Förster hätte er sie küssen können.

»Aus Berlin?«, fragte der Vater.

»Dit is wohl richtich«, sagte Rosa.

»Ost oder West? Muss man ja jetzt fragen. Jetzt geht ja alles.«

»Ost«, sagte Rosa. »Ich bin eine Ostpflanze reinsten Wassers.«

Der Vater lachte. »Noch.«

»Wie meinst du das, Papa?«

»Osten, Westen – das spielt doch demnächst alles keine Rolle mehr.«

»Nun mal langsam«, sagte Förster. »Ist doch noch gar nicht raus, wo das alles hinführt.«

»Das ist naiv, Roland. Und ihr beide seid …?«

»Nein, nein«, sagte Förster.

»Wir sind nur Freunde«, sagte Rosa.

»Aber wieso denn?«

»Mensch, Papa! Rosa ist die Freundin von Fränge.«

»Ach so! Ja, ich glaube, du hast diese Geschichte mal erwähnt.«

»Wieso Geschichte?«, stöhnte Förster. »Was soll das denn heißen, *diese Geschichte,* das klingt ja wie sonst was. Ich weiß gar nicht, wie das klingt, aber das klingt so ... Ich weiß auch nicht.«

»Es ist ihm peinlich, dass er davon erzählt hat«, sagte Försters Vater.

»Ist schon in Ordnung«, sagte Rosa. »Ist ja auch eine interessante Geschichte.«

Von der Förster hoffte, dass sein Vater nicht weiter darauf einging.

»Ja, vor allem wegen dieser Portugiesin.«

Scheiße, dachte Förster.

»Ach, die ist Portugiesin? Und hier drüben wussten alle Bescheid? Sogar deine Eltern?«

»Oh, hätte ich das nicht ...?«, stammelte Försters Vater.

»Nee, hättest du nicht«, sagte Förster. »Das sind nicht mehr die Sechziger, wo alle durcheinander rumgemacht haben.«

»So war das ja gar nicht«, behauptete sein Vater. »Jedenfalls nicht immer. Es war bisweilen auch ganz schön anstrengend.«

Förster sah Rosa an, aber die wirkte recht gefasst. Ein bisschen hatte er den Eindruck, sie studierte seinen Vater wie ein seltenes Tier.

»Als ich Rolands Mutter kennengelernt habe, war natürlich Schluss mit anderen Frauen. Außer, als sie selber wollte, dass wir ...«

»Hör auf!«, unterbrach Förster. »Die Mama sitzt zu Hause und macht sich Sorgen!«

»Mensch, Roland, das ist so ein verdammt kleinbürgerlicher Satz!«

»Super, jetzt bin ich auch noch der Kleinbürger! Aber immerhin kannst du dann so tun, als wärst du der große Unangepasste, der sich jede Freiheit rausnimmt.«

»Ich komme halt etwas spät nach Hause, das ist alles.«

»Und was soll das mit den Fotos? Ich meine, wieso wirst du denn auf einmal so sentimental?«

Försters Vater schüttelte den Kopf. »Das verstehst du nicht, Roland. Ist aber auch egal.«

»Und was soll das hier in dieser Spielhölle? Ich meine, du kennst die Frau da hinten mit Namen, du bist also öfter hier. Ich verstehe das gar nicht. Wo hast du denn geschlafen letzte Nacht?«

»Im Hotel. Musste mal raus.«

»Und jetzt stehst du hier im offenen Hemd und trinkst Bier, dabei ist es noch nicht mal dunkel!«

»Das klingt jetzt aber wirklich ziemlich kleinbürgerlich«, schaltete sich Rosa wieder ein. Und fuhr, an Försters Vater gewandt, fort: »Wie funktioniert das eigentlich mit diesem Ding?« Sie machte eine Kopfbewegung in Richtung des Spielautomaten.

»Ich mag den hier lieber als die anderen«, sagte Försters Vater. »Ich weiß nicht, die runden, sich drehenden Scheiben sprechen mich mehr an als die rotierenden Walzen.«

»Sechsecke sind hier sehr wichtig«, sagte Förster.

Sein Vater und Rosa wandten sich dem Gerät zu und Förster konnte nur ihre Hinterköpfe anstarren.

»Die linke Scheibe«, sagte sein Vater, »kann neu gestartet werden. Die mittlere und die rechte kann man anhalten, aber nicht gezielt. Manche glauben, sie hätten das im Griff, die behaupten dann, sie könnten den Scheiben genau folgen und im richtigen Moment drücken, aber das ist Blödsinn.«

»Ist kein Blödsinn!«, rief der Anderthalbbeinige herüber.

»Schön, dass du zuhörst, Ernst!«

»Ich sehe die Dinger genau, aber ganz genau! Für mich laufen die praktisch in Zeitlupe!«

»Dann müsstest du ja hier schon längst reich geworden sein!«

»Bin ich ja vielleicht auch, Klaus! Vielleicht gehört mir der Laden längst.«

Ernst lachte, drückte auf einen Knopf und plötzlich fing der Apparat vor ihm an zu singen.

»Na also!«, brummte Ernst. Kurz darauf rauschte Kleingeld ins Ausgabefach.

»Purer Zufall!«, sagte Försters Vater. »Der verzockt hier seine Rente. Ich muss ihm ständig was pumpen. Jedenfalls: Wenn die Scheiben dreimal den gleichen Betrag zeigen oder zweimal und dazu eine Sonne, dann gewinnt man diesen Betrag. Ist eigentlich ganz einfach. Na gut, da gibt es noch die Serienkombinationen und die Risikotaste, aber das ist nur was für Fortgeschrittene.«

»Darf ich mal?«, fragte Rosa.

»Klar«, sagte sein Vater. »Ich muss sowieso neu einwerfen.«

Er schob ein Fünfmarkstück in den Münzschlitz, trat beiseite und machte eine galante Handbewegung. Rosa drückte auf *Start* und machte erst mal gar nichts. Beim nächsten Spiel drückte sie auf den Knöpfen herum, betätigte auch die Risikotaste, aber der in roten Digitalzahlen angezeigte Betrag wurde immer kleiner.

»Gewöhn dich schon mal dran«, sagte Försters Vater. »So wird ab jetzt dein ganzes Leben sein.«

»Was soll das denn heißen, Papa? Das ist doch Quatsch!«

»Willkommen im Land der Spieler und Zocker. Ihr habt es so gewollt.«

»Ich vielleicht nicht«, sagte Rosa.

»Ist auch egal. Es führt kein Weg zurück.«

Klaus Förster bückte sich, nahm zwei Dosen Bier aus der Supermarkttüte und drückte sie Rosa und Förster in die Hand.

»Ist okay, Helga, wenn ich die beiden einlade?«

»Wenn du hinterher was in die Kaffeekasse tust ...«, antwortete Helga mit einer Stimme, die Joe Cocker neidisch gemacht hätte.

45 *Ich denke an Günter Schabowski*

Förster hatte darauf bestanden, seinen Vater nach Hause zu bringen, immerhin hatte er das seiner Mutter versprochen. Der Vater hatte wortlos sein Spiel zu Ende gebracht, und sich dann fahren lassen, begünstigt vielleicht durch ein gewisses Zockerhochgefühl, weil er am Ende ein paar Mark gewonnen hatte.

Es war Förster ein Rätsel, was sein Vater daran fand. In Berlin hatte er also als junger Mann in so einer Spielhölle als Aufsicht gejobbt und sich dabei mit den Automatenjunkies angefreundet. Und jetzt kam er hierher, wenn es ihm schlecht ging, um ein paar Fünfmarkstücke zu versenken.

Okay, hatte Förster auf der Fahrt vom Haus seiner Eltern zu seiner eigenen Wohnung gedacht, das wäre erledigt. Blieb noch die Angelegenheit mit Fränge. Bei sich zu Hause rief er Brocki an.

»Also, bei seinen Eltern ist er nicht«, sagte Förster. »Ich war gerade noch mal in der Bäckerei, und seine Mutter hätte was gesagt, wenn er da wäre.«

»Hast du sie denn gefragt, wo er sein kann?«

»Nee, Brocki, ich kann doch nicht sagen, wir wissen nicht, wo ihr Sohn ist, die dreht doch durch! Ich komme mir sowieso schon vor wie die Vermisstenstelle vom Roten Kreuz! Erst mein Vater und jetzt der Fränge! Wenn das ein

Vorgeschmack ist, was nach dem Ende der Mauer alles noch kommt, dann sollten wir uns alle warm anziehen!«

»Sieht ihm aber ähnlich, sich zu verstecken, jetzt, wo sein Doppelleben aufgeflogen ist.«

Eine Sekunde lang dachte Förster, Brocki meine seinen Vater und die Sache mit der Spielhalle, aber das war natürlich Unsinn, also sagte er: »Ich glaube, das ist alles ganz harmlos, der versteckt sich nicht, wir wissen nur nicht, wo er ist.«

»Haarspalterei, Förster.«

»Wir können jedenfalls jetzt nichts machen. Wir müssen warten, bis er wieder auftaucht.«

»Hoffentlich nicht wörtlich.«

»Wie meinst du das, Brocki?«

»Na, nicht dass der im Landwehrkanal treibt und irgendwo als Wasserleiche angeschwemmt wird wie Karl Liebknecht.«

»Du hast sie nicht alle!«

»Also pass auf«, sagte Brocki. »Wir warten jetzt erst mal ab. Morgen treffen wir uns zum Frühstück im *Ferdinand*, und dann sehen wir weiter. Neun Uhr?«

»Nee, das ist doch viel zu früh. Elf Uhr reicht auch.«

Brocki seufzte. »Also meinetwegen. Ich hole euch ab.«

Sie legten auf, und Förster stellte den Hörer in die Basis zurück. Das Mobilteil, korrigierte er sich. Hörer, das war ja schon bei den alten Telefonen nicht ganz korrekt gewesen, hatte den Charakter und die Zuständigkeiten des Teils, das man sich ans Ohr, aber eben auch an den Mund hielt, nur unvollständig beschrieben. Hörer, das musste ein Wort aus der Zeit sein, als man sich tatsächlich nur so eine Art Hörrohr ans Ohr hielt, während man in eine Muschel auf einem Standfuß sprach, aber das führte jetzt alles wieder zu weit.

»Brocki hat also auch keine Idee?«, sagte Rosa, die wieder auf dem Sofa saß. Das Bett daneben hatte Förster aber mittlerweile in Ordnung gebracht.

»Nein, der hofft nur, dass Fränge nicht im Landwehrkanal schwimmt wie Karl Liebknecht.«

»Das ist ja total geschmacklos!«

»Fränge und Brocki treiben sich gegenseitig immer zu Höchstleistungen. Willst du was trinken? Bier vielleicht? Oder Wein?«

»Wein wäre toll.«

Förster ging in die Küche und nahm die Flasche Chianti, die bei ihm schon eine ganze Zeit herumlag, aus dem Regal. Hoffentlich war die noch gut. Weingläser hatte er nicht, weil er Wein aus Wassergläsern viel cooler fand, so ein bisschen hemingwayesk. Er hatte Fotos gesehen, auf denen Hemingway mit anderen in Spanien zusammengesessen und roten Wein aus Wassergläsern getrunken hatte.

Er ging zurück zu Rosa, setzte sich neben sie, klemmte sich die Flasche zwischen die Beine, zerrte an dem Korkenzieher und nahm sich zum x-ten Male vor, sich mal eines dieser hochwertigen Dinger zu kaufen, wo man die Wendel in den Korken drehte und dann durch die Hebelwirkung von zwei Flügeln leichtes Spiel hatte.

Förster goss zuerst Rosa und dann sich selbst ein. Draußen war es längst dunkel, Herbst eben, deutscher Herbst, Ruhr-Herbst, wie auch immer. Die Laternen an den Oberleitungen schaukelten sanft im Wind.

»Sag mal«, sagte er und war sich darüber im Klaren, dass er nüchtern nie davon angefangen hätte, »ich wollte dich da noch mal was fragen ...«

»Was denn?«

Sie strich sich das Haar zurück hinters Ohr, ihre gewölbte Stirn lag jetzt wieder frei, das ist doch, dachte Förster, gar nicht zumutbar, jetzt nicht auf diesem Weg weiterzugehen, und ...

Das Telefon klingelte.

»Ja, es ist so …«, begann Förster.

»Willst du da nicht rangehen?«

»Nee, lass mal, das kann warten.«

»Aber vielleicht ist das Fränge.«

»Ach so, ja, stimmt.«

Da hatte sie recht, das konnte er jetzt nicht bringen, da nicht ranzugehen, ihm selber war es ja fast schon egal, sollte sich der Dahlbusch doch rumtreiben, wo er wollte, aber das war keine Haltung, die man jetzt offensiv vertreten sollte, das war Förster klar.

Er war schon fast erleichtert, dass es nicht Fränge war, der da anrief, sondern Marta.

»Oh, hallo, woher hast du meine Nummer?«

Gedankenschnell hatte er vermieden, ihren Namen zu sagen. Rosa musste nicht mitbekommen, dass er mit Marta redete.

»Ich weiß nicht, Förster, du erinnerst dich vielleicht an meine Schwester? Groß, dunkelhaarig, toll im Bett? Der hast du deine Nummer mal gegeben.«

»Ja, stimmt, ich erinnere mich.«

Er erinnerte sich nicht, aber das war jetzt egal. Zumal Marta klang, als hätte sie geweint.

»Ist er bei dir?«

Wer?, hätte er beinahe gefragt, weil ihm der Wein zu Kopf stieg, aber das wäre nicht gut gewesen, war ihm klar, also sagte er einfach nur: «Nein.«

»Marissa hat gesagt, es war eine Frau hier. Aus dem Osten. Sie hat gesagt, sie ist Fränges Freundin.«

»Hm«, machte Förster.

»Weißt du was darüber?«

Förster atmete tief durch und sagte: »Die Sache ist einigermaßen kompliziert, und ich …«

Er hörte, wie Marta die Nase hochzog. Dann sagte sie

etwas auf Portugiesisch, das nicht besonders nett klang, und legte auf. Förster musste unbedingt vermeiden, dass Rosa mitbekam, wer da angerufen hatte. Also sagte er: »Ja, ist gut, mache ich. Bis dann!«

Er drückte auf das rote Hörersymbol und sah Rosa an.

»Und?«, fragte sie.

»War nicht Fränge.«

»Was wolltest du gerade fragen?«

»Wie?«

»Du wolltest mich doch etwas fragen.«

Er hatte eigentlich fragen wollen, ob sie das damals ernst gemeint habe, dass er besser küssen könne als Fränge und ob sie sich vielleicht noch einmal davon überzeugen wolle, aber das bekam er jetzt nicht mehr heraus, weil er immer daran denken musste, wie Marta den Rotz in der Nase hochgezogen und dann einfach aufgelegt hatte. Für das, was sie gesagt hatte, brauchte er keine Übersetzung, um sich zusammenzureimen, was es bedeutete.

»Hab ich vergessen«, sagte er.

»Ach komm, das glaube ich jetzt nicht.«

»Ist aber so.«

»Wer war denn da gerade dran? Klang nicht gerade toll. War es doch der Fränge?«

»Nein, wirklich nicht.«

»Ich kenne dich noch nicht so gut, aber ich merke, dass was los ist.«

»Irgendwas ist immer los.«

»Ach komm, hör auf! Sag es einfach! Wer war da dran und wieso hast du deshalb vergessen, was du mich fragen wolltest?«

»Mensch, Rosa, seid ihr alle so direkt?«

»Wer alle? Wir im Osten? Keine Ahnung, ich kenne nicht alle. Aber ist schon okay, wenn du mir nicht sagen willst, wer dran war. Geht mich ja auch nichts an. Aber ich werde das Gefühl nicht los, dass es mit mir zu tun hat.«

Förster ging durch den Kopf, dass dieser ganze Mist hier nicht passieren würde, wenn nicht irgendjemand auf die Idee gekommen wäre, die Mauer zu öffnen. Obwohl, vielleicht war ja auch nicht wirklich jemand auf die Idee gekommen. Da war bestimmt niemand aufgestanden und hatte gesagt: So, Leute, jetzt ist mal gut, wir machen die Mauer auf, und alle können sich beruhigen! Schon wie das bekannt gegeben wurde, auf dieser Pressekonferenz, ganz am Ende und erst so umständlich formuliert und dann gestammelt, von wegen Privatreisen nach dem Ausland könnten ohne Vorliegen von Voraussetzungen, Reiseanlässen und Verwandtschaftsverhältnissen beantragt werden, die Genehmigungen würden kurzfristig erteilt. Nach dem Ausland, da hatte Förster schon mal gestutzt, erst gestern hatte er mit Brocki darüber geredet, der ihn natürlich sofort für völlig meschugge erklärt hatte, weil er bei einer welthistorisch bemerkenswerten Äußerung Grammatikfehler bemängelte, das würde ja nicht mal er, Brocki, machen, und er wolle Lehrer werden, er habe eine eingebaute Antenne für Fehler jeder Art, als Lehrer sei man ein Fehlerfinder vor dem Herrn, aber man müsse auch mal stillhalten können. Ja gut, hatte Förster gesagt, ist vielleicht nicht wichtig, ist mir nur aufgefallen. Das gehe ja auch noch als Behördendeutsch durch, hatte er zu Brocki gesagt, aber dann dieses: »Das tritt nach meiner Kenntnis ... ist das ... sofort ... unverzüglich ...« Wegen eines Halbsatzes rennen alle los, und es gehen die Tore auf, und alle brüllen »Wahnsinn!«.

»Woran denkst du gerade?«, wollte Rosa wissen, weil Förster schon einige Zeit nichts mehr gesagt hatte.

»An Günter Schabowski.«

Rosa lachte. »Oh, Förster, du verstehst es, eine Frau zu umgarnen!«

»Umgarnen? Wieso denn umgarnen? Ich will dich doch nicht umgarnen!«, sagte Förster, wobei ihm mal wieder auffiel, dass sich so ziemlich jedes Wort merkwürdig anhörte, wenn man es nur oft genug wiederholte.

»Wenn man etwas so oft wiederholt ...«, sagte Rosa.

»Hört es sich merkwürdig an, ich weiß.«

»Nein, ich wollte sagen, dass man dann klingt, als sei man bei etwas ertappt.«

»Ertappt? Wieso ertappt? Ich bin doch bei nichts ertappt worden!«

»Schon wieder! Ach, Förster, ich weiß doch, woran du denkst!«

»Echt? Da weißt du mehr als ich. Ich denke an Günter Schabowski. Was denkst du denn, woran ich denke?«

»Du hast diesen Wiederholungsfimmel! Was ist denn los?«

»Wiederholungsfimmel? Wieso Wiederholungsfimmel? Ich habe doch keinen Wiederholungsfimmel!«

»Das war aber jetzt Absicht!«

»Absicht? Wieso Absicht? Niemand hat die Absicht, eine Absicht zu haben!«

»Jetzt fängst du an zu übertreiben!«

»Übertreiben, ich? Seit wann übertreibe ich? Ich über...«

»Ja, jetzt ist es gut!«, befand Rosa, lachte aber immer noch.

»Okay«, sagte Förster. »Was jetzt?«

»Ich vermute, du hast vorhin an unseren Abend auf dem Dach gedacht und dass ich gesagt habe, du könntest besser küssen als der Fränge. Korrigiere mich, wenn ich falsch liege. Nicht? In Ordnung. Das bringt mich zu der Frage, die mir die ganze Zeit schon im Kopf herumgeht.«

»Welche denn?«

»Wo soll ich heute Nacht schlafen?«

46 Ferdinand

Es wäre toll gewesen, von der Sonne geweckt zu werden, dachte Förster, aber zum einen machte das schöne Wetter jahreszeitlich bedingt nicht gerade Überstunden, und zum anderen lag seine Wohnung nach hinten raus, rundherum standen Häuser, da war ohnehin nicht viel mit Sonne, aber immerhin war es hinter der geschlossenen Wolkendecke etwas heller geworden. Er hob den Kopf und schaute Rosa an, die noch schlief oder die zumindest die Augen geschlossen und die Bettdecke bis zum Kinn hochgezogen hatte. Darunter trug sie eines seiner T-Shirts und ein weißes Höschen aus der Produktion des *VEB Elastic Mieder Zeulenroda*. Herrje, hatte Förster schon gestern gedacht, als Rosa ihm, unter Rotweineinfluss kichernd, beim Ausziehen dieses gar nicht pikant klingende Detail verraten hatte, diese Produktnamen müsste man eigentlich singen: *VEB Lötgeräte Dresden*, *VEB Elastic Mieder Zeulenroda*, *VEB Chemische Werke Buna*. Wobei die Variante mit Kombinat auch nicht schlecht war: *VEB Braunkohlen-Kombinat Schwarze Pumpe* zum Beispiel. Rappen müsste man das, nicht singen, dachte Förster, das Deutsche eignet sich aufgrund seines Reichtums an Konsonanten nicht so sehr zum Singen, im Gegensatz zum stärker mit Vokalen versorgten Englisch, aber Sprechgesang, der müsste funktionieren. Allerdings hatte er sich für Rap nie so richtig begeistern können. Immerhin hatte er auf Partys ein paarmal

zu The Message von Grandmaster Flash getanzt, Gruppen-
druck und Hormone hatten dafür gesorgt, weil die anderen,
vor allem die Frauen, dazu die Tanzfläche stürmten.

Jetzt schlug Rosa die Augen auf, gähnte und fragte Förster, ob er wieder an Günter Schabowski denke.

»Nein, an Grandmaster Flash.«

»Dann ist ja noch Hoffnung«, fand Rosa, setzte sich auf
und rieb sich die Augen.

»Hast du gut geschlafen?«

»Super. Und du?«

»Auch gut.«

»Ungewohnt in der eigenen Wohnung auf dem Sofa zu
schlafen, was?«

»Ach, auf einer Party bin ich schon mal eingeschlafen und
erst am frühen Morgen davon aufgewacht, dass mein Vermieter sich über die laute Musik beschwerte. Die Gäste waren alle schon weg.«

»Aber du hattest nur so eine dünne Bettdecke.«

»Ich friere nicht so leicht.«

»Wie spät ist es?«

»Kurz nach zehn.«

Rosa ließ ihren Kopf zurück aufs Kissen fallen, ein Knie
schaute unter der Decke hervor, aber bevor Förster sich in
diesen Anblick versenken konnte, klingelte es.

»Oh, Mann, wer kann das sein?«, fragte Rosa.

»Ich habe da so eine Ahnung.«

Förster ging zur Tür und hörte kurz darauf Brocki pfei-
fend die Treppe hochkommen.

»Tut mir leid, ich bin spät dran«, sagte er, als er oben war.

»Du bist zu früh, fast eine Stunde. Elf Uhr hatten wir gesagt.«

»Wir hatten gesagt, wir wollen um elf Uhr im *Ferdinand*
sein.«

»Das heißt doch nicht, dass du uns eine Stunde früher abholen musst! Da fahren wir doch höchstens fünf Minuten!«

»Hm, ja, okay, wenn man es so sieht ... Muss ich jetzt hier auf dem Flur warten?«

»Nee, komm rein.«

Brocki ging an Förster vorbei, direkt ins Wohn-, Arbeits- und Schlafzimmer, was Förster gar nicht so recht, jetzt aber auch nicht mehr zu ändern war.

»Oh, hallo!«, hörte er Brocki sagen. »Ich dachte, ihr seid schon auf.«

»Es ist nicht das, wonach es aussieht!«, sagte Förster, als er hinter Brocki ins Zimmer kam.

»Ja, ja, ist gut«, sagte Brocki. »Es sieht nicht so aus, wie du denkst, dass ich denke, dass es aussieht. Du hast auf dem Sofa geschlafen und Rosa im Bett, ist doch alles in Ordnung. Du bist doch nicht Fränge, du würdest so eine Situation nie ausnutzen.«

Förster ließ mal unerwähnt, dass ihn davon nur der Anruf von Marta abgehalten hatte, zumindest von dem Versuch, denn es wäre noch zu klären gewesen, ob Rosa auch gewollt hätte. Heute erschien ihm alles so, wie es war, richtig zu sein, das war doch schon mal was.

»Dazu gehören übrigens immer zwei«, wies Rosa noch mal auf das Selbstverständliche hin, schlug die Bettdecke zurück und ging an Brocki und Förster vorbei ins Bad, nur in Unterhose und T-Shirt. Brocki blickte ihr nicht hinterher, schien nicht mal dran zu denken. Bemerkenswert, dachte Förster.

»Hör mal«, sagte Brocki, »eins noch unter uns: Ich habe es getan.«

»Was denn?«

»Ich habe Silke gefragt. Wir gehen nächste Woche zusammen essen.«

»Toll, Brocki, das freut mich wirklich.«

»Wir waren zwar schon im *Ahorn-Eck,* aber da haben wir nichts gegessen. Und wenn man nichts gegessen hat, ist es nur ganz unverbindlich. Aber jetzt gehen wir in ein Restaurant, vielleicht zu diesem Franzosen am Nordring. Das ist dann schon ein bisschen ernster. Mann, bin ich nervös!«

»Musst du nicht, Brocki, du machst das schon!«

»Bleibt nur noch das Problem Uwe Krause.«

»Der ist kein Problem, glaub mir!«

»Wie kannst du dir da so sicher sein?«

»Na gut, der ist ein Problem, aber nicht für dich, sondern vor allem für sich selber. Und mal ehrlich: Wenn die Silke den auch nur ansatzweise gut fände – würdest du dann überhaupt was mit ihr zu tun haben wollen?«

»Das sagt sich immer so leicht.«

Eine Viertelstunde später saßen sie mit Rosa im *Café Ferdinand* hinterm Bahnhof und gingen die DIN-A5-Zettel durch, auf denen man ankreuzen sollte, was man frühstücken wollte. Man konnte auch fertig zusammengestellte Frühstücke von der Karte bestellen, aber Förster war sich mit Brocki einig gewesen, dass man im *Ferdinand* das Frühstück zum Selberbasteln ordern musste, das sei Tradition und viel besser, und Förster fragte sich, wieso man immer in diese Fremdenführerhaltung verfiel, wenn man Besuch von außerhalb hatte. Fehlte nur noch, dass Brocki beschrieb, was Rosa ohnehin sehen konnte: die Stuckdecken, die weißen Marmortische mit den Metallfüßen, die schwarzen Stühle, die altweiß gestrichenen, mit Kassettenpaneelen vertäfelten Wände, daran alte Werbeschilder aus Emaille.

»Ist ein absolutes Glück, dass wir einen Tisch mit Sofa ergattert haben!«, sagte Brocki. »Die sind normalerweise besetzt. Echt super, dass gerade welche gegangen sind, als wir reinkamen!«

»Wirklich toll«, sagte Rosa und wippte ein bisschen auf und ab, als wollte sie die Polster testen.

»Ich empfehle das Rührei mit Tomaten und Käse«, sagte Brocki. »Das muss doch für dich ...« Er brach ab, weil ihm wohl aufging, vermutete Förster, dass die Vervollständigung des Satzes ziemlich geschmacklos gewesen wäre.

»Weil wir kein Rührei haben in der Ostzone?«, fragte Rosa.

»So war das nicht gemeint.«

Rosa sah sich um. »Ist schön hier.«

»Ich kannte das schon, als das noch *Grannys Rock-Café* hieß.«

Ich sollte Stadtführungen anbieten, dachte Förster.

»Ja, wie gesagt, ist schön hier«, wiederholte Rosa.

»Also, wir sind jetzt nicht hierhergegangen, weil wir dir zeigen wollten, wie toll das hier alles ist und was man bei uns im Café alles bestellen kann oder so. Wir gehen einfach oft sonntags frühstücken. Unsere Väter haben früher Frühschoppen gemacht, wir machen Frühstück.«

»Ist schon okay«, sagte Rosa.

Mein Vater hat nie Frühschoppen gemacht, dachte Förster.

»Ist auch günstig hier«, sagte Brocki. »Ist jetzt nicht so, dass wir das Geld nur so raushauen würden. Ich meine, ich studiere schließlich noch.«

»Ich glaube, sie hat es verstanden, Brocki.«

»Ich meine ja nur. Und du bist natürlich eingeladen«, fügte Brocki in Richtung Rosa hinzu.

»Ich denke, du studierst noch?«

»Ja, ja, aber dafür reicht es schon.«

»Ich habe mein Begrüßungsgeld noch gar nicht abgeholt.«

»Solltest du auf jeden Fall machen, das steht dir zu!«, sagte Brocki.

»Wieso steht mir das zu?«

»Du kommst aus dem Osten, ihr habt vierzig Jahre unter der Knute der kommunistischen Diktatur gelebt, da sind hundert Mark ja wohl das Mindeste, was wir euch anbieten können!«

»Wir? Bietest du mir das an? Als Student?«

»Nein, ich meine: Wir, die Deutschen.«

»Die Deutschen? Uns was – Kenianern?«

»Äh, nein, wir Bundesdeutschen.«

»Ich weiß, dass ihr Vierundsiebzig bei der WM gerne gesagt habt: Deutschland hat gegen die DDR verloren, also im Fußball. Jetzt sieht es ja so aus, als würdet ihr gewinnen.«

»Es geht nicht um gewinnen oder verlieren«, behauptete Brocki.

»Sondern?«

»Äh, dass ihr da jetzt nicht mehr ... Also, dass du jetzt ... Ich meine, du kannst doch nicht bestreiten, dass es gut ist, dass du jetzt einfach hier so rüberkommen kannst!«

»Sie hat doch gar nichts bestritten!«, warf Förster ein. »Echt jetzt, Brocki!«

»Worum geht es denn, wenn nicht ums Gewinnen?«, fragte Rosa. »Geht es bei euch nicht immer genau darum? Einer muss gewinnen, einer verlieren.«

»Das ist doch alles Propaganda!«, sagte Brocki.

Die Bedienung, eine Studentin, die Förster flüchtig von der Uni kannte, brachte das Frühstück.

»Ich hätte gerne noch einen Liter frisch gepressten Orangensaft«, sagte Rosa.

»Einen Liter?«, fragte die Bedienung verwundert zurück.

»Und ich wäre gerne dabei, wenn die Dinger ausgepresst werden. Wenn ich es mir recht überlege, reicht es mir sogar, mir einfach nur die Orangen anzusehen. Gibt es hier wirklich bergeweise Orangen, wann immer man möchte? Und fließendes Wasser, das einfach aus einem Stück Metall in der Wand kommt? Und Strom rund um die Uhr? Ich komme aus dem Osten, müssen Sie wissen, und meine Familie lebt zu neun Personen in einer winzigen Datsche, die draußen von einem schwer bewaffneten Stasi-Mann bewacht wird.«

Die Bedienung nickte. »Gut zu wissen. Also einen Liter frisch gepressten Orangensaft?«

Rosa winkte ab. »Nee, lassense mal!«

»Datsche?«, fragte Förster. »Ihr habt eine Datsche?«

»Klar«, sagte Rosa.

»Ich fand Datsche immer gut, so als Wort«, sagte Brocki. »Wir sagen ja Schrebergarten, aber Datsche, das klingt irgendwie ...«

»Gefährlich?«, schlug Rosa vor.

»Nein, nein, herrje, leg mir doch nicht alles negativ aus, ich versuche gerade, hier wieder Boden gutzumachen!«

Förster registrierte, dass Rosa zumindest grinste, sodass der Vormittag vielleicht doch noch ganz gut werden konnte. Vor allem, da er jetzt eine Idee hatte, wo Fränge sein könnte.

47 *Plötzlich und unerwartet*

Förster lotste Rosa zum Lehrerparkplatz der alten Grundschule, heute war Sonntag, da würde niemand etwas sagen,
und Brocki verfiel gleich wieder in diesen Stadtrundfahrtmo-
dus und erklärte, dass hier die Herren Dahlbusch und Brock
gemeinsam die Schulbank gedrückt hätten, während sie ja
dem Herrn Förster erst auf dem Gymnasium über den Weg gelaufen seien. Da hinten, auf der Treppe zum Fahrradkeller, hätten sie zum ersten Mal geraucht, im vierten Schuljahr, ziemlich
früh, aber nicht unüblich hier im Viertel. Und dann war Brocki
schon bei der nächsten Anekdote, die sich auf den Fußballplatz
gleich neben der Schule bezog, wo Fränge früher gespielt hatte,
und Förster dachte: Das hört sich ja alles an, als hätte Fränge
diese Welt bereits verlassen, plötzlich und unerwartet wahrscheinlich, das ist ja hier der reinste Nachruf beziehungsweise
ein Stadtrundgang auf den Spuren der toten Legende, so stellt
man sich Führungen durch Tupelo oder Memphis oder Liver-
pool vor, auf den Spuren von Elvis oder den Beatles, aber wahrscheinlich war Brocki nur verlegen, weil er vorhin im *Ferdinand*
tatsächlich ziemlichen Blödsinn zusammengeredet hatte, das
aber natürlich nicht zugeben konnte.

Als Brocki gerade davon anfing, wie Fränge mal hinterm
Vereinsheim mit der Freundin des gegnerischen Mittelstür-
mers rumgemacht hatte, ging Förster mal lieber dazwischen,
bevor alles noch schlimmer wurde.

»Brocki, ich denke nicht, dass die Rosa sich anhören will, mit wem Fränge hier alles rumgemacht hat!«

»Oh, ja, hm, kann sein, tut mir leid. Würde auch zu lange dauern. Also, wenn man da auf Vollständigkeit aus wäre.«

»Mensch, jetzt halt doch mal die Klappe!«

Rosa sah Förster an und grinste. »Hört sich an, als wäre da einer ziemlich neidisch.«

»Wenn ich bei Fränge auf irgendwas neidisch war, dann darauf, dass er immer frische Brötchen zu Hause hatte«, sagte Förster, und dann gingen sie auch schon unter dem Schild mit der alten, abblätternden Reklame für *Schlör – Die internationale Marke* hindurch. Apfelsaft machten die, erinnerte sich Förster, wohl auch andere Säfte, aber er kannte nur den mit Apfelgeschmack, weil es den früher bei Dahlbuschs zu Hause immer gegeben hatte.

Förster war seit Jahren nicht hier gewesen, in dieser Anlage, in der die Dahlbuschs ihren Schrebergarten – ihre Datsche – hatten und wo Fränge früher oft Partys gefeiert hatte, nicht zuletzt die zu seinem achtzehnten Geburtstag, was, wie Förster jetzt auffiel, auch erst fünf Jahre her war, das kam ihm viel länger vor.

Die Hecken hatten Fränge immer fertiggemacht, hatte er behauptet. »Die Hecken, Förster«, hatte er mehr als einmal gesagt, »die Hecken machen mich fertig! Da ragt kein Zweiglein hervor! Man könnte meinen, die Dinger wären aus Beton oder Lego oder was weiß ich. Die Beete sind nichts gegen die Hecken! Ordentliche Beete, okay! Aber die Hecken, die ziehen sich hier den ganzen Gang entlang, und überall sind sie ganz akkurat heruntergeschnitten, das heißt, hier geht es nicht um das Ordnungsbedürfnis eines selbstbestimmten Individuums, sondern hier ist eine höhere Macht am Werk. Und welche höhere Macht ist das? Der Verein! Der Verein wacht über dich wie der große Bruder. Der Verein sorgt dafür, dass alles seine Ordnung hat. Der Verein ist dem deutschen Gartenzwerg heute das, was ihm früher die Nation war.«

Der Schrebergarten der Dahlbuschs lag ziemlich genau in der Mitte des ersten von zwei Gängen, die schnurgerade und begrenzt von tatsächlich zwanghaft gleichmäßig beschnittenen Hecken auf die in der Mitte der Anlage befindliche Gartenwirtschaft mit Außenbereich und Tanzfläche hinführten. Wo andere Parzellen mit schmiedeeisernen, oft bogenförmig emporstrebenden Toren protzten, reichte den Dahlbuschs eines aus grün gestrichenen Holzlatten.

Rosa sah sich das alles ganz genau an, hatte Förster den Eindruck.

»Und?«, fragte er. »Sind die Lauben hier sehr viel anders als die Datschen bei euch?«

»Nö«, antwortete sie. »Also unser eigenes Grundstück war ein bisschen wilder, ein bisschen mehr zugewachsen, weil mein Vater sich da mal durchgesetzt hat. Meine Mutter hätte es am liebsten so total akkurat gehabt wie unsere Nachbarn.«

»Sieht verlassen aus«, sagte Brocki.

»Kann man doch von hier aus gar nicht sagen«, gab Förster zurück. »Die haben doch da diese komischen Dinger gepflanzt, dass man ihnen nicht auf die Terrasse gucken kann, deshalb sieht man nichts, also kann man auch nicht sagen, dass es verlassen aussieht.«

»Ich finde, es fühlt sich verlassen an«, präzisierte Brocki.

»Okay, dann hauen wir halt wieder ab oder was?«

»Beruhigt euch mal«, sagte Rosa, öffnete einfach das niedrige Tor und ging auf die kleine Flachdachlaube zu. Förster und Brocki folgten ihr.

»Da ist Moos in den Ritzen«, sagte Brocki. »Ich glaube, hier war schon lange niemand mehr.«

»Meinst du, Fränge vertreibt sich hier die Zeit damit, das

Moos aus den Ritzen zu rupfen?« Langsam wurde Förster sauer. Es beschlich ihn das Gefühl, Brocki wollte Fränge gar nicht finden. Vielleicht wollte er Rosa lieber noch ein paar Runden als Fremdenführer aufdrängen.

Die Tür zur Laube war verschlossen, aber das Sicherungsgitter davor stand offen, für Förster ein deutliches Signal, dass jemand drin war. Allerdings war der Rollladen vor dem Fenster rechts neben der Tür heruntergelassen. Er klopfte, aber drinnen rührte sich nichts. Er klopfte noch mal, wieder nichts, also drückte er die Klinke herunter. Die Tür ließ sich ohne Probleme öffnen.

»Okay, er ist da«, sagte Brocki. »Nur Herr Dahlbusch junior ist so blöd, in einem Schrebergarten zu übernachten, ohne abzuschließen.«

Drinnen war es dunkel, und es roch muffig. Vorne war ein winziger Küchenbereich mit dem kurzen Teil einer alten Eckbank mit braunem Polster, einem Tisch und zwei Stühlen sowie Kühlschrank, Herd und Hängeschrank. Rechts ging es in einen ebenfalls sehr kleinen Raum, in dem auf dem sehr alten Kunstledersofa Fränge lag und mit offenem Mund schlief. Zugedeckt war er mit einer Decke und diesem Mantel mit Fischgrätmuster, den er sich letztes Jahr auf einem Flohmarkt in Berlin gekauft hatte. Förster war dabei gewesen. Vor dem Sofa stand ein kleiner Rucksack, aus dem ein paar Sachen heraushingen.

»Der Schlaf des Ungerechten«, sagte Brocki, ging zu dem Rollladen und zog ihn mit einem Ruck so weit hoch, dass fahles Licht auf den schlafenden Fränge fiel, der aber nicht reagierte.

Förster sah Rosa an.

»Was denn?«, sagte sie. »Soll ich ihn wachküssen oder wie?«

Förster klatschte in die Hände, aber das brachte auch nichts, Fränge zuckte nicht mal. Auf dem Boden neben dem

Sofa standen ein paar leere Bierflaschen und eine Sprudel-
wasserflasche, die bis zur Hälfte mit einer gelben pudding-
artig wirkenden Flüssigkeit gefüllt war.

»Bier und Eierlikör«, sagte Brocki, »na, herzlichen Glück-
wunsch! Schießt sich mit Mutterns Selbstgemachtem ins
Koma!«

Er ging nach nebenan in die Küche, Förster hörte, wie er
den Hängeschrank öffnete, dann rauschte es. Brocki kam
mit einem Glas Wasser zurück, das aber nicht für Fränges
mit Sicherheit katertrockenen Rachen gedacht war, sondern
für dessen Gesicht. Brocki kippte das Wasser langsam über
Fränge aus, der aber nicht wie im Film geschockt aufsprang,
sondern erst mal nur mit den Lippen zuckte, dann mit der
Zunge in seine Mundwinkel fuhr und sich schließlich mit
einer Hand durchs Gesicht wischte.

Dann endlich schlug er die Augen auf und sagte: »Ich bin
gar nicht auf Besuch eingerichtet.«

Plötzlich und unerwartet, dachte Förster, und Brocki vari-
ierte das zu: »Unverhofft kommt oft.«

»Dumme Sprichwörter am frühen Morgen, da dreht sich
einem ja der Magen um«, sagte Fränge, setzte sich auf und
rieb sich die Augen. Als er die dann öffnete wie ein betrunke-
ner Säugling, erblickte er Rosa und sagte nur: »Oh!«

»Ja, oh!«, sagte Rosa.

»Seid ihr zu dritt? Oder ist da sonst noch wer?«

»Du meinst Marta?«, sagte Rosa.

»Welche Marta?«

Selbst verkatert schüttelt der so was einfach aus dem Ärmel, dachte Förster, während Brocki Fränge Prügel androhte.

»Ja, ja, ist ja schon gut«, wiegelte Fränge ab.

So, dachte Förster nach einigen Sekunden, jetzt stehen
wir einfach nur da und starren ihn an, den ehemaligen Weltenwanderer der Liebe. Auch Rosa wusste offenbar nicht,

was sie sagen sollte, obwohl sie sich diesen Moment doch bestimmt hundertmal in Gedanken ausgemalt hatte. Aber man kennt das ja, dachte er, ist der Moment dann da, kommt einem alles, was man sich überlegt hat, falsch und lächerlich vor.

»Ja, was jetzt?«, sagte Fränge irgendwann. »Lassen wir uns jetzt mit Bronze übergießen und mutieren zur Skulptur? Oder machen wir erst mal Kaffee?«

»Sonst noch was?«, fragte Brocki. »Bisschen Lachs und Kaviar? Vielleicht eine Rückenmassage?«

»Ich mag keinen Kaviar«, antwortete Fränge todernst. »Aber du hast recht, Kaffee ist Blödsinn. Ich habe seit gestern Nachmittag nichts mehr gegessen. Im Kühlschrank sind Bratwürstchen. Der Herd ist aber kaputt. Ich habe meinen Eltern tausendmal gesagt, dass sie den reparieren müssen, aber die hören einfach nicht. Sagen, sie sind nicht mehr so oft hier. Und wisst ihr wieso? Die haben das Wandern für sich entdeckt! Glaubt man das? Die fahren ins Sauerland und ziehen sich so hohe Wanderschuhe an und Kniebundhosen, und dann geht es los über Stock und Stein. Deshalb lassen sie die Laube hier verkommen, eine Schande ist das!«

Förster musste zugeben, dass Fränge eine wirklich jämmerliche Figur abgab, wie er da hockte, in Socken, mit fettigen Haaren und tiefen Ringen unter den Augen, und vielleicht war es dieser Anblick, den Rosa nicht mehr ertragen konnte, zusammen mit diesem wilden, zusammenhanglosen Gefasel, jedenfalls drehte sie sich plötzlich um und lief raus. Fränge zögerte kurz, sah erst Brocki an und dann Förster, stieg in seine Schuhe, ohne sich mit den Senkeln aufzuhalten, schnappte sich seinen Fischgrätmantel und rannte Rosa hinterher.

48 *Eierlikör*

Der graue Himmel hing trübe über den Gärten, von Weitem hörte Förster die Westtangente rauschen. Er nippte von dem Eierlikör in seiner Hand. Außer ein paar Flaschen Bier und den Bratwürstchen in Folie hatte er im Kühlschrank nichts gefunden. Dem Wasser, das hier aus den alten Leitungen kam, traute er nicht, also hatte er sich des Eierlikörs angenommen, der ohnehin getrunken werden musste, bevor er verdarb. Der war doch aus frischen Eiern gemacht, den konnte man bestimmt nicht endlos offen herumstehen lassen. Der Eierlikör, den die Dahlbuschs schon seit Jahrzehnten selbst herstellten, hatte wirklich etwas von Pudding, wies nur deutlich mehr Umdrehungen auf.

Ein Mann, der in seinem grauen Kittel aussah wie der Hausmeister von Försters alter Grundschule, kam den Weg vom Sportplatz herunter, sah Förster an, grüßte aber nicht, sondern schloss das opulent geschmiedete Tor zum Grundstück schräg gegenüber auf. Auf dem Weg zu seiner mit roten Fensterläden verzierten Laube drehte er sich insgesamt dreimal um, als erwartete er, dass Förster ihm unaufgefordert erklärte, wer er war und was er hier machte. Förster dachte nicht daran. Wenn der etwas will, soll er fragen, dachte er. Der Mann verschwand in seiner Laube, die danach wieder so verlassen dastand wie zuvor.

Brocki kam aus der Dahlbusch-Laube und schimpfte.

»Die Klospülung ist kaputt!«, sagte er. »Ich musste mir einen Eimer suchen und mit Wasser aus der Küche spülen.«

»Ich hatte mich schon gewundert«, sagte Förster.

»Wieso?«

»Ich habe gehört, wie Wasser in einen Eimer rauschte.«

»Ach so.«

Drei Krähen flogen stumm Richtung Fußballplatz.

»Eierlikör?«, fragte Brocki.

»Der muss weg«, sagte Förster. »Der verdirbt doch sonst.«

»Was machen wir denn jetzt, Förster? Wie lange sollen wir warten?«

Förster kippte sich in den Mund, was er unproblematisch aus dem Glas herausbekam und fuhr dann mit dem Zeigefinger hinein.

»Ich würde sagen, wir machen uns aus dem Staub«, sagte er. »Die kommen schon zurecht.«

»Was machen wir mit der Laube?«

»Nichts. Ist ja nicht unsere. Außerdem ist da drüben gerade ein Nachbar aufgetaucht. Ich denke, der hat alles im Griff.«

Förster ging nach drinnen, spülte das Glas aus, trocknete es ab und stellte es in den Hängeschrank zurück, aus dem er es vorhin genommen hatte. Sie zogen die Tür zu und lehnten das Sicherungsgitter an. Da die Tür eine Klinke hatte, würde es kein Problem für Fränge sein, da reinzukommen, um seine Sachen herauszuholen, wenn er nicht sowieso einen Schlüssel in seiner Manteltasche hatte.

Als sie das Gartentor schlossen, ging schräg gegenüber die Tür auf, und der Mann im grauen Kittel fixierte sie aus dunklen Augen über einem struppigen Vollbart.

»Schönen Tag auch!«, rief Brocki, und der Mann schloss die Tür.

Sie gingen weiter, warfen einen Blick auf den Fußballplatz,

wo die drei Krähen im Strafraum saßen, als warteten sie auf ihre Mannschaftskameraden. Rosas Trabbi stand noch auf dem Parkplatz an der Grundschule. Die beiden waren also zu Fuß unterwegs und mussten irgendwann wieder hierherkommen.

Über die Kohlenstraße kamen sie zur Alleestraße und zur Straßenbahnhaltestelle am Hochhaus der Krupp-Verwaltung, ein grauer Quader, der aussah wie eine senkrecht gestellte Medikamentenschachtel mit sehr vielen Fenstern. Man weiß ja bei so etwas nie, dachte Förster, ob man das jetzt scheußlich finden oder die Schlichtheit der funktionalen Form bewundern soll. So ein Stahlkonzern, der könnte sich ja auch etwas viel Protzigeres da hinsetzen, wie die Krupps das in Essen mit der Villa Hügel gemacht hatten, aber die war privat, da durfte es auch mal ein Schloss sein, das hier war Business, da galt es offenbar, den Ball flach zu halten, vor allem nach dem Krieg, für den der *Bochumer Verein* die *Waffenschmiede des Dritten Reiches*, deren Hallen hier mehrere Hundert Meter stadteinwärts die Straße säumten, so kräftig produziert hatte. Förster fragte sich, was da heute hergestellt wurde. Er hatte keine Ahnung. Im letzten Jahr meinte er, irgendetwas über eine Fusion gelesen zu haben, aber letztlich hatte ihn das alles nicht genug interessiert. Wahrscheinlich fahrlässig, dachte er, so tolle Stadtführungen wie Brocki könnte ich Rosa nicht bieten.

Die Bahn rollte heran, es war einer dieser gelblich-beigen Uraltwagen, die in der Mitte noch einen erhöhten Sitz für den Schaffner hatten, bei dem man früher hatte Fahrkarten kaufen können. Beim Einsteigen drängelte Förster sich vor, der Sitz war tatsächlich frei, er kletterte hinein, thronte mitten im Wagen über den Köpfen der Rentnerinnen und Rentner, die auf dem Weg zu ihrem Arzt in der Innenstadt waren.

»Du bist ein großes Kind!«, sagte Brocki, der vor Förster stehen blieb, anstatt sich zu setzen, obwohl es genug freie

Plätze gab. Wahrscheinlich wollte er nicht, dass Förster auf ihn herabblickte.

»Jau!«, sagte Förster, dem es erstaunlich gute Laune bereitete, genau diesen Platz ergattert zu haben. Eierlikör, dachte er. Eierlikör und das Kind im Manne.

»Was meinst du, wie geht die Sache aus?«, fragte Brocki kurz darauf.

»Es muss doch nicht immer alles irgendwie ausgehen, Brocki. Vielleicht geht es einfach nur weiter.«

Er stellte sich vor, wie Fränge und Rosa jetzt irgendwo Händchen hielten oder sich küssten, wobei Rosa vielleicht daran denken musste, dass Förster das viel besser konnte. Oh, Mann, dachte er, wie lange willst du dich noch daran hochziehen? Entweder du unternimmst jetzt mal was in der Richtung oder du schlägst es dir aus dem Kopf! Du eierst ja rum wie Brocki mit dieser Silke. Er dachte an Marissa, deren Bild in seinem Kopf bis zur Unkenntlichkeit verschwommen war, und an Beate, die er ganz genau vor Augen hatte und die ihm offenbar aus dem Weg ging. Gründe dafür gab es genug. Das geht auch nicht aus, das geht vielleicht noch nicht mal weiter, dachte er. Seine gute Laune war verflogen, er hatte den Eindruck, er machte sich auf diesem Schaffnerplatz lächerlich.

Ich hätte den Eierlikör mitnehmen sollen, dachte Förster.

49 *Zur Flamme empor*

Brocki hatte keine Lust gehabt, nach Hause zu gehen und sich durch die Wand Gerds Krachmusik anzuhören, wie er sagte, also kam er mit zu Förster, hier waren sie jedenfalls erreichbar, wenn Fränge oder Rosa versuchten anzurufen. Sie saßen auf dem Sofa wie Eltern, die sich nicht eingestehen wollten, dass sie sich sorgten. Draußen regnete es mittlerweile. Der Hunger war verflogen, sie tranken Bier, und um sich die Zeit zu vertreiben, schob Förster die Videokassette mit *Diese zwei sind nicht zu fassen* in den Rekorder, obwohl er den Film erst vor ein paar Wochen gesehen hatte. Sie kamen bis zu der Stelle, an der Billy Crystal zu einem Gangster sagt: »Hablo Smith and Wesson?«, da klingelte es, und Rosa und Fränge standen vor der Tür. Beide hatten ihre nassen Haare nach hinten gekämmt, sie sahen aus, fand Förster, als hätten sie gerade auf einer Treppe im Regen gevögelt, wie Kim Basinger und Mickey Rourke in *9 1/2 Wochen*. Herrgott, die dampfen ja noch, dachte er. Aber als sie dann hereinkamen, wurde ihm schnell klar, dass es einfach nur das schlechte Wetter war, das sie so aussehen ließ. Fränge ging als Erstes in die Küche, zum Kühlschrank, um sich ein Bier herauszunehmen, während Rosa ins andere Zimmer ging und ihre Jacke auszog.

»Hast du ein Handtuch?«, fragte sie, und Förster holte ihr eines aus seinem Ikea-Kleiderschrank, bei dessen Anblick er dachte: Das kannst du jetzt auch alles haben, Rosa! Möbel zum Selberbauen!

Sie fing an, sich die Haare trocken zu rubbeln, den Kopf zur Seite geneigt, und Förster dachte: Es haben hier schon andere Frauen geduscht und sich die Haare trocken gerubbelt, aber die sahen unbekleidet nicht so toll aus wie Rosa angezogen.

Fränge, noch im Fischgrätmantel, seinen Rucksack in der einen, eine schon halb geleerte Flasche Bier in der anderen Hand, kam ins Zimmer und sagte: »Ich musste erst mal diesen fiesen Geschmack loswerden!«

»Welchen?«, fragte Brocki. »Den von Lüge und Niedertracht?«

»Den von Benzin, Herr Lehrer!«

»Benzin? Wieso Benzin?«, hakte Brocki irritiert nach, während Förster die Augen nicht von Rosa lassen konnte, was Fränge durchaus nicht entging.

Mit einem »Halt mal!« drückte Fränge Förster die Bierflasche in die Hand, kramte in seinem Rucksack herum und förderte einen Campingkocher *Juwel* zutage. »Wir werden jetzt mal gucken, ob das Ding auch in geschlossenen Räumen funktioniert!«

»Bist du bescheuert?«, rief Brocki. »Willst du uns alle umbringen? Da kriegen wir doch eine ia-Gasvergiftung!«

»Die kriegen wir hier doch sowieso, bei der dämlichen Heizung!«, entgegnete Fränge.

»Nee, Fränge«, sagte Förster. »Wir machen hier kein Feuer!«

Fränge dachte kurz nach. Dann sagte er: »Wie war das, darfst du den Garten mitbenutzen?«

Förster zögerte. »Eigentlich nicht.«

»Der ist nur für den Vermieter«, sagte Rosa und legte das Handtuch über Försters Schreibtischstuhl.

»Du kennst dich ja super aus hier!«, sagte Fränge.

»Es ist dunkel und kalt«, sagte Förster. »Das ist nicht gerade optimales Grillwetter.«

»Ich will dieses Teil jetzt ausprobieren, ihr Weicheier!«, machte Fränge klar.

»Ich habe ihm draußen schon gesagt, dass das keine gute Idee ist«, sagte Rosa.

»Jetzt habe ich auch schon Benzin aus dem Trabbi gesaugt, das war total ekelhaft, das will ich nicht umsonst gemacht haben«, sagte Fränge.

»Benzin aus dem Trabbi gesaugt? Wie hast du das denn gemacht?«, wollte Brocki wissen.

»Da war ein Stück Schlauch im Kofferraum«, sagte Rosa. »Kommt schon mal vor, dass wir uns zu Hause gegenseitig aushelfen müssen.«

»Und was machen wir, wenn wir das Ding in Gang gesetzt haben?«, fragte Förster. »Wir haben doch gar kein Fleisch!«

Mit einem kindischen »Tataaaah!« zog Fränge die abgepackten Laubenbratwürstchen aus dem Rucksack. »Vier Stück, passt genau! Also los!«

»Es regnet doch, oder nicht?«, machte Förster einen letzten Versuch. »Schließlich seid ihr völlig durchnässt hier angekommen!«

»Ach was, das hat zuletzt nur noch genieselt, das hält der *Juwel* aus. Ist ein sozialistisches Qualitätsprodukt.«

Förster sah Rosa an. Die zuckte mit den Schultern und sagte: »Da hat er recht.«

»Okay«, sagte Förster. »Ich hole dann mal eine Pfanne.«

»Das ist doch nicht dein Ernst!«, rief Brocki. »Du willst den Scheiß doch nicht wirklich mitmachen!«

»Ach komm, das wird vielleicht wirklich lustig. Ich will das Ding mal in Aktion sehen.«

Brocki schüttelte den Kopf, stand aber auf, griff nach

seiner Jacke und sagte: »In Ordnung. Einer muss ja auf euch aufpassen.«

Förster holte die beschichtete Pfanne, die seine Mutter ihm zum Einzug geschenkt hatte und die angeblich ganz ohne Zugabe von Fett auskam, aus der Küche, zog sich seine Jacke über, und dann gingen sie die Treppe hinunter, durch den Keller zu der hinteren Tür, deren Schlüssel immer von innen steckte, weil der Vermieter, der im dritten Stock wohnte, den wiederholt oben vergessen hatte und nicht immer hin und her laufen wollte, wenn er mal in den Garten ging.

»Lass uns den auf die Treppe stellen«, sagte Förster. »Dann sieht uns mein Vermieter vielleicht nicht.«

»Schissbuxe!«, sagte Fränge, nickte aber.

Rosa baute den *Juwel* fachgerecht auseinander, und Fränge befüllte ihn mit Benzin aus einer Sprudelflasche, die er ebenfalls im Rucksack transportiert hatte. Das ist der reinste Wundersack, dachte Förster. Fränge stellte das Gerät auf die oberste Stufe, und dann war es wieder an Rosa, die Flamme zu entzünden.

Fränge befreite die vier weißen Bratwürstchen aus der Plastikfolie und legte sie in die Pfanne, die Förster auf den *Juwel* stellte. Dann standen sie da, rechts und links am Treppenrand, jeder auf einer eigenen Stufe und blickten zur Flamme empor.

50 *Unzertrennlich*

Es war kurz vor Mitternacht, Förster stand mit Rosa im Wohnzimmer, Fränge in der Wohnungstür, halb drinnen, halb draußen, die Haare standen ihm vom Kopf. Brocki war schon auf
der Treppe und sagte, er solle jetzt endlich mal kommen, aber
Fränge konnte sich nicht losreißen. Förster sah ihm an, dass
ihm lauter dumme Bemerkungen auf der Zunge lagen, von
denen er zum Glück keine einzige aussprach.

»Fränge, komm jetzt!«, rief Brocki im Hausflur.

Rosa stand neben Förster, sie berührten einander nicht,
aber es wäre logisch gewesen, ihre Hand zu nehmen, fand
er, doch das Risiko war groß, dass er sich eine einfing, nur
wusste er nicht, ob von Rosa oder von Fränge. Der blickte
zwischen ihnen beiden hin und her.

»Also, du bleibst jetzt hier, oder was?«, fragte er schließlich.

Rosa stöhnte. »Ja, sicher, was denn sonst!«

»Und du?«, sagte Fränge zu Förster.

»Ich bleibe auch hier. Ist meine Wohnung, Fränge.«

Förster hoffte, dass die ganze Sache jetzt bald mal vorbei
war und sich nicht noch die Nachbarn beschwerten, weil im
Hausflur so spät noch was los war.

»Also, was jetzt?«, fragte Brocki. »Ich fahre jetzt! Du
kannst ja meinetwegen zu Fuß nachkommen.«

Fränge würde bei Brocki übernachten, das war so

abgemacht. Er würde sich wahrscheinlich, hatte Brocki vorhin noch vermutet, glänzend mit Gerd verstehen und sich mit ihm zusammen durch die Nacht saufen.

Brocki ging jetzt tatsächlich die Treppe hinunter, aber kurz darauf hörten sie ihn wieder hochkommen.

»Da ist abgeschlossen!«, sagte er.

»Ich komme mit runter«, sagte Förster und griff nach seinem Schlüssel, der innen im Schloss der Wohnungstür steckte. Er schob sich einfach an Fränge vorbei, ohne ihn anzusehen. Brocki ging hinter ihm, und unten angekommen, schloss Förster die Haustür auf und sah ihn an.

Brocki seufzte. »Der ist ...«

»Ich weiß«, sagte Förster.

Bevor sie noch was sagen konnten, hörten sie Fränges Schritte auf der Treppe. Auf dem letzten Absatz blieb er noch mal stehen, in seinem Fischgrätmantel, seinen alten, spitzen Schuhen und mit dem Rucksack über einer Schulter. Er sah Förster an, als könnte er sich nicht entscheiden, auf welche Weise er ihn umbringen sollte.

Dann plötzlich grinste er, strich sich die Haare zurück und sagte: »Ach, scheiß die Wand an!«

Betont locker in den Hüften wiegend kam er die letzten Stufen zu Förster herunter, umarmte ihn und flüsterte ihm ins Ohr: »Tu nichts, was ich nicht auch tun würde!«

Herrgott, dachte Förster, was für eine scheiß Bemerkung, aber er zwang sich zu einem Grinsen, und dann sah er den beiden nach, wie sie zu Brockis Jetta auf der anderen Straßenseite gingen. Fränge versuchte, Brocki eine Hand auf die Schulter zu legen, aber der schüttelte ihn ab. Unzertrennlich, dachte Förster.

Sie atmete unregelmäßig in seinen Nacken, also schlief auch sie nicht. Er spürte ihre Oberschenkel an seinen, ihre Hand auf seinem Bauch, die sich jetzt leicht bewegte. Es war tiefe Nacht, die Leuchtziffern seines Radioweckers zeigten eine Null, eine Zwei, einen blinkenden Doppelpunkt, eine Vier und eine Acht, alles in Rot. Details, dachte Förster, Details sind wichtig.

52 Komm doch mal rüber

Rosa legte ihre Tasche auf den Rücksitz ihres Trabbis und winkte einem Golf hinterher, der sie angehupt hatte. Eine schöne Frau neben einem ungewöhnlichen Auto, da muss der Deutsche hupen, ob er will oder nicht, dachte Förster. Es war kalt, aber die Sonne schien, und es sah auch so aus, als würde das erst mal so bleiben, aber wer weiß, vielleicht nahm im Laufe des Tages ja von Westen her die Bewölkung wieder zu. Wobei der Tag bald rum sein würde, es war kurz nach vier, in spätestens einer Stunde war das Licht weg und Rosa würde die Grenze, die keine mehr war, bei Dunkelheit passieren.

»Fahr vorsichtig«, sagte Förster und machte dabei eine Kopfbewegung, die verdeutlichen sollte, dass er diesen Satz natürlich ironisch meinte, damit es sich nicht so anhörte, als machte er sich wirklich Sorgen, wie ein Vater oder ein Bruder. »Es sind eine Menge Killer unterwegs da draußen. Ihre Waffen heißen Mercedes und BMW.«

Rosa lachte. »Der böse Westen. Meine Mutter hat mir davon erzählt.«

Förster wusste nicht, was er darauf sagen sollte, also stand er einfach da und fror, weil er nur ein Sweatshirt trug. Er hatte sie nur schnell zum Auto bringen wollen, aber jetzt kamen sie nicht voneinander los, was wohl daran lag, dass sie nicht wussten, ob sie sich jemals wiedersehen würden.

Der Wind wehte Rosa die Haare ins Gesicht, sie schob sie zurück, immer wieder, jetzt schon zum dritten Mal, aber wer zählt schon mit, dachte Förster.

»Ich muss los«, sagte sie. »Ich wäre gern vor Mitternacht zu Hause.«

»Ich denke, die freuen sich über jeden, der zurückkommt.«

»Bestimmt.«

Sie stieg nicht ein, stand in der offenen Fahrertür, einen Arm aufgestützt. Wieder wehten ihre Haare nach vorn, aber diesmal war es Förster, der sie zurückstrich.

»Ich übernehme das mal für dich«, sagte er.

»Danke. Mein Arm ist schon ganz müde.«

Letzte Nacht, elf Minuten vor drei, hatte er geflüstert, er fürchte, er habe sich in sie verliebt. Sie hatte leise gelacht und gesagt, das bilde er sich nur ein.

»Hast du genug Öl zum Mischen?«, fragte er.

»Ja, das passt schon.«

»Ich könnte das ja nicht, also das mit dem Mischen. Ich würde mich ständig verschätzen und den Wagen in kürzester Zeit ruinieren.«

»Kann man alles lernen.«

Jede Menge Autos, dachte Förster, einige haben schon Licht an.

»Ich habe deine Nummer und deine Adresse«, sagte Rosa.

»Und ich deine«, sagte Förster.

»Du kommst bestimmt ab und zu nach Berlin, um Fränge zu besuchen, nehme ich an.«

»Nehme ich auch an.«

»Dann komm doch mal rüber, und wir gehen mal wieder in die *Mokke*.«

»Oder du kommst rüber, und wir gehen ins *Ferdinand*.«

Rosa blickte einmal die Straße rauf und wieder runter und wusste wahrscheinlich selber nicht wieso.

»Du kannst jederzeit, also ich meine, hier ist immer ...«

Rosa nickte. »Ich weiß, Förster.«

»Und wenn ich rüberkomme, dann natürlich ohne Fränge.«

»Ach, ich denke, irgendwann wird es auch okay sein, wenn er mitkommt.«

Förster schloss daraus, dass sie vorhatte mit ihm, also Förster, befreundet zu bleiben. Das fand er gut. Er schob seine Hände in die Taschen seiner Jeans und zog die Schultern hoch. Er fragte sich, warum man das machte, wenn es doch nicht gegen die Kälte half. Reingehen, dachte er, wir sollten reingehen und uns wieder ins Bett legen, für immer. Oh, Mann, das zog wieder eine Filmassoziation nach sich, nämlich das tote Zwillingspärchen in *The Shining*, die Hand in Hand auf dem Hotelflur standen und immer sagten: »Komm, Danny, spiel mit uns! Für immer! Für immer!«

»Weißt du, mit dem Fränge ist es wie mit dem ganzen Westen«, sagte Rosa und blickte einem kirschroten Toyota Corolla nach, der, mit einer alten Frau am Steuer, sehr langsam an ihnen vorbeirollte. »Man verspricht sich unheimlich was davon, ahnt aber, dass es wahrscheinlich gar nicht so toll ist. Solange man es nicht genau weiß, ist alles in Ordnung, Aber dann ... Das funktioniert doch alles nur, wenn es weit weg ist. Was uns verbunden hat, war diese Mauer, und die ist bald weg.«

»Klingt jetzt etwas deprimierend.«

»Ach was, Förster! Wir finden was Neues, das uns verbindet. Du und ich sowieso.«

Und dann beugte sie sich vor, nahm sein Gesicht in die Hände und hörte gar nicht mehr auf, ihn zu küssen.

»Verlern das bloß nicht!«, sagte sie, stieg ein und fuhr los. Nach ein paar Sekunden streckte sie die Hand aus dem Fenster und winkte. Er winkte zurück.

Förster stand noch eine Weile am Straßenrand, dann wurde es ihm endgültig zu kalt, und er ging hinein.

53 Epilog: Ach so!

»Ach, hallo, Beate! Endlich erreiche ich dich!«

»Wer ist denn da?«

»Förster. Hier ist Förster.«

»Hallo, Förster.«

»Ich habe schon mehrmals angerufen.«

»Ja, siebzehn Mal. Meine Mitbewohnerin hat mir einen Zettel hingelegt.«

»Nein, siebzehn Mal ist Blödsinn. Drei oder vier Mal.«

»Warum schreibt sie denn dann siebzehn Mal?«

»Keine Ahnung. Ich kenne die doch auch gar nicht. Ich habe mal ihren Freund gesehen, diesen Russen.«

»Iwan.«

»Nein, Jurij.«

»Den Namen konnte ich mir nie merken.«

»Ich dachte auch, ich sehe dich mal wieder im *Eck*.«

»Wo?«

»Im *Eck*. Im *Ahorn-Eck*. Oder in der *Zeche*.«

»Da war ich ewig nicht. Hast du mir nachgestellt oder was?«

»Nein, ich bin sowieso häufiger im *Eck* oder in der *Zeche*, und da habe ich gedacht, vielleicht laufe ich dir mal über den Weg, bin ich aber nicht, und dann habe ich angerufen. Fünf, sechs Mal vielleicht.«

»Ich war unterwegs.«

»Das habe ich gemerkt.«

»Ich bin gerade dabei, mein Zimmer auszuräumen. Worum geht es denn?«

»Ja, es geht noch mal um den Film.«

»Welchen Film?«

»Den Film, den wir machen wollen. Ich sollte dir da was schreiben. Low Budget sollte das werden, mit Laien, also mit so richtig echten Leuten. Aber nicht aus finanziellen Gründen, sondern als künstlerische Entscheidung, eine Entscheidung für das Einfache, das Nicht-Perfekte. Über die Gegend hier, wie das alles hier den Bach runtergeht und das Kaputte und so.«

»Hör mal, Förster ...«

»Ich habe da jedenfalls eine neue Idee. Also, ich glaube, die ist richtig gut, da steckt alles drin, was dir vorschwebt.«

»Förster, ich ...«

»Ich habe da schon was aufgeschrieben, aber ich würde dir das lieber erst mal persönlich erklären. Vielleicht können wir uns ja im *Eck* treffen oder so. Vielleicht auch im *Ferdinand* oder irgendwo in der Stadt, ist egal, ich habe Zeit.«

»Ja, Förster, das hört sich alles sehr gut an, aber, wie gesagt, ich räume gerade mein Zimmer aus.«

»Ich kann dir helfen, kein Thema!«

»Ich bin schon fast fertig, und unten steht der Transporter, und dann bin ich weg.«

»Wie, weg?«

»Ich ziehe nach Berlin, Förster. Hier ist es vorbei. Das macht keinen Sinn mehr.«

»Das ergibt keinen Sinn mehr, heißt es eigentlich.«

»Man muss jetzt da drüben dabei sein.«

»Drüben, das gibt es doch gar nicht mehr, streng genommen.«

»Hier kannst du nichts mehr erzählen, Förster. Die Geschichten werden jetzt woanders erzählt.«

»Ach so.«

»Ich muss jetzt mal weitermachen. Melde dich, wenn du mal nach Berlin kommst.«

»Klar. Aber, Beate? Ist nicht so, dass ich dir nachgestellt hätte oder so. Ich habe wirklich nicht siebzehn Mal angerufen. Es ist nur, dass ich denke, die Idee, die ich da habe ...«

»Du, der Typ mit dem Transporter, der hat schon gehupt.«

»Ach so. Ja, dann alles Gute.«

»Hast du noch Kontakt zu Fränge?«

»Ja, sicher, der ist ja auch in Berlin.«

»Stimmt. Vielleicht machen wir mal was zusammen.«

»Ja, das ergibt Sinn. Wieso lachst du?«

»Nichts, Förster. Alles in Ordnung. Bis bald.«

»Ja, bis bald.«

Dank

»Wenn ich weiter sehen konnte, so deshalb weil ich auf den Schultern von Riesen stand«, hat Isaac Newton mal gesagt. (Da immer Lehrer mitlesen: Das Zitat stammt wohl gar nicht von ihm, und wenn Sie wissen, wer es ursprünglich gesagt hat – freuen Sie sich!) In diesem Buch stehe ich auf den Schultern von Verwandten und guten Freundinnen und Freunden, die mir seit jeher helfen, weiter zu sehen. Nicht weiter als alle anderen, aber auf jeden Fall weiter, als ich es alleine könnte.

Wie stets gebührt der größte Dank meiner Frau Maria als liebevoller und gleichzeitig ehrlicher und kritischer Erstleserin. Meinen Söhnen Robert und Ludwig danke ich für ihre Geduld, wenn ich mal wieder etwas zu mitreißend davon erzählt habe, wie das damals war, ohne Handy und Internet, aber mit Mauer und Modern Talking.

Eine ebenfalls nicht wegzudenkende kritische Instanz ist seit mehr als zehn Jahren meine Agentin Nicola ›Kannzesonichmachen‹ Einsle. Dank auch an Dirk und Lily, die auf sie aufpassen.

Seit mehr als zwanzig Jahren sorgt Marco ›ImSeptemberhattenALLEwenigerZuschauer‹ Ortu dafür, dass mich fast überall im deutschsprachigen Raum (und manchmal darüber hinaus) Leute vorlesen lassen. Grazie! Und zwar mille!

Ein herzliches Dankeschön geht auch an meinen Lektor

Jan Valk, der erstaunlich genau wissen wollte, wie es in Bochum 1989 ausgesehen hat.

Frau Dr. Ingrid Wölk und Frau Ursula Jennemann-Henke vom Zentrum für Stadtgeschichte in Bochum danke ich für die Information darüber, was am 24.05.1989 am Bochumer Schauspielhaus aufgeführt wurde.

Im Jahr 1991 machte ich mit einem Seminar von Professor Bleek eine Exkursion nach Berlin. Seitdem bin ich mit Steffen C. Meyer befreundet, auch wenn wir uns natürlich zu selten sehen. Durch ihn habe ich immer wieder viel gelernt über das Leben in Berlin, Hauptstadt der DDR, also zu »Friedenszeiten« (vor der Wende). Ihm verdanke ich nicht zuletzt den Hinweis auf die Mokka-Milch-Eisbar.

Thorsten Coß sei für vieles in den letzten Jahrzehnten gedankt, nicht zuletzt für die Anekdote über den vor dem angeblich so starken Ostberliner Bier warnenden Grenzer.

Bei Matthias Kramer bedanke ich mich sehr herzlich für die LP von Thomas Natschinski mit dem Lied über die Mokka-Milch-Eisbar.

Für kritische Lektüre, wichtige Anregungen und aufmunternde Worte möchte ich mich auch bei Jakob Hein bedanken.

Ein besonders großes Dankeschön geht an Herbert Sternke, Ex-Punk, Ex-Revisor, Wackenfahrer, Gundermann-Verehrer, Biker, Eiserner Unioner. Er hatte die Idee für den Campingkocher Juwel, mit dem Fränge sich den Mindestumtausch refinanziert. Er fuhr mich durch Biesdorf und an die Kaulsdorfer Seen und erklärte mir die Probleme eines Revisors in der Spätphase des Arbeiter- und Bauernstaates. Nach wie vor haben wir zwei gemeinsame Ziele: Die innere Einheit Deutschlands in Frieden und Freiheit bei ausreichend Pilsener Bier. Und Union Berlin Seit' an Seit' mit dem VfL Bochum in der Bundesliga.

Die Idee des Hinterhofs als Ort der Kommunikation verdanke ich dem Artikel »Hofbericht« von Jutta Voigt, nachzulesen in ihrem tollen Buch »Im Osten geht die Sonne auf – Berichte aus anderen Zeiten«. Außerdem sei auf das ebenfalls überaus anregende Buch von Freya und Nadja Klier über »Die Oderberger Straße« verwiesen, dem ich zum Beispiel den Hinweis auf die Hirsch-Skulptur entnommen habe.

(Frank Goosen, November 2018)

Weitere Titel von Frank Goosen
bei Kiepenheuer & Witsch

Dass Frank Goosen Beatles-Fan wurde, hatte mit Schwarz-
arbeit zu tun. Mit den Worten »Gib mir kein Geld, gib mir
lieber ein paar Platten für meinen Jungen!« ließ Goosen
Senior sich Ende der Siebziger von einem Elektrohändler für
ein paar nach Feierabend angeschlossene Steckdosen mit
Beatles-Scheiben bezahlen. Damit war es um den 13-jährigen
geschehen ...

KiWi MUSIKBIBLIOTHEK
Leseproben und mehr unter www.kiwi-verlag.de